# 可复制的电商管理

廖小翔◎主编

中国文史出版社
CHINA CULTURAL AND HISTORICAL PRESS

**图书在版编目（CIP）数据**

可复制的电商管理 / 廖小翔主编. -- 北京 ：中国
文史出版社， 2022.12

ISBN 978-7-5205-3888-6

Ⅰ. ①可… Ⅱ. ①廖… Ⅲ. ①电子商务－经营管理
Ⅳ. ①F713.365.1

中国版本图书馆CIP数据核字(2022)第199663号

**责任编辑：卜伟欣**

出版发行：**中国文史出版社**

社　　址：北京市海淀区西八里庄路69号院　　邮编：100142
电　　话：010—81136606　81136602　81136603（发行部）
传　　真：010—81136655
印　　装：廊坊市海涛印刷有限公司
经　　销：全国新华书店
开　　本：16开
印　　张：18
字　　数：300千
版　　次：2023年3月北京第1版
印　　次：2023年3月第1次印刷
定　　价：78.00元

▶ 舒象会，第一章第一节作者。

聚草堂核心圈子会员，也叫极致，聚草堂电商的核心商家，是聚草堂元老级成员。20 年创业经历，收纳类目 Top 商家，有着丰富的产品创新和开发经验。

▶ 张诗光，第一章第二节、第三章第三节作者。

聚草堂核心圈子会员，智能家居类目亿级操盘手，10 年电商运营、经营管理经验。他专注于亿级团队的发展和效益最大化，主导搭建的人才培训体系和团队管理培训体系，完成了团队从无到有、从高到低的进化。

▶ 赵婵，本书第一章第三节作者。

聚草堂潜龙圈子会员，10 年电商人，积累了丰富的打爆款经验以及运营培训经验。在公司内部，她成功培养了多名运营，培养的运营成功操作了多个类目前三的链接，已经跑通了一套可复制的运营培养流程。

▶ 张伏衡，第一章第四节作者。

聚草堂潜龙圈子会员，10年电商人，亿级公司运营总监，公司经营装饰钟表类目，他擅长流程化操作店铺和店群管理，同时擅长帮助公司梳理店铺的核心竞争力。公司长期坚持"纵深一体化"的经营战略，在产品研发、供应链建设、组织建设上大量持续投入，形成了公司很强的竞争壁垒。

▶ 何彬，第一章第五节作者。

聚草堂核心圈子会员，是圈子中近几年成长最快的商家之一，他非常重视组织建设，也搭建出很强的运营人才梯队。作为聚草堂"深耕细耘"经营的典型代表，公司始终坚持"纵深一体化"的经营战略，从建工厂到搭建企业大中台，再到大量店铺群的布局，形成了强大的攻防体系，在中高价格带近乎处于垄断地位。

▶ 张筱煊，第一章第六节作者。

聚草堂核心圈子会员，泰火公司的联合创始人和总经理。公司前后经历过5次合伙，从实战中摸索出许多宝贵的合伙经验。随着电商发展，公司平台化是大势所趋，建立合伙人机制属于公司的顶层设计，决定公司能做多大、走多远。

# 作者介绍

▶ 于军，第二章第一节作者。

聚草堂核心圈子会员，进入电商行业 14 年，在管理上擅长搭框架、做流程、抓落实。从几个人的小团队一步步成长到今天的规模，这一路上也遇到过很多的管理困惑，尤其在做绩效这方面，在解决问题中，不断梳理总结出一些思路与方法，希望对大家有所帮助。

▶ 张金涛，第二章第二节作者。

聚草堂核心圈子会员，10 年电商老兵，亿级电商公司部门总监。一路从底层实操上来，从产品到推广，运营的所有细节都很清楚。现在统筹整个电商部门，有丰富的管理经验。

▶ 王陈，第二章第三节作者。

聚草堂核心圈子会员，8 年电商老兵，所运营的天猫店铺长年处于行业 Top5，公司的经营业务包括线上和线下，覆盖多渠道，包括淘宝、天猫、京东、拼多多、考拉、唯品会和跨境。公司在客服方面摸索出了一套有效的玩法，客服转化率等重要指标能超过同行平均 30%。

▶ 王海山，第三章第一节、第五节作者。

聚草堂核心圈子会员，从传统电商起步，到创立山氏沙发品牌，从初步拓展跨境做到销售额上亿。思想有深度，且为人谦逊，在企业经营和管理上颇有经验和心得。由于很多电商群友都受他思想的启发和影响，所以称呼他为"海山师傅"。

▶ 罗昌辉，第三章第二节作者。

聚草堂核心圈子会员，深耕保健品行业20余年，行业TOP商家。近些年，非常重视企业文化建设，亲身实践并沉淀了一套独特的企业经营管理方法论，公司的企业文化和管理制度给聚草堂的其他商家带来了一定的启发。

▶ 许娟琼，本书第三章第四节作者。

聚草堂核心圈子会员，也叫Grace，她有着丰富的人力资源和企业经营管理经验，管理着700余人的电商团队。这几年，随着企业规模的不断扩大，一路解决了很多管理问题，最终形成了一套有特色的经营管理模式和企业文化体系。

# 序　言

聚草堂电商圈子创立至今已经8年了，借着出版这本书的机会，我和大家分享一下我的电商从业经历。

圈内人都叫我翔哥，是聚草堂电商的创始人。硕士毕业后工作了6年，后辞职创业，至今有10年了。我本科攻读机械电子专业，报考研究生时，发现自己对人工智能领域更感兴趣，便调整了专业。硕士毕业后，从事软件开发工作。

## 流淌在骨子里的商人基因

我曾在华为工作4年，做到基层管理者，分到为数不少的华为股份。我也曾经历职业生涯的至暗时刻——因为和上级领导在一个项目上意见有分歧，甚至还闹了不愉快，一直考评不错的我在那年只拿到一个"B"，因时常焦虑职业发展受限，便有了离职的念头。

那段时间，我老婆说过一句触动我的话："你每天早上6点多就起来赶班车，晚上经常要11点才到家，周末经常加班，我每天穿什么衣服，你都看不到，你也很久没陪我周末逛街了。"听到她说的话，我觉得有些心酸，人生除了赚钱，也应该还有些自己的生活啊！

经历了半年的内心挣扎，我选择了离职。离开华为后的几年，我不断审视着自己，那个阶段的我职业化是不够的，自己的个性强了一些，沟通能力也存在不足。

在华为的4年还是蛮累的，离职后我边休息边游玩了半年，和老婆一起做美食分享，把杭州很多有意思的、好吃的地方都逛了个遍，然后在杭州"19楼"平台上发帖，分享所见、所品、所悟，还收获了不少粉丝，成了里面的小红人，那时的有些文章阅读量过万。

考虑到成为美食达人要长时间积累，变现的途径比较有限，在较长的一段时间是没多少收入的，需要"熬"，所以最后面对现实，放弃了这条路。我是温州人，可能从小在小商品经济的耳濡目染下，脑子里从商做生意的想法，时不时就会冒出来。2012年末电商已经兴起了，在网络上能看到一些相关的内容。有一次上网时刷到了淘宝论坛，看到上面创业先锋的精彩故事，我好像被打了鸡血，于是选择走上电商卖货之路。

之前上班时，曾被一个同事影响，他是苹果迷，很喜欢苹果产品。有一次我们团队一起去香港，他买了苹果的笔记本和MP3，我买了一个MP3。回来体验后，我对苹果产品颇有好感，在做电商选择卖什么的时候，我想到卖苹果产品。但考虑到创业资金有限，就选择做苹果产品的3C配件产品，比如手机壳、数据线等。于是，那年夏天，我顶着烈日，骑着自行车，去批发市场进货，踏上了淘宝卖货之路。

## 被店铺绑架的初创期

刚开始我信心满满，拉着老婆做夫妻店。她当客服，我当运营兼客服，一起打包发货。

那时我们做到了100%好评，就这样一直做到皇冠店铺。这一路，我们遇到过不少困难，甚至有些买家，把我老婆都气哭过，但好在都解决了。

我们知道自己没有太多其他方面的优势，就努力把店铺的服务做好。我老婆练过书法，字写得漂亮，于是我们给每个客户都手写卡片，这也收获了很多买家的好评和晒图。经过很长时间的打磨和调整，我们的客服沟通能力和售后能力不断增强，后来还自诩是"金牌客服"。

起步阶段很辛苦，我们基本一天从早忙到晚，经常晚上8点才吃饭。那时还没有移动千牛可以随时随地接单，我们俩几乎无法同时出门，做店铺的第二年春天就没有一起出去过。淘宝的小商家还是很辛苦的，我们深有体会，有得有失。本以为做淘宝自由，但其实在做大之前，几乎就没有自由，往往是被店铺"绑架"着。

2014年初，我们店铺在皇冠阶段遇到瓶颈，我通过直通车打小爆款群的策略（成本很高，也很吃力），不断优化后也不见明显效果。我开始焦虑了，焦虑到好几个晚上独自一人在家附近的河边徘徊，思考出路。那时算是我人生的低谷——从华为出来做淘宝，却没折腾出多大水花，这种理想与现实的差距让我倍感压力，很多原先的同事我都不好意思再约见，有时碰见甚至还想回避。

那个阶段我感到非常无助，没有任何人能帮我。曾经的我把更多的精力放在钻研技术上，社交能力并不强，身边也没有做电商的朋友。遇到问题只能自己琢磨、想办法，但折腾蛮久，还是没能突破瓶颈。

## 难得的开窍

所谓"上帝关上一扇门，会为我们打开一扇窗"。有一天算是有点开窍了，我想到是否可以从网络上找高手，给自己指点指点。其实现在回过头来看，很多初创小商家做不大的原因，不只是技术问题，还有思维问题，他们往往局限在自己有限的思维之中。

那怎么从网络中找到能给我指导的人呢？

我结识的第一个人是"柴公子"，当时他从事电商遇到瓶颈，在"派代"分享他的"苦逼"创业故事，很走心。他也做过手机配件，于是我就给他留言，加上了微信继续交流。

有一天，我看他朋友圈推荐了一个网名叫"极致收纳空间"的人（后文简称极致，他后来成了聚草堂创立和发展的主力推手），他有两篇文章让我印象深刻，一篇关于团队建设，另一篇关于如何处理好夫妻关系。当时我发现极致在文章末尾放了自己的二维码，通过这种方式吸引对文章有兴趣的人。于是，我逼着自己把这两年能拿得出手的经验都写出来，整理出一篇《如何利用好评返现做到10%的转化率》，柴公子帮我在朋友圈做了推荐，由此也收获了几十位对此有兴趣的商家。

再后来，我又接触到我的一位校友——吴蚊米，当时人称百万姐，也就是后来蚊子会的老大。我把《如何利用好评返现做到10%的转化率》投稿到她的公众号上，阅读量还是很高的。因为这样的内容当时在网络上很少，这篇文章的内容算得上优质。没有想到的是，这篇文章后续还被龚文祥、亿邦动力、卖家刊等公众号和很多家媒体转载，火了一把。这种方式，吸引到不少关注，其中有几百位成为我的微信好友。

通过分享自己的干货，我结识了不少厉害的电商朋友。那时我一心想救自己的店铺，经常把自己遇到的问题发到朋友圈，很多热心人给我建议，我也在朋友圈积极回复，你来我往，交流很多。有位好心人看我在朋友圈讨论这么长、这么"费劲"，建议我建一个微信群，我当时还不知道有微信群这东西。这位好心人就是后来聚草堂核心群的老吴，当时他也是位让我们仰望的实操高手。他那时候一年能做2000多万元，在我们这些小商家眼里，就是神一样的存在。他分享的实操经验，给很多群友带来了直接的帮助。

听了他的建议，我开始拉群，创建了11个人的微信群，这就是聚草堂的雏形，也是现在核心圈子的前身，后来的所有群都是在这个基础上裂变和发展的。

## 做干货挖掘机的日子

建立微信群后，一下能与这么多高手交流，我真的很兴奋，感觉自己的世界瞬间大了很多。那时的我真是一个"问题小孩"，在群里，逮到一个高手，就挖他的经历、挖他的干货，被群友笑称"干货挖掘机"。那时候群里的交流氛围已经很不错了，过了半个月，有位语言犀利、观点独特的高手忽然开始在群里频发观点，引发群内的激烈讨论甚至有人拍砖，他就是核心群的极致大哥。在他发言的带动下，群友异常活跃，随后秀才、东哥、翁少、诗光、汉克郭、凌林等群友陆续登场，群里的交流氛围越来越好，也吸引了越来越多的高手不断加入。

我享受着这个群带给我的一切，同时我也发现有很多电商人和当初的我一样迷惘无助，心中滋生了助人的想法，这也是整个电商社群良好互助分享氛围成型的基础。

互联网的神奇就在于此，一切都正好在那个阶段时空交汇。极致大哥之前也是互联网上的活跃人物，活跃于网上一些热门论坛。一方面，当时的极致大哥正好从阿里巴巴的一个论坛退出，没了思想交锋的场地；另一方面，他在东莞这种电商落后的地方，内心是孤独的，也想多结交一些电商人脉。十几年积累的商业认知，他希望有地方可以表达和获得反馈。而我们刚好在那时建了一个交流氛围不错的电商群，符合他的需求，唤起了他之前的感觉。进群后，他也被我们带动起来，在我们彼此相互扶持下，群里的氛围越来越好。

他在群里分享了很多创业和商业的内容，经常都是上万字的内容，因为他的带动，群内非常活跃，也激发了很多高手参与互动。群内"刀光剑影"，相互拍砖，很多观点极具颠覆性，又令人拍案叫绝。因为极致在群里极强的聊天分享能力，我们也给他送上外号"灌水龙王"。

极致不只是在群内分享，私下里也给我们提了很多社群运营的建议，是聚草堂早期的幕后推手。他是聚草堂很多人的商业思想的启蒙导师，当然也包括我。他甚至也是改变我命运的人之一，一直到现在，我内心对他都充满感激。他在湖南溆浦老家建了一个100多亩的供应链基地，这几年，我们几乎每年都会组织一次湖南游学，去那里交流学习。

后来这几年，他在聚草堂也收获颇丰。圈子里有几个人成为他的合伙人、合作伙伴，在他生意路上，起到了关键作用，帮助他实现了崛起和发展，我们也算是相互成就。

## 遇见聚草堂

圈内的一些群友感觉我们这个圈子很好，也介绍了一些朋友进群来，于是这个圈子慢慢变大。

到2014年4月底，群成员到了30多人，极致提议可以给圈子取个名字，我主持推动这件事，号召大家集思广益。群内很多人提出了想法，极致提议，我们是草根起家，应有个草字，大家在这个基础上发散了几个相近的名字，经过多方讨论，最后我拍定了"聚草堂"，以草根为基础的电商圈子，更懂得草根商家的疾苦。后来，我们将每年的5月1日定为聚草堂的周年庆日。

不久后，群里的积极分子诗光写了一份《给聚草堂的一封情书》，写得非常走心和大气，并在文中提出了圈子的口号"聚精英、共分享、同进退"，这个口号被我们引用为社群的文化核心和运营理念，长期坚持践行着。

诗光是我们另一位非常重要的群友，他也是聚草堂忠实的支持者，给予了聚草堂很多帮助。在圈子里，他也认识了他现在的老大沙克，并在后面加入了沙克团队，从运营一路发展成合伙人（副总）。聚草堂和诗光也是这样，一路相互成就着。

到了2014年10月，我经历了一段困惑期，需要做出艰难的抉择：我建立这个圈子的目的是想通过交流帮助自己店铺突破，经过半年的交流，我学到很多，也尝试了一些思路，但收效有限。

这时，一边是自己的店铺想有所突破，另一边是想维护好这个微信群，二者都需要大量的时间，在精力上存在很大的冲突。于是我找到极致，说出了我的内心矛盾，他说："你这个破淘宝店做不大的，没有太多优势的点，还是把这个微信群做大，更有意义。后面也可以考虑收一定的费用，让大家支持你来做。"

那时我想，这个微信群会有怎样的前途呢？能养活我吗？心里其实也还是犹豫的。但因为当时这个微信群的魅力确实太大了，让我如痴如醉。我们经常在群里从白天聊到晚上。一天群里有两三千条消息，很多群友一边抱怨早上爬楼，信息好多，看得好累，但又爬得甘之如饴。群里面很多的信息和观点，颠覆着他们的认知，甚至常常醍醐灌顶。我是能感受到这个微信群的巨大价值，但是没想过靠这个来吃饭，也没想过能做多大。

带着这个困惑，我和极致打了近两个小时的电话，他建议我再找几个人一起管理、运营这个微信群。我苦苦思考了一晚上，到底找谁呢？一个个名字从我脑海里面闪过，又不断排除，最后有两个人成为人选，他们都是群里有点闲、有点料的活跃分子，同时我也察觉到他们也处于个人发展的瓶颈期。我们三个人，一个在杭州，一个在深圳，一个在上海，线上协同办公了一年。聚草堂前一两年的运营之路是艰难的，我们在很长一段时间里面没怎么赚钱，都是靠我们自己的老本做补充。

后来当群成员到了60多人时，在极致的提议下，我们开始收取一年1999元的年费。多数人选择相信我们，留了下来。

随着圈子运营的不断深入，我们坚持将有价值的内容进行微信群内分享，并将一些有深度的内容分享到"派代"平台，从而吸引粉丝。有两年我们还获得了"派代"论坛的"十佳作者"称号，在行业的影响力大大提升。同时我们抓住了微信群加粉的红利，团队从各种微信群加好友裂变，并通过微信长期经营，发展了很多会员。随着越来越多的伙伴加入团队，团队的服务能力得到很大提升，口碑也越来越好，很多群友都在给我们推荐身边的商家。

## 初心成就使命

2016年到2018年，是聚草堂的快速发展期，2019年到现在，我们团队已经将聚草堂建设成电商行业有一定影响力的高端圈子，也形成了我们独树一帜的运营模式和圈子文化。

在我们运营社群的过程中，帮助到了很多很多商家，有些直接帮助他们突破了业绩，有些雪中送炭甚至救活了公司。这一路的经历不断激励着我们坚持做好聚草堂。真的，人生除了赚钱，还有其他更让人激动和开心的事情。

群里有个妹子叫馨怡。刚进聚草堂时是她生意最灰暗的时候，她的店铺连续半年每个月亏损十来万元，那时的她很是迷茫无助，甚至想到把店铺卖了，不再做电商。后来，在我们的推动下，圈子里的商家们热情地帮助她解决了很多管理和技术上的问题，一年时间，她的店铺的销售额从一个月60万元，连翻5番，做到千万级，现在她已经成了亿级商家。

再比如，核心群的亦如，2018年的"双11"期间被小二暗示要业绩，结果她一番操作后，三个店铺都被扣了48分，直接封店了。

危难之际，她向聚草堂求助，我真的能够感同身受，一个电商人面对这么大的打击，内心那种近乎崩溃的感受。那几天我们团队在核心群里很努力地帮助她。大家给出了很多的建议，一起帮忙找关系，有很多兄弟私下给予她指导帮助，不断地鼓励着她。虽然最后店铺没挽救回来，但还是从小二那边争取到了一些权益，给她开了几个新店铺。后来她也争气，一年时间，通过新店铺重新回到类目TOP，并且做得比之前更好。

除了帮商家解决问题，我们还协助很多商家在圈子里整合了人脉资源，甚至有些发展成了合伙人。比如我们圈子的俊翔，在经历过多次创业不成功后加入了聚草堂，他在我们圈子分享的一篇干货文章为他积累了一定影响力和人气。后来广州的某次线下活动，我们一位女群友遇到了很大的运营问题，当天晚上我特意为她组局，拉了俊翔、C爷、翁少等，一起给她出谋划策。其间俊翔热心给她指导，提出一个不错的思路。他们同是广州的群友，一来二往，没过多久居然成为合伙人。俊翔的运营能力也在这个店铺被放大，这个店铺两年时间就做到了金冠。在后几年里，我们有10位聚草堂会员被他吸引，加入他的公司，其中有3位成为他的公司的高管。这些人才直接推动了公司发展，现在他创立的天猫店已经是健身服类目TOP商家。在这个过程中，聚草堂为他赋能的价值也是有目共睹的。

我提到的极致老大，他在电商落后的东莞企石镇再次创业。早前，我们去拜访的时候，他们团队几个人窝在一间农民房里办公，他领着我们参观了一家工厂，后来才知道这家工厂是他的代工厂。他在聚草堂通过分享，产生影响力，吸引和发展了很多战略分销商、合伙人和员工，这些资源极大地拉动了他的工厂销售，从一年几百万元到上亿元，现在，他有自己的100多亩的供应链基地。

## 胜则举杯相庆，败则拼死相救

有时我们不禁感叹，一些在线上圈子中认识的人，会成为大家彼此成就的贵人。

这几年随着我们的会员不断从小商家成长为大商家，以及圈子门槛的不断提升，我们圈子会员的整体水平上去了。而随着人群的变化，他们的需求和交流方式也发生了变化。我们的服务也逐步从线上拓展到线下，走线上线下同步运营的模式。特别是高端圈子的深度运营，更需要从线下发力。

回顾我们这8年来的社群运营经历，聚草堂的三大法宝就是：坚持分享、坚持互帮互助、坚持深度链接。以前是，以后依然是。

长期坚持分享，让我们能够把握各大平台最新的发展趋势，总结出许多实战经验，直接给一些商家带去了指导，也让我们不断发现很多优秀的商家，并整合到后续很多活动中。

长期坚持互帮互助，直接让大家看到了社群抱团和整合的价值，形成了很强的社群凝聚力，这是社群得文化之魂。

深度链接，实现了内部人脉资源的整合，进一步提升了社群的凝聚力，我们可以借力，发挥众人的巨大力量。

在这里我想真诚地感谢团队和每位草堂兄弟的付出和坚持，让我们一起走到现在。

"胜则举杯相庆，败则拼死相救"，这不只是聚草堂的一句口号，也是我们通过行动一直践行着的准则。

## 为什么要出这样一本书

创立聚草堂电商圈子的8年里，我深入接触过上千位电商创业者，他们大多是草根出身，少有科班人士，缺乏专业的商业和管理知识，有些甚至只有初、高中学历。他们一点点地做大规模、扩大团队、学习和积累管理经验，然而随着公司人数的增加，管理的复杂程度也在逐步增加，常常让他们感到力不从心。电商行业在管理方面几乎没有现成的、适合电商公司不同阶段的指导方案，他们只能依靠自己摸索、看书、与其他人交流来积累经验，但通过这些方式得到的提升往往来得很慢，稍不留神就容易走弯路，这些年我曾目睹过不少商家由于管理方法不当导致企业崩盘。

这些年，在聚草堂电商圈子里，我们看到了创业者在管理中遇到的各种问题，也感同身受他们的困扰和痛苦，于是我们在线下组织了很多管理方面的交流会和培训，特别是聚草堂每次年终大会，我们会邀请圈内的亿级优秀商家来进行系统、深入地分享，真正帮助圈内会员提升企业经营管理能力，带动业绩增长。这8年来，我们在电商管理方面不断耕耘，积累了大量干货内容，我觉得是时候做一件更有意义的事情了——将接地气的实战管理经验与心得汇集成册，给予更多电商人指导和启发。

在此，我要一并感谢本书的十二位分享作者，这些内容都是他们长期苦心摸索的成果、走过很多弯路之后的顿悟以及血泪辛酸换来的教训与总结，感谢他们愿意将这些来之不易的经验分享出来，这对于电商创业者们而言，是十分珍贵的资源！

最后，也感谢团队数月的投入，一点点地将影像资料整理成文字，再进行全面细致地校验，其中的难度与付出，或许只有真正经历过的人能体会。

廖小翔

2023年1月25日

# 目　　录

## 第一章　电商公司组织建设

1

# 电商公司
# 组织建设

# 第一节　论团队的组建：宁愿受伤，也要选择相信

聚草堂/舒象会

---

**■ 作者介绍**

　　舒象会，聚草堂核心圈子会员，也叫极致，聚草堂电商的核心商家，是聚草堂元老级成员。20年创业经历，收纳类目Top商家，有着丰富的产品创新和开发经验。

---

## 一、企业最核心的东西是什么

　　有人说是客户，有人说是产品，有人说是资金，有人说是理念，在我看来，以上都不是企业最核心的东西，最核心的应该是人，是你的团队！

　　没有客户，有人就可以开拓出客户；没有产品，有人就可以开发出产品；没有资金，有人就可以赚来资金；没有理念，大家可以一起来创建。唯独没有人才，那真的寸步难行。

　　企业之难，根源在于人才的沉淀太难。

　　一支真正的铁血团队，要经历战火的洗礼，要经过错误的磨砺。只是将众多优秀的个体进行简单的聚合，不能组建成真正强大的团队。各人有各人的想法，各人有各人的主张，个体的力量再大，如果不经历磨合，达成基础的共识，往一个方向一起使力，那么再强大的力量也起不到真正的作用。

　　在一次次失败中反思，在一次次痛苦下磨合，慢慢沉淀出共同的认识，并慢慢形成一致的企业理念。这样的企业，才能真正过急流，渡险滩，这样的团队，才能称得上真正的百战雄师。

　　基于这样的理解，快速成长、壮大的企业，往往都不是真正的成长，更谈不上真正的壮大。那只是基于某个时间、某种机缘之下的假象，祸福相依，沧海桑田，成长快的企业，往往倒得也快。

## 二、企业经营永远没有捷径

最近的路程，往往是最远的路程。

也许你曾经屡屡被骗，也许你正在饱受讥讽，也许你的付出换回的总是背叛，也许你的真心总被人肆意践踏。甚至某个时刻，你会觉得这个世界都是谎言、金钱与利益。我和你一样有相似的经历与感受，但我想说的是，在每一个人内心的深处，都有对真的渴望，都有对善的感动，都有对美的向往。要看透这一层，不要被表面的现象所迷惑。受伤时，我们不要去选择冷漠，也要尽快逃离固守和怀疑。

真正看透的人会坚信："宁愿受伤，也要选择相信。"因为相信，生命之花才会绽放；因为信任，一切才会变得简单！企业的创始者，团队的领头人，要有这种担当和觉悟。

积极正念的力量好比火种，种在你的企业里，能点亮团队成员的心，会让人心灵净化，而纯净的心灵会让企业的管理变得简单。对正念的呼唤，才能真正从最深层创造感动，感动激发责任和担当。

## 三、员工永远不属于企业的私产，而是社会共同的财富

企业的创始者，可以设置明确的流程和规章。只靠道德约束永远做不成真正的快速发展的企业，但在企业创始者的内心里，永远要有对真善美的追求。如果凡事都作出阴暗的假设，明里暗里带着无数的防备，甚至居心不良到设下种种"圈套"和"陷阱"，这样的企业永远无法健康成长，团队无法真正凝聚，哪怕得意，也只是一时。路遥知马力，日久见人心，没有任何一个阴暗的人，可以在任何时间、任何地点都能做出完美的表演，进而骗过所有的人。图穷匕见的时候，就是企业崩盘、人心离散之时。

经过培养的优秀的员工也许有一天会离开你的企业，去寻找属于他的梦想。这时，请为他祝福，感谢他曾经的一路相伴。如果你将这定性为背叛，这本就是你自身的痴贪。企业应该是一座熔炉，只有持续不断的人才吸引和培养，才能铸就企业真正的灵魂。

# 第二节　从无到有构建学习型人才培训体系

聚草堂 / 张诗光

---

**■ 作者介绍** ————————————————

　　张诗光，聚草堂核心圈子会员，智能家居类目亿级操盘手，10年电商运营、经营管理经验。他专注于亿级团队的发展和效益最大化，主导搭建的人才培训体系和团队管理培训体系，完成了团队从无到有、从高到低的进化。

---

各位电商朋友们，大家在公司经营的过程中是否遇到过下面这些问题：

中基层员工留不住，人员流失率高；

想培养管理层，但有时会有种无力感，觉得恨铁不成钢；

公司想发展，却无人可用，又不敢轻易托付给"空降兵"；

团队身处在二三线城市，遇不上合适人选，招不到优秀人才；

想提升团队的整体能力，但是找不到系统的好办法……

在我看来，这些问题的最佳解决方案，是在选拔人才的同时，构建学习型人才培训体系。

## 一、中小电商团队人才培训思维破冰

### 1. 培训的定义

什么叫作培训？不管是从字面上理解，还是去百度百科搜索，答案都是"培训＝培养＋训练"，培训即培养与训练的结合。有人专门针对这个词作了阐述：培训是给有经验或无经验的受训者传授其完成某种行为必需的思维认知、基本知识和技能的过程。

很多人在培训员工时更侧重于技能培训，而忽略了对思维认知和基本知识的培训，但后两者其实更为重要，受训者通过培训提高了思维认知水平后，某些技能往往靠自学就可以掌握。

根据认知心理学的观点，能否建立对职场的正确认知是决定培训好坏的根本。通俗点说就是培训效果好坏的决定性因素，在于受训者是否认可这个培训，以及他能否将培训内容应用到工作当中。

比如大家来参加聚草堂的年会，经过几天的学习后，一定要对自己的公司大刀阔斧地改革吗？一定要改变甚至推翻过去自己的一些方案吗？其实未必，因为可能你只是在这3天的学习中验证了一些平时在公司中的做法而已。优秀的商家给你提供了一个新的知识体系，只有在认可这个体系的前提下，你才会接纳他的模式并将改革推行下去。所有的改革一定要建立在认可和适合的基础之上，循序渐进地进行，以免矫枉过正。

### 2. 培训等于投资

很多人在培训员工的过程中会感到困惑——自己是否应该将大部分精力花在人员招聘上，从而寻找到更多优秀的人才。重视选才本身并没有错，但真正优秀、成熟的团队，应该是选才和培养两手都要抓、两手都要硬。选才可以提升团队增长的效率，培训则能帮助团队更健康、持续地发展。当老员工们对业务的熟悉度和团队的契合度提升之后，在工作上往往可以事半功倍，也更能让老员工们感受到自己的上升空间，从而达到业务稳健增长和人才流失率降低的效果。

事实上，培训本身就是一种投资。美国著名的经济学家、诺贝尔经济学奖获得者舒尔茨发现，单纯从自然资源、实物资本和劳动力的角度，不能解释生产力提高的全部原因，作为资本和财富的转换形态的人的知识和能力是社会进步的决定性原因。但是它的取得不是无代价的，它需要通过投资才能形成，组织培训就是这种投资的重要形式。

想让公司有更长远的发展，人才培训是一笔非常有必要的投资。我们公司内部经常会开玩笑说："公司至少要活30年，今年正好第7年，那么还有23年。"至于为什么要这样想，因为当你明确自己的公司还要再活23年的时候，就不会把重心放在很多功利性的事情上，不会太急躁。一些规模比较大、HR体系比较完善的公司，会专门划分招聘、培训等岗位，可见培训的重要性。

### 3. 人才梯队决定公司发展的天花板

大家经常说要做一家赚钱的公司，事实上，更重要的是做一家值钱的公司。有些公司可能是赚钱的，但它不值钱，公司经不起大风大浪的打击，潜在的投资人也看不到公司有什么前景。我们公司内部有时候会说："小须鲸公司现在已经估值两个亿了，明年的估值可能会到三个亿。"这是说一年时间我们又多赚了一个亿吗？并不是的，估值变高的重要原因是我们人才梯队的护城河进一步升级了。公司发展到最终形态会形成一个生态闭环，这个生态需要人才作为燃料推动，那么人才梯队就可以作为让公司变得值钱的助推器。

我们的电商公司，往往可以分为前台、中台和后台三个部分。随着公司的发展，前台部分可能会包括传统电商渠道项目A/B/C、抖音直播间A/B/C、线下智能家居旗舰店、线下全屋定制展厅、线下家电门店等；中台部分会有运营中心、销售中心、新媒体中心、线下销售中心、行政中心和财务中心等；后台部分还会有自己的学院和工厂。

那么问题来了，这些部分全部由老板一个人负责吗？显然不可能。也许有一天老板会让运营中心独立成专门的运营公司，让客服中心独立成专门的客服公司，到那时老板没办法再靠着原来的几杆老枪打天下了，每个独立的板块需要能独当一面的领头人，领头人下面需要有紧密配合的管理团队，团队培训的重要性就由此体现。

以上是公司生态的雏形，其核心除了业务，就是人才培训体系。

### 4. 创始人是人才培训体系的奠基者

搭建人才培训体系是一个自上而下的体系化工程，创始人应该是这个工程的奠基者。作为创始人，如果你只是让下面的员工推动这个事情、让高管重点抓培训，那往往会事倍功半。创始人自己一定要重视人才培训，只有依靠创始人及创始人团队的搭建和苦心经营，公司才能拥有完善的人才培训体系。

### 5. 培养人才和公司战略有关

很多人认为自己的公司太小，或者公司处在二三线城市，就不需要重视培训了，其实不然，培养人才与公司大小、所处地域无关，而与团队的战略有关。团队的战略决定了一个企业该做什么、不该做什么，哪怕一支团队只有5个人，也可以有内部的培训，这是意识问题，意识层面的搭建必须先于执行层面。

### 6. 人才发展的高度取决于公司提供的土壤

为什么汉高祖刘邦打天下的时候，沛县会同时涌现萧何、樊哙、曹参、卢绾，后来个个都成长为王侯将相？为什么明太祖朱元璋打天下的时候，安徽会同时涌现出徐达、汤和、常遇春、李善长，个个都是优秀人才？同一时期能一下子涌现出这么多本地精英，核心在于创始人和创始团队给这些人才提供了成长的土壤，人才们能从中汲取养分，并通过不断打仗积累出越来越多的辉煌战绩。

在公司中也是同样的道理，人才发展的高度取决于团队所提供土壤的厚度。

有时候我们会听到一些说法，比如某个人天生不适合做运营，或者某个人天生不适合做管理，这么说其实并不准确。当我们用C8HR或者九型人格等工具推演一个人的性格时，得到的结果只能说明这个人可能更适合做什么，绝不是他不适合做什么。就拿我自己来说，性格测试的结果表示我比较适合钻研技术或攻克项目，但在公关能力上的数值相对较低，这能说我没有交际能力吗？显然事实上不是这样，大部分认识我的朋友都知道，我的社交能力还是不错的。

### 7. 人才培训的关键作用

（1）可以帮助新人尽快融入团队；

（2）可以提高员工素质；

（3）可以提高企业素养；

（4）可以提升团队认知；

（5）可以促进业务发展；

（6）可以持续增强战力。

## 二、学习型团队培训体系的框架搭建

### 1. 培训分类

从培训目的来看，我们可以把培训分为三种，分别是理念培训、心态培训和能力培训。

#### （1）理念培训

理念培训的核心是提升认知格局，比如今年暑假我们公司内部就组织了"运营总监研修班"的培训活动，第一堂课是由公司的创始人沙克[1]分享《小须鲸核心管理层的逻辑思维》，为大家介绍小须鲸的核心价值观、核心管理理念，以及总监应该具备的思维高度。这就是理念培训先行，理念培训好之后，我们才会培训具体的技能，如沟通能力、管理能力等。

### （2）心态培训

心态培训往往非常有针对性，员工在工作中难免出现心态问题，比如项目做得不好时情绪会低落，项目做得很好时可能又会飘飘然，这时心态培训就非常重要了。我们要做的不是给他开一堂课，而是一旦发现苗头不对，就立马与他进行私下沟通。个人心态的培训对培训场合、场景的要求并没有那么高，一般不需要特地构建场景，它甚至可以在喝酒、喝茶的时候进行。但如果是群体的心态问题，那还是很有必要开针对性的会议，给团队拍拍脑袋、打打气。

### （3）能力培训

不管是基层员工还是中层管理者，抑或是老板本身，所有人都需要进行能力培训。比如这次参加聚草堂的年会，我听完何彬和大雄[2]两位嘉宾的分享之后，就感觉自己在思维高度和格局上都比以前进步了一点，就像聚草堂核心圈子里经常开玩笑说的"听君一席话，多赚两百万"，这就是能力培训。一线的管理层也要经常去学习、分析实操案例，再把优秀的案例带到团队中，这也是能力培训。

理念培训一定要优先于能力培训，很多老板往往会忽略这一点，他们认为培训就是给员工培训技能、做好流程优化或者送到外面学习某些课程，这还不够全面。我们公司内部几乎每天都在作理念、心态的培训，培训的方式不全是上课，还包括一些交流、谈话等。作为公司的领头人，保持与一线或中层员工频繁的一对一沟通，是一件非常重要的工作，这件事的重要程度不亚于从外面挖一个优秀人才。

### 2. 培训主体

培训的主体分为三个部分：决策层人才、管理层人才和操作层人才。

决策层人才比较好理解，就是公司的核心团队和创始人团队；管理层人才主要包括主管和店长（在我们公司店长也算管理层人才，因为他的工作涉及店铺经营的效益）；操作层人才有客服、设计师、后勤等。针对不同的培训主体，培训的内容也

---

1　沙克：小须鲸公司的创始人兼总经理，聚草堂核心圈子的会员，智能锁类目Top商家。

2　何彬和大雄：两位都是聚草堂核心圈子的会员。何彬，创意挂钟类目Top商家；大雄，林凯雄，按摩椅类目Top商家。

应该不同，我们可以根据培训对象的需求搭建相对应的培训体系。

### 3. 培训周期

我们按照时间周期，将培训划分为长期培训和短期培训。此外，按照培训体系，又可以划分为企业内部培训体系和企业外部培训体系。比如聚草堂每年的大会和每个月多次的线下交流，这些交流培训就可以被纳入到我们公司的企业外部培训体系当中，我们公司每年都会为此提供一定的预算，让适合的员工参加培训。

很多公司不是生产型的公司，不需要研发预算，其实就可以设置一笔培训预算，因为培训本身就是一种投资。公司可以分配一定比例的利润作为下一年的培训预算，并提前做好预算规划，比如每个月预计花多少钱、安排多少次课程。

### 4. 培训模块

我们将主体、培训周期、企业内外体系这几部分进行组合后，划分而成的九宫格就是公司的培训模块，它能适用于不同的场景。下表是小须鲸的培训模块，大家也可以根据自己公司的情况划分出合适的培训模块分布九宫格，以此搭建自己公司的培训体系。

▼ 培训模块分布九宫格

| 主体\分类 | 长期 | 短期 | 企业外 |
| --- | --- | --- | --- |
| 决策层 | 军机处会议 | 日常茶话会 | 财税/顶层设计/聚草堂等 |
| 管理层 | 小须鲸学院/运营技术研讨会 | 黄埔学堂/运营总监研修班 | 线下专题培训 |
| 操作层 | 小须鲸学院/早读/微信学习群 | 黄埔学堂 | C4D设计课程/客服专题课等 |

\* 以上以小须鲸的培训模块为例

对于决策层而言，我们公司的长期培训有军机处会议，军机处是公司最核心的组织，目前有8位成员，每月都会定期召开例会。军机处所涉及的培训一般都是关于心态和理念的，很少有能力上的培训。短期培训有日常的茶话会，我们经常边喝茶边交流。企业外培训是由外部机构组织的，比如财税课程、顶层设计课程，或者聚草堂组织的一些能够提高认知的课程。

对于管理层而言，我们公司的长期培训有小须鲸学院，学院里会有相应主题的课程和每个月的运营技术研讨会，大家不要觉得培训一定是某个人在讲课，这种观念是错误的，交流研讨也是培训的一种形式。短期培训有黄埔学堂，针对优秀员工和中层管理提供进阶性的培训，对参训者有一定的要求。在淡季的时候我们会组织运营总监研修班，每年开设两次，需要注意一点，不是非得运营总监才能参加运营总监研修班，之前班里也会有客服总监、设计总监等，我们培训的中心思想是理念培训优于技能培训，所以不要对受训者的岗位有严格的限制。企业外培训一般是线下的专题培训，比如抖音培训，这就可以让抖音直播的负责人参加。

对于操作层而言，我们公司的长期培训也依靠于小须鲸学院，培训内容包含早读和微信群内分享。短期培训有黄埔学堂的干部候选培训会，每年的三四月和七八月各举办一次，基层员工如果要提升层级到管理者就必须通过这个培训。企业外培训主要是一些外部的技能培训，比如C4D设计课程或者客服专题课等。

### 5. 讲师要求

虽然培训的形式多样，但公司往往离不开讲师的授课式培训，所以培训讲师很重要，我们对讲师提出了四个要求。

（1）要有一定的理论体系和框架

如果讲师水平不够，就会传达错误的思想，从而把运营团队带到坑里去，所以讲师需要有一定的理论体系和框架。

（2）要有丰富的实践经验

实践经验丰富的讲师在培训过程当中，能针对不同的案例进行分析讲解。

（3）要有独立的思考能力和总结能力

讲师要有独立的思考能力和总结能力，讲课时不能照搬课件，要经过梳理、思考、总结之后再分享。

（4）要有一定的授课技巧

讲师要有一定的授课技巧，教和学是相辅相成、互相促进的，如果讲师能有办法让学员抱着教别人的目的来学习，那么此时的学习效果将好过纯听课式的效果。因为带有输出的目的，学员在学习时会对知识作更深入的研究和更细致的梳理，他知道自己要对之后讲出来的内容负责。

大家千万不要有"外来的和尚好念经"这种意识，其实公司的员工只需要经过一定的训练，也可以具备优秀的讲课能力。这就好比做PPT，以前大家设计PPT的能力都很弱，但经过专门的培训后，大家的PPT做得就越来越好了，所以不要认为在公司里找不到讲师，其实我们可以通过训练培养出自己的讲师。

## 6. 培训资源库

培训的推进不能完全用蛮劲，还要有巧劲，有培训资源库的话能事半功倍，培训资源库包括四个方面：

（1）讲师库

公司要梳理出自己的讲师库，比如创始人一定是很好的讲师，运营总监等核心管理层能分享丰富的管理经验，公司的财务可以给大家分享如何做好费用的控制，某个领域的标兵也可以请他来分享，还可以邀请兄弟公司的操盘手互相到对方公司进行分享……

（2）培训课程库

外部的课程要利用起来，如聚草堂、淘宝大学、京东商学院、派代等都有培训课程，我们可以整理出对公司成长有实用价值的内容放入培训课程库。

（3）培训班库

培训班主要包括一些线下培训，比如聚草堂的线下活动和C4D设计课等。也包括公司内部构建起来的相对固定、且可以不断重复讲授的课程，例如《职业素养养成训练班》这种课程就可以每年开展2次，给大部分基层员工培训基本的职业素养，诸如做事方法、思考问题的维度、时间管理，以及教授他们如何一次性把话说清楚、如何专注地工作、如何做好PPT、如何做好复盘等。这种课程可能每次讲的内容都是差不多的，只是听众发生了变化。

（4）学习资料库

外部也会有一些不错的学习资料，比如刘润公众号、樊登读书会和罗辑思维等。这些学习资料或渠道对提升团队的整体认知有很大的帮助。

我们建立培训资源库是为了方便大家学习，因为当你想要学习却找不到学习资源时，学习的积极性会受到较大打击，学习的系统性也会受到较大的影响。

## 7. 培训方法

培训的方法主要分成讲授法、演示法、视听法、案例研究、游戏法这五种。

（1）讲授法

讲师在台上讲，大家在台下听，这是讲授法。

（2）演示法

在培训中穿插实操演示，比如我们培训客服新人时，会演示怎么安装和使用产品；培训打包新人的时候，会去仓库演示怎么打包、怎么操作面单、怎么使用ERP等。

（3）视听法

通过视频或直播进行培训，开课的时候把直播链接发到微信群里。

（4）案例研究

通过研究案例来培训，比如最近有一个店铺的搜索量起得很快，公司的运营们就可以一起研究下这个案例是怎么操作的。

（5）游戏法

我们可以在培训中引进一些游戏，比如《天黑请闭眼》和《狼人杀》等，这些游戏在国外MBA的课程里也会出现。之前我们的运营训练营中就有一节课是组织大家玩《狼人杀》游戏，然后评委在下面评分，通过游戏来判断大家在玩游戏过程中的表达能力、心理素质、团队精神、决策能力，并在游戏中锻炼员工的素质和能力。

## 8. 体系建设的三个重要阶段

（1）第一阶段

第一个阶段主要任务是打基础，需要先定好制度。

具体工作：制定并完善培训管理制度，建立培训管理团队，组建内部培训师团队，整理资源库。

（2）第二阶段

第二阶段一定要做好培训项目的策划和宣传，不要让员工觉得这个课程可有可无，没什么价值。

具体工作：设计培训模块，完善培训课程体系；大力开展系统、专业的培训，如管理培训、储备人才培训等潜力提升课；做好培训项目的策划和宣传工作。

（3）第三阶段

做好培训效果评估和改进工作，如果没有应用、跟踪、反馈，那这个培训是无效的。

## 9. 培训运营体系

培训运营体系应包括需求策划、计划组织、实施方案、评估流程和项目管理五部分。简单说就是将上述八点梳理清楚，形成一套适合你们当前发展现状的培训方案，做法就是按照上述八点来一一盘点，对号入座。我们公司这套体系是由小须鲸学院的院长来负责规划设计的，一般来说院长就是公司的"一把手"或者"二把手"。

### 三、小须鲸团队培训体系搭建的案例

介绍完培训的理论体系，接下来给大家介绍一下在实际搭建过程中的案例。

**1. 小须鲸学院**

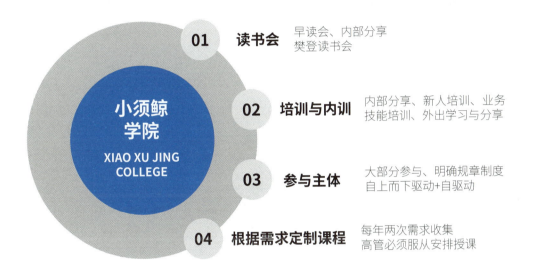

01 **读书会**　早读会、内部分享
樊登读书会

小须鲸学院
XIAO XU JING
COLLEGE

02 **培训与内训**　内部分享、新人培训、业务
技能培训、外出学习与分享

03 **参与主体**　大部分参与、明确规章制度
自上而下驱动+自驱动

04 **根据需求定制课程**　每年两次需求收集
高管必须服从安排授课

▲ 小须鲸学院培训体系

小须鲸学院有明确的规章制度，整个平台是由自上而下的驱动和自我驱动相结合，原则上自愿参与，我们公司的所有员工在满足一定条件的情况下，都可以报名参加这个学习平台，目前公司大部分的人都参与其中了。

加入了小须鲸学院的同事，每个月至少要到公司早读4次，早读的时间是早上的8:00 ~ 8:30，我们的上班时间是8:30，所以需要提前半个小时来。

此外，我们还设置了内部分享机制。小须鲸学院会要求每人每月至少做4次分享，每次分享一篇文章到学院的微信群里，分享时还需附上分享感言。

有人会问能不能不参加小须鲸学院，不受这些条条框框的限制，对此我们公司内有一条不成文的规定：如果你想要晋升、想要加薪，就必须加入这个学院，否则永远都只能当一条"咸鱼"，这样培训就和大家的利益捆绑在一起了。

**一、所有加入小须鲸学院学员应按照学院的打卡制度完成打卡指标。**

**二、入学门槛：**

【1】入职转正后的所有小须鲸成员；

【2】个人入学简历及个人短期成长规划；

【3】年度、季度、月度学习计划。

**三、日常阅读打卡时间段：**

晨读签到时间：7:50—8:10，阅读时间：7:50—9:10；

晚读签到时间：18:10—18:30，阅读时间：18:10—19:30；

**四、阅读地点：美家办公室的会议室**

**五、日常阅读打卡形式：**

【1】采用指纹打卡，每次阅读打卡两次，阅读开始时打卡签到，阅读结束后打卡签退；

【2】晨读开始打卡超过8:10分视为无效打卡，晚读开始打卡超过18:30视为无效打卡；仅打一次卡视为无效打卡；阅读打卡时长未超过30分钟视为无效打卡。

**六、日常阅读打卡要求：**

【1】整月阅读：早读4次或者晚读8次（晚读2次等同1次早读）；参与晚读人员需在阅读结束后进行分享（不抵扣原本每月规定的至少4次分享），晚读未分享视为无效打卡。

【2】整月分享：4次文章分享并附上心得（统一用以下格式开头，#＊月＊日＊＊＊分享/心得/感悟#）；

【3】为保持良好的阅读环境，早晚读时禁止带食物入场，禁止嬉戏玩闹聊天，禁止抽烟；

【4】签到后需马上进入阅读，直至阅读结束方可离开阅读室，签到后未满30分钟进出阅读室请主动联系学院取消本次阅读打卡（特殊情况除外）；参与阅读人员可相互监督，若有未参加早晚读假签到、或者早晚读期间进进出出等情况，可进行匿名举报，总经办排查签到时间以及核实当班次早晚读成员，举报成功奖励白银勋章一枚。

**七、满勤奖励机制：**

每月完成学院打卡的最低标准，即可获得一枚青铜勋章和价值50元的学院助学礼金，此礼金可用于购买书籍、电子书等阅读工具或培训产品，也可累计到年末以现金形式一次性提取。

**八、其他KPI机制：**

【1】缺勤一次早读，罚跑12千米；

【2】缺勤一次晚读，罚跑6千米；

【3】缺勤一次分享，罚跑6千米；

【4】连续三月未完成学院打卡最低标准请进入小须鲸学院需缴纳入学服务费500元／人次。

【5】进入小须鲸学院半年以上的学员，如参加技能方面的培训而产生的学习费用，其金额在5000以内，并经部门主管核实实践于工作中，可凭发票至总经办报销50%的学习费用；

【6】授课嘉宾每授课一次可奖励白银勋章一枚。

**九、关于跑步未跑完的处罚机制：**

【1】以每3千米为结算单位；每天限跑6千米，超出6千米不计入跑步活动范围内；

【2】上班时间不允许跑步，月底结算次数，完成者，考勤不扣款；未完成者，按每3千米50元进行扣款。

▲ 小须鲸学院的规章制度

以往小须鲸学院里分享过的内容，包括经营自己和成就自我、单品打爆款的逻辑和应用、产品体系的运营节奏、财务知识的讲解、如何做好PPT、如何非暴力沟通、如何去做设计、怎么把读书变成存款机……这些课程不全是讲运营或者管理的，所涉及的范围很广，因为我们的目的是要建立一套立体化的培训模式。

微信群内的分享也是丰富且多元化的，有人分享怎么控制情绪，有人分享什么叫品牌等。以前大家的分享会出现两种情况，一种是从文章里直接复制一段话，另一种就是只能分享寥寥的几行字。但是当一些优秀同学的分享内容出现后，那部分原来不太会分享的人潜移默化地也能输出不错的内容，经过两年的坚持，大家的分享水平比以前提高了不少，或许这就是"吸引力法则"。

**2. 黄埔学堂**

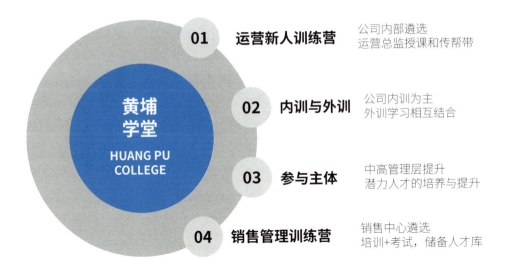

▲ 黄埔学堂培训体系

黄埔学堂是中高层管理提升的重要平台，如果想要从店长晋升为总监，或者从主管晋升为经理，就必须完成黄埔学堂强化班、加强班的学习。黄埔学堂的提升班对于参加的学员有一定的要求，它没有固定的讲师和学员，而是一个动态的组织。

我们公司的客服部门不叫客服中心，而叫销售中心，因为我们的产品是高客单价的，销售难度会大一些，需要更多销售技巧。以往我们是将销售做得好、能长期拿销冠的客服直接提拔为主管，现在的要求有所不同，销售业绩好只是前提条件，他们还要参加销售管理训练营并且通过考试，才能从普通的销售变成主管。

拿我们黄埔学堂的运营训练营来举例，这是训练营的教学大纲，包括了对讲师的要求、课程设计逻辑和对学员的要求等。

**一、教学原则**

从实战出发，以实战为目的，培养运营思维，注重主观能动性。

**二、对讲师的要求**

1.培训时重视底层逻辑的宣讲，为什么这么做？应该如何思考？怎么做更合理？

2.每节课必须要布置作业，布置作业时必须说出标准和时限。

3.对于作业和考核，重视点评和引导，给予学员启发。

**三、课程设计逻辑**

先易后难，循序渐进，能马上做的先培训，复杂的事情简单化。

**四、重视实践，给予实操平台**

**五、对学员的要求**

1.尊重教官要求。

2.遵守课堂纪律和作业要求。

3.守时守信，言出必行。

4.吃苦耐劳，勤奋刻苦。

5.勤于思考，严谨认真，敢于提问，勇于质疑。

6.重视学习结果，注重学习成效，多动手，少寒暄。

▲ 黄埔学堂运营训练营 1 期教学大纲

运营训练营是帮助学员从客服转型成运营的，参加的学员都经过层层选拔，选拔包括提出申请书、审核资格、参加笔试、CEO面试，每次训练营往往可能最后只会留下 2 ~ 4 名学员。我们会给这些学员分配一对一的导师，导师负责日常辅导，同时会有专门的讲师为所有学员讲授不同主题的课程，每堂课结束后讲师都会布置作业并对学员们提交的作业进行评分。根据训练营的课程设计，我们会先讲理念心态，再讲后台和规则，之后讲流量的基础、营销与转化，最后进行综合科目演练并要求他们完成毕业论文，课程全部结束后还会为他们举办一个毕业仪式。经历4 ~ 5个月的培训，学员们才可以从运营训练营毕业，在学员学习的过程中，我们比较倾向于让他们跟着店长边做助理边学习。

▼ 黄埔学堂《运营训练营》1 期&《运营精进营》1 期教学大纲

| 课程 | 授课来源 | 时间 | 学员A | 学员B | 学员C | 学员D |
|---|---|---|---|---|---|---|
| **第一单元　运营心法／学分20** | | | | | | |
| 《守正出奇：小须鲸运营的核心思维之做好运营总监的20条建议》 | 雷利 | 1月16日 | | | | |
| 《小须鲸2020年的进步和不足的复盘与思考》内训 | 雷利 | 1月18日 | | | | |
| 《运营心法：做运营必须掌握的基本功（1）一次就把事情做对》 | 雷利一视频资料 | 1月21日 | | | | |
| 《运营心法：做运营必须掌握的基本功（2）规划与结构思考力》 | 雷利一视频资料 | 1月25日 | | | | |
| 《运营心法：做运营必须掌握的基本功（3）最优方案思考》 | 雷利一视频资料 | 1月25日 | | | | |
| 小须鲸运营中心2020年度工作复盘及2021年工作规划会议学习 | 现场分享一公司 | 1月27日 | | | | |
| 《店铺运营转化提升的一些思考》 | 雷利一视频资料 | 2月2日 | | | | |
| **第二单元　后台与规则／学分10** | | | | | | |
| 《天猫店铺后台及千牛后台的布局与基本功能阐述》 | 雷利 | 1月25日 | | | | |
| 《天猫店铺的装修后台实操应用》 | 雷利 | 1月25日 | | | | |
| 《天猫店铺的营销工具设置实操应用》 | 雷利 | 1月26日 | | | | |
| 《天猫店铺的活动报名后台实操应用》 | 雷利 | 1月26日 | | | | |
| 《天猫店铺评价体系和评价体系的处理》 | 雷利 | 1月28日 | | | | |
| 《天猫店铺的聊天记录排查方法》 | 雷利 | 1月28日 | | | | |
| 《生意参谋的布局和基本功能阐述》 | 米霍克 | 1月29日 | | | | |
| **第三单元　流量基础／学分20** | | | | | | |
| 堂外直播课:《搜索优化之关键词》 | 梁老师 | 2月5日 | | | | |
| 《天猫超级推荐的基本原理和应用》 | 米霍克 | 2月24日 | | | | |
| 《天猫其他推广工具的基本原理和应用》 | 米霍克 | 2月24日 | | | | |
| 《流量异常的排查和思考逻辑》 | 米霍克 | 2月24日 | | | | |
| 《38女王节运营复盘会议》学习笔记 | | 3月14日 | | | | |
| 《天猫直通车推广的基本原理和实操应用》 | 雷利 | 4月8日 | | | | |
| 《天猫直通车推广的常见误区》 | 雷利 | 4月8日 | | | | |
| 《天猫的主要流量来源及搜索标题设计应用》 | 雷利 | 5月14日 | | | | |
| **第四单元　营销与转化／学分30** | | | | | | |
| 《询单转化背后的基本原理和在日常工作中的衔接》 | 米霍克 | 2月27日 | | | | |
| 《转化异常的排查和思考逻辑》 | 米霍克 | 2月27日 | | | | |
| 《如何准确做出合格的运营日战报以及应用它发现问题》 | 智超 | 4月10日 | | | | |
| 《从转化角度看视觉传达的基本策略和应用》 | 米霍克 | 4月20日 | | | | |
| 《如何设计制作一个合格的视觉脚本》 | 山治 | 4月14日 | | | | |
| 《如何设计制作店铺活动营销策划案及销售预算案》 | 智超 | 4月19日 | | | | |
| 《如何设计制作月度销售预算案》 | 智超 | 4月19日 | | | | |
| 《菜鸟运营如何玩转PS软件》 | 雷利 | 5月15日 | | | | |
| **第五单元　综合科目演练／学分20** | | | | | | |
| 《如何成功组织一次会议的召开》 | 山治 | 4月17日 | | | | |
| 《如何完成与小二的亲密接触和沟通》 | 米霍克 | 4月27日 | | | | |
| 《打爆一个单品的实操逻辑和应用（1）》 | 米霍克 | 5月11日 | | | | |
| 《打爆一个单品的实操逻辑和应用（2）》 | 雷利 | 5月11日 | | | | |
| 毕业论文 | 雷利 | 5月20日 | | | | |
| 毕业典礼 | 雷利 | 5月20日 | | | | |

### 3. 人才孵化的培养逻辑

首先我们得确定哪些人才在内部培养更合适，像运营、销售客服管理、设计主管这些岗位的人才就可以内部培养。

其次我们得清楚这些岗位的人才标准分别是什么，尽量不要因为感情因素降低标准。我们在招运营人才时会有一些硬性标准，比如对思维逻辑、学习能力、文字编辑能力、沟通能力的要求，那么在内部挑选人才时也应该按这些标准来，不能因为感情因素降低标准，毕竟我们和员工每天都见面，的确容易产生感情，所以这一点需要注意。

最后我们要重视总教官，他一定是这项工作中最核心的骨干。所以在开办运营训练营前，我们要找到公司里运营能力最强的人来担任总教官的职位。

### 4. 内部培养运营的时间轴

我们按照这个时间轴去推进内部培养运营的工作。

▲ 内部培养运营时间轴

首先是确定需求，项目在发展，新的需求也会源源不断地产生。我们公司的军机处会通过内部沟通，盘点出目前公司里符合要求的人才，然后提醒他们，公司最近准备开办运营训练营，有兴趣的就可以积极报名。

之后我们会向全公司公开招募，让所有人才公平竞争，这样还能发现很多以前没关注到的人。收取申请人的申请书之后我们会组织约谈，在约谈中告知他们为什么得到这次机会，让他们感觉到这次机会真的是通过自己的努力拿到的，这样他们才会更加珍惜。

主考官会给到申报人 4 ~ 5 份学习资料的链接，让他们花一星期时间准备。之后主考官会出炉考试试卷，这份试卷有 50% 的题目来自学习资料，有 50% 需要凭借学员的个人能力和工作经验进行作答，一般来说绝大部分学员的成绩都达不到 60 分，但是这没有关系，因为这是他们的真实水平。

笔试结束后，还会由3～4位核心管理层逐一面试，根据笔试和面试的综合表现确定人选，坚持宁缺毋滥的原则，选拔出最后通过考试的2～4位排名靠前的学员。

接下来对所有人公布结果，再给人才选择合适的师父，确定其培训方案，比如是边做原来的岗位边学习，还是直接调去运营中心学习。然后给他们分配店铺和工作内容，可能是让他们做助理，也有可能负责某个淘宝店，由师父和总教官一起推动培训的进度。经过3～4个月的学习、复盘、作业、考试的评估，我们会知道谁可以脱颖而出。

当然也有培训结束后，发现可能不适合做运营的人，他们还是会回去继续做客服，这个时候我们要做好他们的心理工作。

## 5. 外出学习与培训的报销制度

我们公司允许员工出去接受培训，并且会给予一定的资金支持。比如学费是5000元，报名之前员工需要向自己的直属上司提交申请，申请成功后公司会立马报销一半的费用，另外一半则由员工垫付。学成回到公司，我们通常会组织一场分享会，如果员工的学习收获颇丰、分享效果不错，那么他就可以再次向公司提交申请，公司会报销另外一半的培训费。

外出学习产生的食、宿、机票等花费，公司只报销一半，也就是说参加一次外部培训，员工自己至少要承担一半的差旅费用。大家一定要清楚，如果一个人对学习本身没有抱着投资的心态，那么他能学到的东西是比较有限的，免费的东西往往不被珍惜，所以一定要让他付出些代价，当然这个代价也不会特别大。

有次我们公司的几个客服去广州参加培训，按照规定，他们需要自己支付一半的差旅费用，也就是1000元左右，但作为基层的打工者，他们一个月工资也才几千元，我们有点于心不忍，这时候怎么办？

后来我们选择了让带队的主管以个人名义替他们报销，但实际上这部分钱是由公司出的，主管会向公司申请报销。这样既没有破坏公司的规矩，也减轻了员工的经济负担。当一些收入比较低的员工参加培训，我们就会采用以下这种报销方式。

为有效控制差旅费用的支出，提高公司人员的办事效率，特制定本制度。

**一、办理程序**

1、出差人员必须事先在钉钉填写"出差申请单"，注明出差地点、事由、天数、借款金额和借款理由，经分管领导和总经理签署意见后方可出差。

2、出差人员回公司后，应形成出差具体情况电子报告（PPT／文档等形式），并向分管领导汇报，由分管领导考核结果。

3、出差人员根据考核结果用钉钉申请报销差旅费。

4、凡与原出差申请单规定的地点、天数、人数、交通工具不符的差旅费需在报销单里面备注好特殊原因，再经分管领导审批后方可报销。

5、出差人员回公司后的一星期内，应主动提交报销申请并转交相关发票给到财务部，超过期限，财务部有权拒绝本次差旅费的报销。

6、出差前如有借款的情况，出差人员需在报销单里备注清楚，多退少补，原则上前账不清、后账不借。

**二、费用标准**

| 地区／人员 | 住宿补贴 | 伙食补贴 | 交通补贴 | 交通工具 |
|---|---|---|---|---|
| 总经理 | 实报实销 | 100 | 实报实销 | 飞机／动车／滴滴 |
| 总监 | 500 | 100 | 实报实销 | 飞机／动车／滴滴 |
| 经理 | 400 | 100 | 实报实销 | 动车／滴滴／飞机预申请 |
| 其他人员 | 300 | 100 | 实报实销 | 动车／滴滴／飞机预申请 |

**三、报销管理流程**

1、出差人员由接待单位或住在亲友家的，不予报销住宿费；住宿费标准一般指每天每间，若为同性二人同时出差，按一个房间标准报支，总监以上人员出差，可单独住宿。

2、中午12时前离开泉州按全天补助：中午12时后离开泉州按半天补助：中午12时前抵达泉州按半天补助：中午12时后返抵泉州按全天补助。

3、原则上出差统一乘坐动车二等票，行程超过4小时的可以选择一等票；如遇飞机票比动车票便宜或者出差往返时间比较紧凑的，可报批选择乘坐飞机经济舱出行。

4、出差人员应按最简便快捷的线路乘坐车辆，不得饶行。出差期间经分管领导批准顺道回家探亲、办事及非工作需要的参观、游览，其饶线多支付的费用均由个人自理。

5、在出差过程中因业务工作需要使用招待费应先征得分管领导同意后财务部方可审核报销。6、外出参加会议，会议费用中包括食宿时不再享受食住费用，只享受市内交通费。会议费用中不含食宿时，按前述标准予以报销。

7、外出参加培训学习，培训费公司预先支付一半，培训结束后培训人应在公司内部进行 PPT 分享，分管领导对本次分享进行打分，财务部视评分再审批剩余的培训费。培训费用不包含食宿交通费时，食宿交通的费用按前述标准给予报销一半。

8、两人以上出差人员，在请示分管领导允许后，

**四、本制度自发布之日起执行。**

▲ 外出学习培训报销制度

## 四、提升培训效果的 10 个有效方法

### 1. 搭框架

首先我们要搭框架、建班子，确定好领头羊和核心管理团队。搭框架这项工作一定要由创始人及团队亲自负责，这样，培训成型的团队才能按照创始人的意志发展，不至于走偏，这将是对公司的未来产生深远影响的事情，大家务必重视。

### 2. 筛需求

根据培训需求分析来组织课程内容，方可事半功倍。培训的需求分析主要包括组织分析、任务分析和人员分析。

(1) 组织分析

先厘清公司目前的工作内容，从而分析出哪些部分是比较欠缺、需要培训的。比如公司接下来想要大力发展抖音，那么组织培训时，我们就会增加抖音相关的课程安排与交流学习。

(2) 任务分析

我们可以结合具体情况，分析出做好某项工作所需的能力与技术，进而制定相应的学习计划。比如最近由于大环境不友好，"双 11"过后客服的转化率下降得很厉害，这时我们就可以专门组织一个提高转化率的课程为客服的工作助力。

(3) 人员分析

我们要分清楚哪些人需要参加培训，哪些人不用参加培训。以前我们常常陷入这种误区，认为多一个人参加培训就多一个人受益，大家不要有这种想法，如果这个课程对他没用，你叫他过来听是浪费他的时间，同时也在降低课程的质量。给 300 个人讲课和专门给 3 个人讲课，质量肯定是不一样的，人一多，大家就不会那么重视这个课程了，所以要根据人员的需求，让该参加的人参加。

我们会让员工填写培训需求的调研表，收集的信息有培训类型、时间段、培训时长等。通过调研我们能发现他们各式各样的学习需求，为后续的课程安排提供参考依据。

一、希望参加培训的周期？

☐每月1次　　☐每月2次　　☐每月3次　　☐每月4次　　☐两月一次1次　　☐其他

二、希望培训时间安排在？

☐白天时间　　☐晚上时间

三、希望培训的长度？

☐1-1.5小时　　☐1.5-2小时　　☐2-2.5小时　　☐无所谓，看课程需要来定

四、目前的学习状态？

☐经常主动学习，有计划地持续进行　　☐偶尔主动学习，但没有计划，不能坚持

☐有学习的打算，但没有时间　　☐有工作需要的时候才会针对需要学习

☐很少有学习的念头

五、本人在日常工作中（包括个人能力和人员管理）经常遇到哪些问题或困难？希望提升哪方面的能力？获得哪些方面的培训或支持？

> 本人在日常工作中经常遇到的问题或困难，请举例说明(至少类举三项)
>
> 1、
>
> 2、
>
> 3、
>
> 希望提升哪方面的能力？
>
> 1、
>
> 2、
>
> 3、
>
> 希望获得哪些方面的培训或支持？
>
> 1、
>
> 2、
>
> 3、

六、除了本问卷涉及到的内容，您对学院还有哪些建议和期望或者还期望学到哪方面的知识。

▲ 小须鲸学院学习需求调研表

### 3. 明目的

培训目的主要分为以下几点：

（1）优化人岗配置；

（2）提高员工的能力和技术水平；

（3）提高员工的职业素质；

（4）有效沟通团队团结合作；

（5）提升管理理念和格局；

（6）拓展视野和促进学习动力。

有次我在跟我们的销售负责人沟通时，发现他办了一个销售训练营，这个训练营里有考试、有淘汰，但留下来的人却不会得到提拔。

他这就犯了一个错误——培训的目的不明确。当这个销售训练营的核心目的是决定谁能通过考核成为主管时，它才需要引进淘汰机制，而如果举办它的目的是提升储备人才的管理能力，那么这个训练营就并不需要淘汰机制，负责人重点是做好点评并布置作业，在培训的过程中提升储备人才的水平，为后面的提拔提供有力的依据。

培训目的不清晰，培训结果就可能仅仅浮于形式，无法为受训者赋能，这样的培训反而会降低员工学习的积极性。

## 4. 作内容

我们要根据团队的实际情况以及员工的具体需求，有针对性地设计内容。

高层管理者的培训需求包括学习团队经营理念、提高适应及改造环境的能力、领导与控制能力等；中层管理者的培训需求是管理基础知识、作业管理能力、领导与控制能力、协调人际关系的能力等；基层管理者的培训需求是提升业务、培养下属、指导工作等；基层工作者的培训需求是增强职业技能、沟通表达能力以及职业素养等。

## 5. 定规则

加入某个培训就意味着必须服从这个培训的相应规则。有的员工会把培训当成公司安排的一项普通任务，并不加以重视，这肯定是不行的。

规则包括：前瞻性原则、系统性原则、实用性原则、长期性原则、效益性原则。

前瞻性原则是指前面所做的事情尽量要对后面的事情有影响，我们可以提前搭建知识框架，带领员工以整体的视角看待问题。比如我们在给员工分析案例前，最好先讲清楚它的底层逻辑，这样能给员工一定的独立思考空间，让他们逐步形成自己的知识体系，这也兼顾到了系统性原则。

实用性原则是指制订培训方案时要结合自己公司的实际情况，不能因为对手采用暴力推广的方案，我们就盲目模仿，他们的方案不一定适合我们公司目前的情况。虽然培训对于公司而言是长期的事情，但我们也一定要注重每次培训在短期内带来的实际效果。

长期性原则是指公司对员工的培训应具有长期性，只有长期性的培训才能使员工的综合素质得到提高。例如，每年公司都有一些新同事，那么类似《职业素养养成训练班》这样的课程是否应该周期性地开展呢？再例如，《总监研修班》这种针对公司内部高管的课程，面对现在的商业市场变化和公司内部管理层的变动，每年是否也应该更新更多提高认知的课程呢？

除此之外，基于效益性原则，公司还应该注意到培训的成本，针对不同层级的培训类型、参训人作好培训预算。例如说公司今年重点拓展抖音直播，那么在这方面的培训投入可以加大。我们可以将培训预算的这部分开支，视为是一家以贸易为主的电商公司的"研发成本"，每年拿出一定的比例作为"投资"投入。通过对员工的培训不但要能提高公司的经济效益，而且能够使公司形成良好的学习氛围，为公司形成学习型组织打下良好的基础。

### 6. 强捆绑

强捆绑包括几个方面：

（1）学习成果和晋升要相互捆绑，没有通过培训就不能晋升；

（2）培训讲师和学员要相互捆绑，不是讲完这个课学员就跟你没关系了；

（3）学习过程和作业要相互捆绑，既要有培训，也要有作业，还要明确提交时间和作业要求；

（4）布置作业和点评要相互捆绑，作业完成后应给予学员相应的评分和点评。

### 7. 严遴选

一定要发挥管理者的主观能动性，对参与培训的员工进行严格的遴选，遴选机制能让培训具有更好的效果。比如来参加聚草堂的大会，不是随便选几个人去，而是要先报名再挑选，让能参与的人觉得培训机会很稀缺、很珍贵。

### 8. 立标杆

做事情前一定要树立好标杆，让一部分核心骨干先动起来。比如前文我提到的微信群内分享，刚开始大家分享内容的质量并不高，常常是一些心灵鸡汤，但随着一些优秀的分享出现，大家分享内容的质量也都逐步提高了，分享的内容越来越具有深度。所以在培训前，我们应当提前与公司骨干进行沟通，让他们给大家树立一个标杆。

### 9. 树成绩

要让大家有仪式感，多方位地展示学习成果可以促进员工学习的积极性。

之前我们的运营总监研修班结业时发放过结业证书，这个证书淘宝上卖19元一本，8个人才花了152元，花费并不多，但却能带来满满的仪式感。证书拿回家里，老婆孩子看了也会开心，可能老婆晚上还会给他加鸡腿。仪式感会加强员工的信心和对公司的归属感，同时也能提高他们对自我的要求。

邀请兄弟公司的人来我们公司讲课的时候，我们会专门定制讲师证书，这样的话，其他兄弟公司看到某某公司曾来我们公司讲课，下次我再邀请他们来讲课就是水到渠成的事情了。这些细节能帮助我们把培训持续地发展下去。

### 10. 重评估

一定要重视对反馈信息的评估，从而及时发现问题、改进工作。评估作为控制培训效果的手段，需要贯穿培训的始终，最终确保我们的培训效果达到预期。

培训评估主要包括以下几个部分。

（1）培训过程中评估参训人员是否感兴趣？

（2）培训后评估参训人员学到了什么？对经营管理是否有促进？

（3）参训人员回到岗位后评估培训的内容是否能应用于工作实践？

培训中一定要了解参训人员是否对培训内容感兴趣。为了加强运营训练营的效果，我们专门做了一份调查问卷表，将每一项能力满分设置为5分，让参训人员给自己的能力打分，最后我们会挑选大家比较弱的部分组织培训。

培训后要评估参训人员学到了什么，我们会布置作业来辅助判断培训对参训人员的经营管理能力是否有促进。可以采用调查问卷、访谈、对比分析等方式评估，比如某员工参加了转化率培训，就可以关注培训前他的转化率是多少，培训后提高到了多少，这就是一种对比分析。

## 五、实施培训过程中可以用到的工具

我们实施培训过程中会使用到以下几种工具：

（1）微信

微信群内的分享我们会要求大家统一格式，比如我们公司采用的格式是日期加上分享者昵称，这样在检查大家的分享任务完成情况时，只用输入昵称就能快速找到每个人的分享内容了。

（2）钉钉

在钉钉群里我们可以给成员打上讲师或学员的不同标签，可以通过直播的方式留存视频资料，供所有人下载回顾，有一些公开课还能直接发直播链接到大群里面，非常方便。

（3）嗨格式

嗨格式软件有录像功能，可以把培训内容录下来。

（4）PPT

要让员工学会做PPT，从而强化他们的分享意识，PPT是能督促他们成为合格的分享者的重要手段。

（5）游戏玩法

年轻人占比较高的公司可以整理一些能辅助培训的游戏，如《狼人杀》等，达到更好的培训效果。

### 》 结语

最后，送大家一句话，"任何值得去的地方都没有捷径"。搭建公司从无到有的人才培养和培训体系，是一件功在当下、利在千秋的长远规划，不能因为一时的困难而退缩。每个体系都不是一朝一夕建成的，更不是靠一两个人就能完成的。集合全公司的优秀力量，并让大家在这个过程中受益，甚至通过授课让优秀的人才成为导师从而得到表现的机会，这是一箭三雕的事情。预祝大家早日搭建起自己的体系，帮助公司更持续、健康地发展下去。

# 问与答

» **提问 1：**

你们通常会将培训放在什么时间段？

» **诗光解答：**

如果是提前排好课的系统性培训，我们通常都是在上班时间内安排一个固定的时间段，比如说周四、周六的下午15:00到17:00。如果参加人数比较多，一般会安排在下班后。

» **提问 2：**

把一个小白培训到能独立去打造爆款需要多长时间？

» **诗光解答：**

如果把爆款的标准设定为一个链接月销售额30万元，那么半年时间的系统性培训就能让一个运营新人达到这个要求。因为我们的产品跟其他类目的产品不一样，我们的产品比较单一，相对会比较简单。

» **提问 3 ：**

你花这么多时间和精力培训员工，不怕他们学完跑掉吗？

» **诗光解答：**

大家对于培训要有一个理解，它是有分层的。如果是基层员工，你不能因为怕他跑掉不给他培训，因为你不给他培训，他就没有这个岗位应该具备的基本能力，你去培训你的客服，让他具备更高的转化能力，这绝对是没毛病的。

至于高层会不会跑掉这个问题，我觉得不在于他们的选择，而在于我们的手段。对于一个担任重要岗位的人，我们需要和他多一些沟通交流，要有与他个人利益相绑定的分配机制，同时要让他看到公司的未来。我觉得笼统地说怕花了时间、精力培养的人跑掉是没有必要的，把不同的人分不同的状态看待，答案就一目了然了。

公司的高管一定要去学习、提升自己，不管进步是快是慢，因为他们决定着公司的天花板。基层员工的操作技能一定要提升，因为他们是给公司带来收入的重要来源。中层员工也要让他们学习，我们可以从中选拔人才。其实有的人走了就等于变相地帮我们淘汰了一个人，我觉得不是坏事。

---

### » 提问 4:

从0到1搭建这个体系花了多长的时间？

### » 诗光解答:

这个体系我们也是陆陆续续搭建的，小须鲸学院搭建了有两年多，黄埔学堂是一年多。以前我们也零零散散组织过一些培训，只不过当时没有成体系，哪方面遇到瓶颈了才会去准备相应的培训。慢慢地，我们发现培训需要体系化，要有标准、有规章制度、讲师要求、学员要求、课程表、奖惩机制、仪式感等。

---

### » 提问 5:

在这个过程中，踩过的最大的坑是什么？

### » 诗光解答:

一定要选择主动报名的学员，不然效果会很差。当员工有了学习意愿，我们再设置一些门槛，他们才会更珍惜培训的机会。

# 第三节　流程化培养运营

聚草堂 / 赵婵

## ◼ 作者介绍

赵婵，聚草堂潜龙圈子会员[1]，10年电商人，积累了丰富的打爆款经验以及运营培训经验。在公司内部，她成功培养了多名运营，培养的运营成功操作了多个类目前三的链接，已经跑通了一套可复制的运营培养流程。

## 一、初选

### 1.选人标准

在选择运营助理之前，需要先总结一下我们想要什么样的人。

### （1）从培养流程总结

从小白培养到运营助理，再到掌握策划和推广能力，最后到能独当一面的运营，整个培养周期至少需要1~2年时间。所以首先我们需要的是热爱运营的人，如果没有强烈意愿的话很难坚持下去。其次，这个人一定是愿意沟通并乐于接受他人意见的，如果不愿接受他人的意见，很难培养。最后这个人需要具备主动学习、主动思考、做事情有反馈等特点，如果主动性强，那么遇到问题他就会主动来和你沟通，反之，主动性不强的新人成长会特别慢，因为我们不可能面面俱到地照顾到每一个新人。

此外，从小白成长为运营的过程中会遇到一些挫折，压力比较大，所以抗压力强、能吃苦、能加班是我们公司考核运营的一个必备标准。我们的工作时间和生活

---

1　聚草堂潜龙圈子：顶级操盘手的互助圈子，有200+千万级商家和运营资源，集结社群力量资源真诚互助，切实地解决实操过程中遇到的各种难题，在圈子里可以学习最新实战干货，与顶级操盘手一起成长。

时间的界限并没有那么清楚，因为我们打爆款的节奏比较快，一旦开始打爆款，就不能轻易休息。

### （2）从爆款流程总结

我们主要是通过直通车和淘客来打爆款，这两种推广方式一般都会先亏后赚，这就要求新人求胜心强，敢于投入。对他来说，打款的成就感能够抵消亏损带来的压力，因为运营的利润提成占大头，有些人更在意当前能拿到的工资，而不太愿意接受提成先少再多的情况，那这类人就和岗位要求不太匹配。

在使用淘客打爆款的过程中，如果遇到问题，要尽快解决问题，解决的速度越快，风险就越低，成功率也越高。正是这个特性，导致推广时我们很难有真正休息的时间。淘客推广的有效期每次只有20天，期间尽量不要有问题，否则这一次的淘客就白推了。这就要求新人能第一时间发现和解决问题，就算是休息日也必须时刻关注数据。

### （3）从成功和失败经验总结

从过去的成功和失败经验中总结得出，运营需要具备的特点：思路清晰、能抓重点、善于复盘、犯错率低、勇于承担责任和错误。

根据总结出来的特点我们整理了一份面试表格，用对应的题目来初步判断应聘者是否具备这些特点。将特点整理成表格并且记录下来的好处是，可以保证每个要点都被问到，而且不会出现面试时聊得很好，等最后决定时又不记得这个人回答了什么的情况，这样做能提高选人的准确率。

碰到面试结果不错的人，我们会再让他做一份逻辑测试，通过测试判断他的逻辑思维能力。测试题目很简单，测试成绩优秀的人才能被录用。

## 2. 四个阶段的岗位定义原则

我们公司的运营培养体系分为四个阶段，分别是运营助理、策划、推广和运营。

运营助理需要做一些很常规、技术含量低、可以标准化执行的工作；策划需要解决点击率和转化率的问题；推广需要负责测款和简单的推广工作；运营则需要把控全局，通过前三个岗位的协助，实现一个人打造更多的爆款的目标。

这四个阶段的岗位定义原则如下：

（1）工作由简单到困难、由替代性强到替代性低，不同的工作由不同的岗位执行。其中，运营助理的工作内容最简单、替代性也最强，所以新人会先从运营助理开始学习，再成长为策划和推广，最后到运营。

（2）专人专事，提高效率。

（3）尽量释放运营精力，让运营可以同时操作更多的产品。如果让运营做上架和记录数据这些简单的工作，他就没有时间去打爆款了。

（4）推广的工作内容包括测款，所有正式推广的产品，都要经过测款来确认数据，从而减少人力、财力的浪费，以及提高推广的成功率。之前我们没有设置推广岗位，所有的产品都是由运营直接策划，之后再测款，当其中某个款的数据不行时，就很浪费运营的时间，所以现在测款这项工作直接分配给推广了。

## 二、运营助理培训

### 1. 运营助理轮岗

我们公司培养运营助理时采用的是轮岗制——将运营部门需要长期操作，并且对能力要求不高的事分离出来，由助理来轮岗。运营助理轮岗有三个好处：

（1）每个人都能胜任所有岗位的工作，不怕有人离职；

（2）专岗专事，工作不会乱，效率有保障；

（3）工作出现问题时很容易找到责任人，方便考核。

运营助理岗位区分为四类：活动岗、人工干预岗、评价岗和打杂岗。

活动岗需要负责报名活动、安排活动承接页和主图打标等任务；人工干预岗需要执行人工干预任务；评价岗需要负责差评登记、新品评价人工干预任务发布和制作评价内容等；打杂岗需要处理上架、换海报、改编码、改库存、记录数据等杂事。

运营助理的培训时间共5周，每个模块都有专人负责培训。每培训完一个模块，运营助理就要开始上手实操，整个实操过程都会有专门的带岗师父监督准确率。除了打杂岗，其他岗位的培训所需要的时间很短，可以培训完当天上岗，打杂岗的工作内容比较多，需要拆分的项目也比较多，所以运营助理只有在打杂岗培训的这一周不能轮岗。

### 2. 运营助理的培训方式

我们会提前录制培训视频，并上传到公司在钉钉APP搭建的赋能学院里，这样可以大大减少运营在培训期间的精力投入。我们之前的培训方式是每位新人匹配一位运营作为带岗师父，但其实培训的内容都差不多，运营的精力也有限，所以我们直接把培训内容做成了视频，新人看完视频后有问题再问对应的带岗师父。

具体的培训方式如下图，一般培训完之后运营助理需要再轮岗一周，其中人工干预和评价管理是当天培训、当天上岗，这两项工作内容轮岗5天基本上就可以掌握。

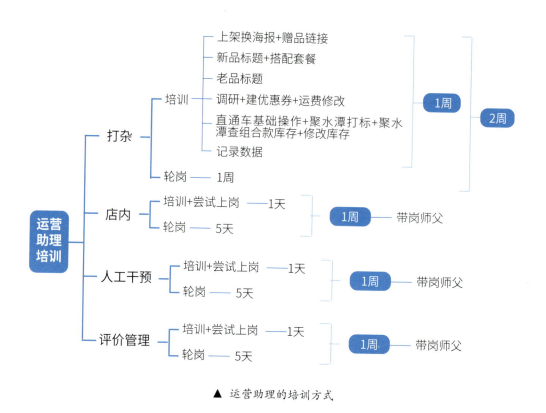

▲ 运营助理的培训方式

### 3. 运营助理的工作流程和考核标准

（1）对于每天固定要做的事情，我们会规定好每天固定的完成时段，考核运营助理是否在规定时段内完成。比如评价岗的助理每天都要处理广告类评价和登记差评，登记的范围是店铺的全部产品，规定每天要处理3轮。因为评价流出的时间不固定，上午、中午和下午都有可能流出，所以这两项工作每天都要处理3轮。当我们把这些内容都规定好之后，助理就可以按这个标准去做，这样执行起来相对比较简单。如果运营助理在规定时间内没有登记所有差评，或者抽查时被发现带广告的评价没删，那么他的任务就没有完成，会被扣除绩效。

事实上我们并不需要检查助理所有任务的完成情况，只要提前告知他随时可能会被抽查，这样他们就会更上心一些。

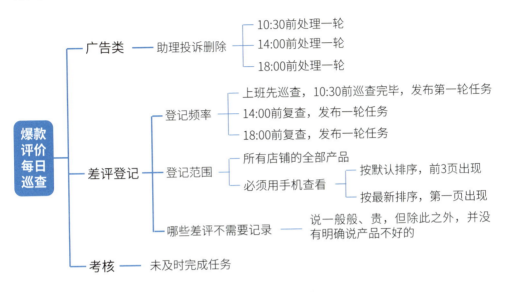

▲ 爆款评价每日巡查

（2）对于不定期会有的任务，我们会规定好整个工作任务的完成时间，考核运营助理是否在规定时间内完成。比如新品的评价跟踪，我们要求助理必须在上架的第一天就安排好近3天的人工干预计划，确定每天补多少单，此外，他们必须在每天12点之前发任务，因为如果等到18点钟才发，人工干预人员就下班了，这样没法确保在下班之前完成任务。我们要求每个链接实现15条晒图的评价和5条没有晒图的评价。每上架一个新品，评价岗的人就要写好人工干预任务表，并准备好评价内容，再交给人工干预岗的人执行人工干预任务，助理们要在客户收到货的3天之内联系客户做好评价。像这种不定期会有的任务就不需要每次上架都去安排运营助理完成，我们只要规定好整个工作任务的完成时间，并考核他们的完成情况就可以，他们自己能自动流转执行。

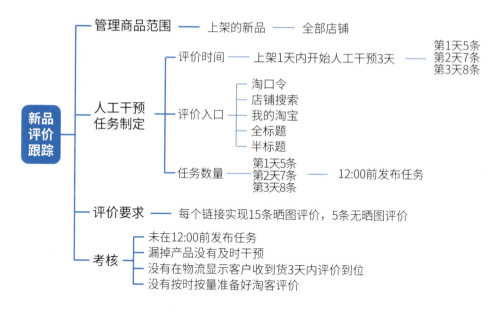

▲ 新品评价跟踪

### 4. 运营助理成长的两个方向

之前我们是想将运营助理直接培养成运营，但后来我们将运营工作拆分成策划和推广两部分，也分别按照这两个方向来培养运营助理，拆分原因如下：

（1）培养一个全才太难，同时具备两方面潜质的人不多。可能有些人对数据敏感，推广能力很不错，但是他的审美又特别差，导致没办法做好策划，如果强行要求他策划和推广能力都必须好，那么这个人可能会因为策划不达标而被淘汰。从公司的角度来说，很有可能错过一个推广人才；从员工成长的角度来说，一直在做不擅长的事情也可能会让员工产生挫败感。

（2）培养一个全才花费的时间特别长，耗费的人力和精力也很大。策划独立出来之后可以深入研究产品的视觉，只要他们做出来的策划数据达标，就能为运营节省时间。如果策划不独立出来，很多时候运营是没办法把任务分下去的。比如之前运营只策划分配给自己的链接，没有指定具体运营负责的链接就由所有运营轮流负责，那他们可能就不会特别认真对待这些不是自己负责的链接。而策划独立出来之后，所有链接的策划都会有考核，所以每一个产品都会有人认真去做。

（3）推广能辅助运营操作爆款，这样可以提高运营的工作效率，从而实现一个运营打更多爆款的目标。我们的直通车开得比较简单粗暴，没太多花样，对我们而言，直通车相当于一个标准化的工具，不需要有太多操作，所以我们把直通车部分交给推广来做，运营可以去做更重要的事，比如对全局的把控。

### 5.确定后续培训内容

我们根据打爆款的要求来确定后续的培训内容。培训内容可以从爆款逻辑进行拆解，保证培训内容的模块化和标准化。我们打爆款的逻辑非常简单：点击率、转化率达标，直通车拉递增带动搜索，搜索达到既定目标后直通车进行收割。由爆款逻辑拆分出来的培训内容主要分为两大模块。

策划部分的培训内容是点击率和转化率。运营助理通过培训后，在点击率方面要能制作并且持续优化主图和直通车图；在转化率方面要能制作并且持续优化主图视频和详情页。其次，他需要与设计和摄影师配合，完成整个视觉制作，从而把他的策划内容落地。此外，他还必须懂得分析数据，并根据数据进行视觉优化，对于数据要有自己的判断，这样才不会造成推广和策划的矛盾。

推广部分的培训内容主要关于直通车。运营助理通过培训后，在直通车的搭建方面要能准确选择直通车的关键词、地域、人群与时段；在直通车拉递增方面能通过拉升直通车流量，完成对应的递增计划；在搜索达到既定目标后，要懂得降低直通车的投入，获取利润。除了能独立操作直通车，运营助理还需要会分析和判断数据，并根据数据发布对应的优化任务，以及会计算对应产品所需要的淘客数量，熟练使用淘客。

策划和推广这两部分的内容串联起来就是运营的工作内容，运营助理在掌握这两部分内容之后，随着实操经验的不断积累，他也会慢慢地成长为一位合格的运营。

## 三、复选

### 1.基础考核

在决定运营助理成为策划或推广之前，我们还安排了复选，复选的基础考核包括三方面。

（1）笔试环节

笔试包括智商测试和SCMP性格测试。运营助理的智商测试的分数越高，我们带起来会越轻松，成功率也越高；性格测试由人事负责，这部分主要是起参考作用，我们一般会结合笔试结果和后续的日常表现来综合评估他是否合适。

（2）日常观察

我们要求带岗师父从培训开始时就一直记录运营助理的突出与不足之处，这样可以辅助判断每个运营助理的能力、人品、性格。如果出现犯错率高或者犯错了不承认等较大的问题，我们后续就不会培养了。

（3）其他部门的反馈

我们会把其他部门的同事对助理们的反馈做成一份明细表格，从不同的维度给运营助理评比打分，包括设计打分、策划打分、考勤打分和绩效打分等。像经常犯错、迟到或者绩效太差的助理后续都不会培养，因为出现上述情况的助理，要么就是比较粗心，要么就是对工作不上心。

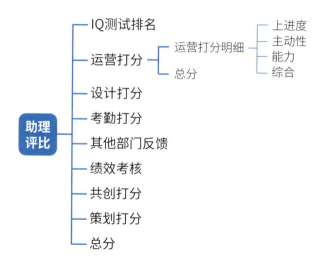

▲ 助理评比

2. 策划能力筛选

我们对策划的要求主要是文案能力和审美能力较好，除此之外还包括沟通能力强、出错率低以及把握客户心理的能力强。关于文案的考核，我们会提供一些卖点让他总结提炼，看他能不能输出一份好的文案。关于审美的考核有几种方法，比如提供一个产品，让他自己寻找合适的拍摄风格；或者提供3个卖点，让他做出对应的摄影脚本；再者就是根据轮岗评价时期他的评价晒图来打分。通过以上方法可以判断运营助理的审美能力到底如何，如果审美能力特别差，就不考虑往策划方向培养了。沟通能力主要是看其他部门同事的打分，出错率一般参考绩效。关于把握客户心理的能力，我们会根据平常调研作业的情况，以及他们能否看透"问大家"里每个问题背后客户真正关心的点，来判断他们是否具备深入挖掘客户背后真正需求的能力。

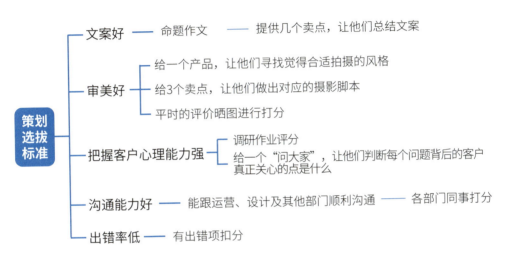

▲ 策划选拔标准

### 3. 推广能力筛选

我们对推广的要求主要是具备较高的数据敏感度，通过任选一份数据让他做分析来考核他的数据敏感度。此外考核内容还包括主动性、时间管理能力、出错率等方面。主动性强的人能主动发现问题，解决问题，如果在担任助理岗位期间，发现工作有问题且反馈上来就可以加分，提出解决方案可以加更多的分。时间管理能力强的人效率高，交给他的工作基本都可以较快地完成。另外推广不能抗拒加班，策划可以不加班，但推广一定要加班。

此外我们公司还有一些关于推广的考试题目，这些题目都是在以往的培训过程中产生的。我们会在培训前通过考试淘汰掉一些分数特别低的人，以减少培养成本。

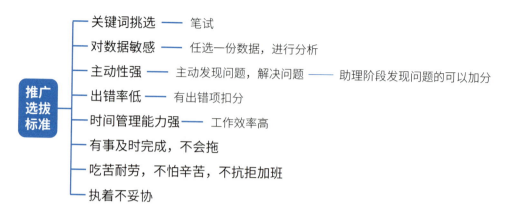

▲ 推广选拔标准

## 四、策划和推广的培训及考核

### 1. 培训机制要求

（1）每项培训完成之后，都需要布置作业；每个作业完成之后，都需要有检查、纠正和再培训。我们要确保培训是以教会为目的，而不是以教学为目的。

（2）统计好每项技能掌握的时间，形成考核标准，低于这个标准则不能胜任，可以及时淘汰。比如我们培训评价、问大家和SKU调研的时候，就会布置好作业，并规定好时间，通常花3小时完成SKU调研是正常的，但是如果花5小时那就不正常，这一类人就可以淘汰。

（3）规定补考时间和次数。一是让助理有一定的压力，可以更认真地对待考核；二是能淘汰掉一部分不能胜任的人，不浪费培训师的时间。

（4）策划的培训按正常的策划流程进行：收集数据、挖掘客户需求、完成整体逻辑和文案策划、完成摄影脚本策划、与摄影师和设计沟通，以确保视觉效果达标。

（5）推广的培训结合实操，按照实操的顺序，依次进行直通车搭建、放大、收割。

### 2. 策划培训

策划培训的内容主要包括数据收集和对手分析，培训完之后我们会布置一些作业。

（1）对手案例分析

首先，我们会调研竞品的"问大家"和评价，再分别进行分析。从竞品的"问大家"里可以找到消费者最关心的问题，这些问题一般包括使用问题和材质问题两类，从竞品的评价里可以分析消费者给出好评或差评的原因。

其次，我们会通过分析竞品的SKU占比数据，来决定我们的主推SKU和拍照SKU；通过分析竞品的价格来确定我们产品的价格。

最后是关键的主图分析和详情页分析，我们会分析竞品每张主图所展示的卖点和详情页情况，找到其中的优点和不足，再进行总结。比如，经过分析发现竞品的主图和详情页前5屏的卖点没有一一对应，为了避免出现类似情况，我们一般会总结客户最关心的点，然后进行排序，在主图和详情页的布局上都遵循这个顺序，从而保证二者能对应上，且主次分明。

（2）产品分析

分析完对手之后，我们会分析自己产品的情况。我们一般会从产品的数量、价格、人群特征和客户需求着手，这些分析也是标准化的流程。

人群特征的分析内容包括性别、年龄、职业和城市占比等，其中性别占比决定了视觉风格。这个很好理解，如果是纯女性客群视觉风格就要做得女性化，纯男性客群视觉风格就要男性化，男女各占一半一般就做中性风格。年龄也影响着视觉风格，年轻人和中老年人喜欢的视觉风格有所不同，比如港风风格一般对应年轻人，视觉风格也一定要年轻化。同理，关于职业和城市占比、搜索词偏好、行业热词榜以及复购情况，这些内容的分析都能帮助我们更好地了解产品的人群特征，从而针对性地去运营。比如我们有个产品是香皂片，属于香皂类目，这一类目的主要搜索词是"香皂"，"香皂片"一词的搜索量很少，客户本身对这个产品也没太多认知。所以这个产品的销量基本都来自店内关联渠道，来自本类目的流量不是很多，那我们就要在店内关联的主图上清楚地说明这是什么产品，再把痛点加到主图上，这样才能吸引客户点进来。

客户需求可以从评价和"问大家"里分析或者从站外平台搜索得知。我们一般会选择2~3个主要对手分析评价和"问大家"，总结出客户最关心的点，之后再去站外平台，如百度和知乎收集相关资料，最终综合确定客户需求。因为评价和"问大家"有一定的局限性，比如评价的人都是购买过的客户，他们的痛点已经被解决掉了，评价往往只是购后体验和反馈。

当然我们可以根据客户的反馈来改进产品。例如，我们看到客户很关注和健康有关的问题，很多人会问产品的味道如何、味道会不会太重，从这些问题我们可以得知客户背后真正的逻辑其实是怕产品有不太好的化学香精成分。由此产品的改进方向可以是新增无香型的SKU，或者产品套餐的香型可以自选搭配。

在全部分析结束之后，助理们需要做出一份详情页的制作需求给到设计，需求里包括文案、风格定义等信息，此外他还要根据每一个文案做一份摄影脚本，做出来后发给摄影师。

以上就是策划培训的内容，一般会有三四个助理同期培训，作业完成后，大家会一起开会、一起点评，这样每个人虽然只做了一个作业，但却能积累多个作业的经验。

### 3. 策划的考核与评级标准

策划分三个级别，初级、中级和高级，不同级别对应不同的薪资标准。

#### （1）考核标准

我们公司对策划的考核有三个维度，包括完成的时间、完成的数量和策划的数据。策划完成时间的考核要求是尽快完成任务，不拖拉。经过统计，基本上一个策划肯定能在3天内完成，如果初级策划的完成时间超过3天会扣50元工资，级别越高的策划扣得越多。关于策划数量，所有策划都会有保底任务，比如初级策划保底任务是5个策划，第6个策划开始就会有额外奖励，做得越多赚得越多。策划数据是否合格和评级相关，数据越优质级别相对来说会越高。

详情页的策划数量是有限的，所以他们平常空闲的时间就可以做主图的优化，合格的优化主图30元一张，而且每5张合格主图就能抵1个评级任务。此外，因为策划主观原因导致未能及时完成任务的会被扣钱。

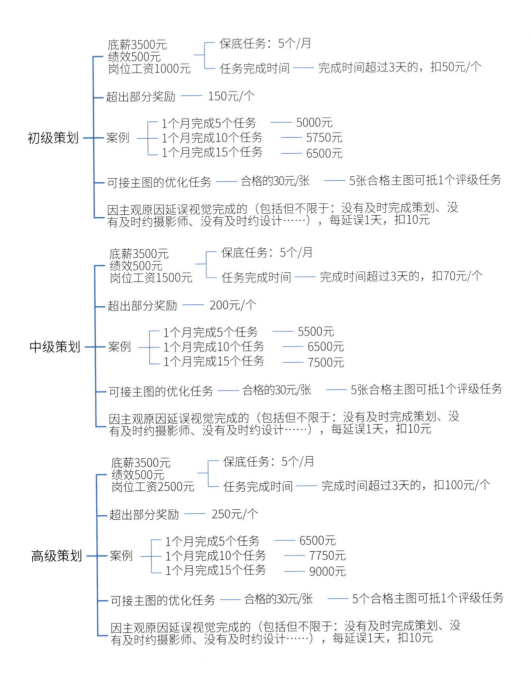

**初级策划**

- 底薪3500元 绩效500元 岗位工资1000元 ┬ 保底任务：5个/月
  └ 任务完成时间 —— 完成时间超过3天的，扣50元/个
- 超出部分奖励 —— 150元/个
- 案例 ┬ 1个月完成5个任务 —— 5000元
  ├ 1个月完成10个任务 —— 5750元
  └ 1个月完成15个任务 —— 6500元
- 可接主图的优化任务 —— 合格的30元/张 —— 5张合格主图可抵1个评级任务
- 因主观原因延误视觉完成的（包括但不限于：没有及时完成策划、没有及时约摄影师、没有及时约设计……），每延误1天，扣10元

**中级策划**

- 底薪3500元 绩效500元 岗位工资1500元 ┬ 保底任务：5个/月
  └ 任务完成时间 —— 完成时间超过3天的，扣70元/个
- 超出部分奖励 —— 200元/个
- 案例 ┬ 1个月完成5个任务 —— 5500元
  ├ 1个月完成10个任务 —— 6500元
  └ 1个月完成15个任务 —— 7500元
- 可接主图的优化任务 —— 合格的30元/张 —— 5张合格主图可抵1个评级任务
- 因主观原因延误视觉完成的（包括但不限于：没有及时完成策划、没有及时约摄影师、没有及时约设计……），每延误1天，扣10元

**高级策划**

- 底薪3500元 绩效500元 岗位工资2500元 ┬ 保底任务：5个/月
  └ 任务完成时间 —— 完成时间超过3天的，扣100元/个
- 超出部分奖励 —— 250元/个
- 案例 ┬ 1个月完成5个任务 —— 6500元
  ├ 1个月完成10个任务 —— 7750元
  └ 1个月完成15个任务 —— 9000元
- 可接主图的优化任务 —— 合格的30元/张 —— 5个合格主图可抵1个评级任务
- 因主观原因延误视觉完成的（包括但不限于：没有及时完成策划、没有及时约摄影师、没有及时约设计……），每延误1天，扣10元

▲ 策划考核标准

### (2) 评级标准

策划评级的标准是基于一定的任务量，完成任务的速度越快、合格率越高、数据越优秀、运营越喜欢的策划级别就会越高，运营喜欢意味着策划的质量高，也意味着与策划者沟通的效率高。

对于完成时间，初级策划的平均完成时间是3天，如果想做到中高级策划就必须把时间优化到2天。数据合格率的要求是策划数据不能比对手差，初级数据合格率要达到80%，中级要达到90%，高级要达到95%。运营选择率主要考量策划的性格和能力，有些人能力强但沟通困难，就不太适合委以重任。同时能被越多运营选择的人，策划能力就越强，因为运营按利润提成，数据合格的产品才更容易打爆，所以运营一定会选择能力强的策划。评选标准还包括任务量，如果策划一个月就做一个任务，即使这个任务各方面完成得都非常优秀，也是不行的。因此，我们一个季度评一次级，季度任务量超过20个才能参与评选。

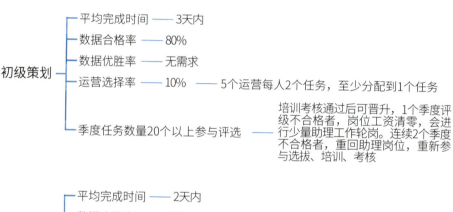

▲ 策划评级标准

### 4. 推广培训

推广培训包括直通车关键词选择、直通车计划搭建、直通车放大计划、直通车收割计划、其他部门反馈数据分析以及淘客数量的计算，每个模块都会布置1 ~ 3个作业，再加1个考核。

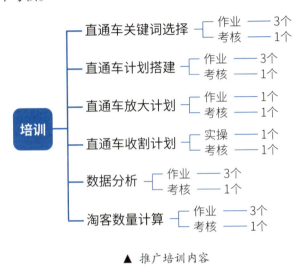

▲ 推广培训内容

#### （1）直通车关键词的选择标准

之前提到过我们的直通车玩法是比较简单粗暴的，我们会优先选择点击率及格、转化率高、成交成本低，同时具有一定访客量的关键词开直通车，再结合直通车的表现不断进行优化。这样直通车开了之后测数据也会比较准，如果这样情况下关键词数据都不好，那么这个产品就很难做成功。

我们会要求这些新手推广从对手近7天的关键词里，选择10个以内访客数高且转化率正常的关键词开直通车。在我们看来，直通车能够拉动搜索的原因在于它能打开搜索入口，并给搜索提供数据。我们是做标品的，因此会有一个固定的对标对手，我们要做的就是拿到对手固定关键词的访客。

#### （2）直通车计划

直通车放大计划会根据成交成本和转化率，通过增加出价、时段、地域范围、人群范围，以及关键词扩词的方式，增加直通车流量。

直通车收割计划会根据成交成本和转化率，通过降低出价、时段、地域范围、人群范围，以及关键词扩词的方式，降低直通车流量。

### （3）数据分析

数据分析的内容如果一开始讲解太多，新手是没办法理解的。在培养推广时我们会给一份标准表格，让他们对着表格先学会如何做，再尝试理解这么做的逻辑，一般实操多了自然就理解了。

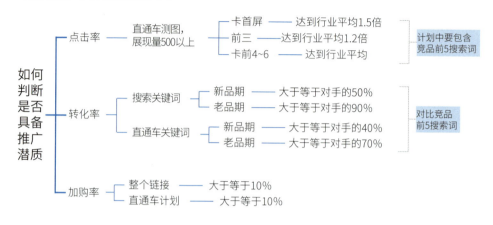

▲ 推广潜质评判标准

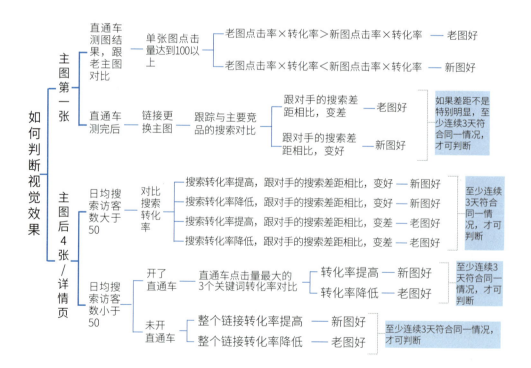

▲ 视觉效果评判标准

### 5. 推广的考核和评级标准

#### （1）考核标准

推广按初级、中级和高级三个等级分别考核，其中有三点需要注意：

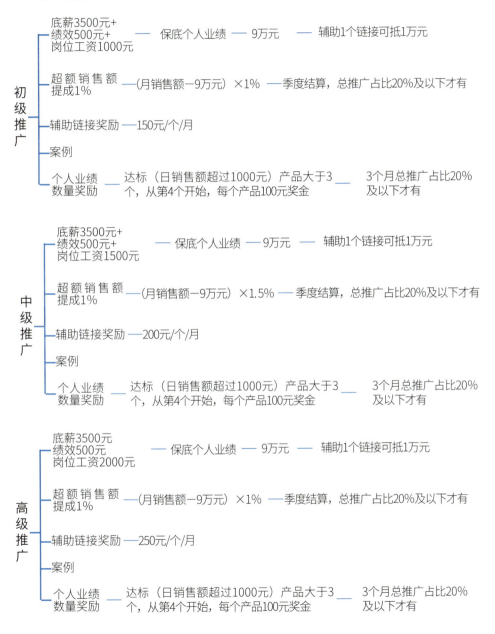

**▲ 推广考核标准**

第一点是推广的工资不包括利润提成，这样就不会出现负工资的情况，能降低推广的压力。之前他们的工资都是按照利润提成的，这就导致有些人在推广第一个产品失败后出现负工资的情况，不敢再打第二个产品，结果很容易造成人才流失。

第二点是推广个人可以多操作腰部链接，在推广费被限制时，获得的销售额越高，提成就越高；成功数量越多，奖金就越多。在这种情况下，推广会认真操作更多链接，从而把销售额提上去。

第三点是推广可以多帮助运营打款，接的单越多，辅助链接的奖金就越多。

### （2）评级标准

推广同样分三个级别，初级、中级和高级，不同级别对应不同的薪资标准。

推广评级的标准是基于一定的任务量，完成的合格率越高、个人业绩越高、运营越喜欢的推广的级别会越高，这跟策划评级逻辑差不多。

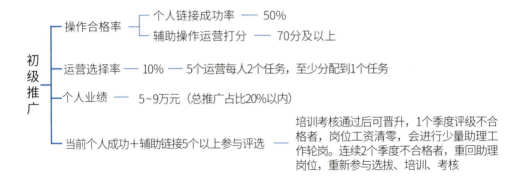

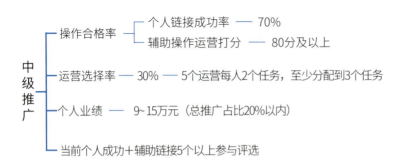

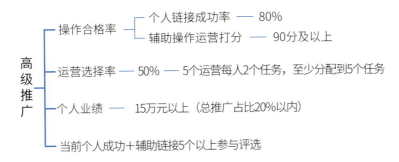

▲ 推广评级标准

## 五、运营培训

运营培训环节就是把策划和推广的培训内容结合起来，想要进入运营培训环节还需要经过一次选拔。

### 1. 选拔标准

（1）在推广或策划岗位任职一年及以上，且被评选为高级职称半年以上；

（2）性格好，资质佳，稳定性很强；

（3）各部门打分比较高；

满足以上三个条件的人可以进入运营培训环节。

### 2. 培养方式

#### （1）补齐不足

策划转岗的员工要重新学习推广知识，并执行推广任务；推广转岗的员工要重新学习策划知识，并执行策划任务。

#### （2）实操尝试打大爆款

推广评级为高级推广后，就可以尝试独立操作大爆款。比如推广之前只是在辅助运营打爆款，现在就需要自己独立操作了。

### 3. 晋升条件

在掌握推广和策划能力后能打出一个大爆款，并完成两个日销售额1万元以上的单品，他们就可以晋升为运营。

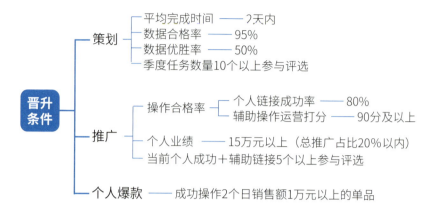

▲ 运营晋升条件

## 4. 运营薪资

（1）采用利润提成。这样运营自己会有财务意识，减少了很多监管工作。

（2）按利润额来定职级和层级，不同的职级和层级，底薪和提成比例不同。我们会引导运营追求更高的利润，高利润往往跟高销售额挂钩，这里要避免有些运营在可以追求更高销售额时太过于执着于当前的利润，而不愿意先损失一部分利润去打款的情况。

（3）根据职业素养打分来定职级和层级，这部分的判断相对主观。一个产品是否成功，不仅仅是由运营能力决定，还与产品本身的竞争力等客观因素有关。当有些运营的能力、性格和人品都不错，但运气一直不好时，就可以通过这部分打分适当上调他的工资。

（4）在分配产品时，考虑运营当前收入和产品现状，确保运营收入稳定。我们根据运营的薪资来分配新品，只有在运营当月薪资有富余的情况下，才让他打新款，以此来减轻运营的压力。如果运营在晋升后的一年时间里只有两个月拿到了提成，就很容易离职，所以为了减少运营的流失，我们不会让同一个运营一直打新品。

## 5. 运营评级

运营评级一般是根据利润和职业模型打分来决定，不同层级的提成比例不一样，比如初级运营的提成是4% ~ 5.5%，高级运营是8% ~ 9.5%。这样利润部分就会差很多，运营的薪资主要由利润提成决定，具体评级标准如下。

▼ 运营评级标准

| 职称 | 任职条件 | | | | | 底薪/月 | 岗位工资/月 | | | 绩效奖金/月 | 提成比例/月 |
| | 学历/资历 | 晋升条件 | 降级/淘汰条件 | 岗位职责 | 岗位胜任力 | 两地统一，无房补、餐补 | C层级 | B层级 | A层级 | | |
|---|---|---|---|---|---|---|---|---|---|---|---|
| 高级运营 | 大专及以上 | 1.一年内利润达到250万元以上；2.职业模型打分120分以上；3.外招 | 1.无故不完成任务达到3次的，或因个人原因造成重大损失的，降级或淘汰；2.连续2个季度无法完成最低季度销售额目标600万元的，降一个职级 | 选品结构:10%挑战性产品＋80%高级产品＋10%中级产品；2.每年2个新玩法贡献；3.可通过组小组完成任务 | 1.基础运营能力:数据分析、利润把控、打款速度；2.产品整体把控能力:什么时候该收，什么时候该进；什么样的对手该收，什么样的对手该进；能够及时分析出问题，并且提出解决方案；3.对于对手的正确选择，避免选错对手造成风险；4.策划及推广能力（可以判定策划和推广的工作）；5.及时跟进市场、对手趋势，分析客户需求，提出产品新增及改进方案；6.及时跟进市场和对手，在正确的时间补淘客、改价、标题优化；7.能及时制订合理的库存计划，并做好对接 | 3000元 | 4300元8%，职业模型打分120分以下 | 4600元8.5%，职业模型打分120～130分 | 5000元9.5%，职业模型打分130分以上 | | 8%～9.5% |
| 中级运营 | 大专及以上 | 1.一年内利润达到150万元以上；2.职业能力打分105分以上；3.外招 | 1.无故不完成任务达到3次的，或因个人原因造成重大损失的，降级或淘汰；2.连续2个季度无法完成最低季度销售额目标350万元的，降一个职级 | 选品结构:20%挑战性产品＋70%高级产品＋10%中级产品；2.每年1个新玩法贡献；3.可通过组小组完成任务 | 1.基础运营能力:数据分析、利润把控、打款速度；2.产品整体把控能力:什么时候该收，什么时候该进；什么样的对手该收，什么样的对手该进；能够及时分析出问题，并且提出解决方案；3.对于对手的正确选择，避免选错对手造成风险；4.策划及推广能力（可以判定策划和推广的工作）；5.及时跟进市场、对手趋势，分析客户需求，提出产品新增及改进方案；6.及时跟进市场和对手，在正确的时间补淘客、改价、标题优化；7.能及时制订合理的库存计划，并做好对接 | 3000元 | 3300元6%职业模型打分105分以下 | 3600元6.50%职业模型打分105～120分 | 4000元7.50%职业模型打分120分以上 | | 6%～7.5% |
| 初级运营 | 大专及以上 | 1.外招；2.内部培养（通过所有运营培训及考核）；3.运营能力打分48分以上（每季考核，当前不及格的默认为最低级，之后不及格的不予晋升） | 1.无故不完成任务达到3次的，或因个人原因造成重大损失的，降级或淘汰；2.连续2个季度无法完成最低季度销售额目标120万元的，降一个职级 | 选品结构:20%中级产品＋80%初级产品 | 1.基础运营能力:数据分析、利润把控、打款速度；2.产品整体把控能力:什么时候该收，什么时候该进；什么样的对手该收，什么样的对手该进；能够及时分析出问题，并且提出解决方案；3.对于对手的正确选择，避免选错对手造成风险；4.策划及推广能力（可以判定策划和推广的工作）；5.及时跟进市场、对手趋势，分析客户需求，提出产品新增及改进方案；6.及时跟进市场和对手，在正确的时间补淘客、改价、标题优化；7.能及时制订合理的库存计划，并做好对接 | 3000元 | 2300元4%职业模型打分90分以下 | 2600元4.5%，职业模型打分90～105分 | 3000元5.5%，职业模型打分105分以上 | | 4%～5.5% |

以下是运营的打分标准，给大家做个参考。

▼ 运营打分标准

| 总分150分 | | | | | |
|---|---|---|---|---|---|
| **上季度业绩30分** | | **运营能力80分** | | **运营素养40分** | |
| 能力要求 | 考核方式 | 考核方式 | | 能力要求 | 考核方式 |
| 目标季度利润额：初级运营:24万元；中级运营：60万元；高级运营：105万元 | 30＋（实际季度利润额－目标季度利润额）／目标季度利润额＊30分（满分30分，大于30分，按30分计算） | 数据分析 | 1.定期考试的，占比30%；2.产品计划打分（最近的1季度），占比40%；3.共创打分（最近的1季度），占比30% | 5 | 学无止境 |
| | | 策略制定 | 1.定期考试的，占比30%；2.产品计划打分（最近的1季度），占比40%；3.共创打分（最近的1季度），占比30% | 7 | |
| | | 整体把控 | 日常工作打分（每周工作汇报），占比100% | 6 | 永不言弃 |
| | | 解决问题能力 | 1.日常工作打分（每周工作汇报），占比80%；2.共创打分（最近的1季度），占比20% | 6 | |
| | | 策划能力 | 负责产品质量打分，占比100%；（暂时由项目负责人和老板打分） | 6 | 乐于助人 |
| | | 跟进及时 | 日常工作打分（每周工作汇报），占比100% | 6 | |
| | | 节点把握准确 | 日常工作打分（每周工作汇报），占比100% | 6 | |
| | | 库存把控能力 | 1.库存流动率，占比30%；2.库存及时率，占比50%；3.采购反馈，占比20% | 5 | 目标感强 |
| | | 及时跟进市场、对手趋势，分析客户需求，提出市场已有的产品新增及改进方案 | 日常工作打分（每周工作汇报），占比100% | 6 | 奉献精神 |
| | | 提前预判趋势，提出市场未有的产品新增及改进方案 | 1年内有过1次被采纳记录的，1年享受满分；1年内每增加1次，运营能力加3分；本项最高可加至15分 | 7 | |
| | | 流程优化贡献 | 1.提出过有效意见并被采纳的，及格；2.提出过有效意见并有完整流程且被采纳的，优秀；3.有完整流程被采纳，并负责培训落地到位的，满分 | 6 | 俞敏洪：永远相信，永远充满渴望 |
| | | 培训优化贡献 | 培训帮助其他人落地并成功才算按贡献值及格（60%），良好（80%），优秀（满分） | 6 | |
| | | 新玩法贡献（新流量渠道、推广方式、打爆款模式） | 这项的分数1个职级有效期内共享，最高可加至20分 | 8 | |

表中"运营素养"列"考核方式"合并单元格：月报自己根据这方面的能力，带上事例进行汇报；暂时由项目负责人和老板根据具体事例打分；不合理的，可带相关具体事例进行申诉

## 问与答

**》 提问:**

如果某个运营助理策划和推广能力都不错，有没有快速通道能直接到运营?

**》 赵婵解答:**

没有快速通道。我们最开始是速成模式，4个月培养运营，结果发现他们经验积累得很差，解决问题的能力也弱。虽然他们已经成为运营，但还是断不了奶，还得需要有人一直跟着他们的款，帮他们把东西梳理完。一个合格的运营一定是要经过时间积累的，只有沉淀的时间够长，经历的案例够多，才能成长为成熟的运营。除非是外招，外招来的运营可能较短时间就能直接上手。

# 第四节 中小电商卖家如何提升组织效率

聚草堂 / 张伏衡

**◆ 作者介绍**

张伏衡，聚草堂潜龙圈子会员，10年电商人，亿级公司运营总监，公司经营装饰钟表类目，他擅长流程化操作店铺和店群管理，同时擅长帮助公司梳理店铺的核心竞争力。公司长期坚持"纵深一体化"的经营战略，在产品研发、供应链建设、组织建设上大量持续投入，形成了公司很强的竞争壁垒。

## 一、不同阶段的组织架构

### 1. 创业初期业绩是首位

我发现聚草堂潜龙圈子的朋友都比较"迷信"管理，大家普遍认为公司出现问题都是由管理不当造成的。对于公司而言，管理的重要程度与目前所处的阶段有关，公司所处阶段的不同，管理的方式也不同。创立初期的公司最重要的就是活下去，只要业绩增长得足够快，负责人就有时间解决管理方面的问题。我加入公司时团队只有15人，公司从上到下所有的事情老板（后文的彬哥）都会亲自去抓，在他的领导下，公司没有遇到过太大的问题，因为我们根本就没有机会走弯路。创立初期的公司只要能保持不错的业绩，并且其负责人能发自内心地为员工着想，那公司在管理方面基本没有太大的问题。

### 2. 成长阶段要明确方向

当公司发展到了20人以上的成长阶段，就需要明确公司的方向。因为只要团队达到一定的规模，公司就会通过复制走向快速增长的道路，单凭老板个人的精力不足以管理全公司。该阶段老板只需要做好两件事：一是分钱；二是只抓关键的事，其他事情授权给核心小伙伴去做，同时老板要注意授权风险。

### 3. 正规化阶段完善内部系统

公司到了正规化阶段，就需要逐步完善内部系统。此时的团队如同一个木桶，想要多装水，就不能有短板，如果团队存在始终未解决的短板，则会制约公司的长远发展。

### 4. 完善阶段打造团队精神

公司到了完善阶段，我们的关注点就要从追求个体英雄精神转变为打造团队精神，如果能实现1+1>3，公司的业绩就会迎来几何式的增长。对于大部分中小公司而言，运营很重要，但当公司进入完善阶段时，就不再是单一的运营驱动了，公司业绩的持续发力点来自产品、品牌、研发和运营的共同配合。

### 5. 成熟阶段推动流程再造

公司成长到成熟阶段时，团队的各项工作逐步开始流程化，效率却日渐低下。小公司能从竞争激烈的市场环境中厮杀出来，靠的就是差异化和效率，而对于成熟阶段的大公司，老板和核心员工就需要根据现有的事务与流程，重新梳理公司的业务和管理。

### 6. 人才梯队建设

我们团队曾经由于业务增长较快，导致没有人才可用，为了避免再次出现人才断层的情况，我们开始着手人才梯队的建设。在现有人才发挥作用的同时，未雨绸缪地培养他们的接班人，一旦这批人才发生变动，我们就可以及时让接班人替补他们的岗位，而这批接班人的接班人也会同步开始培养，这样就形成了不同水平的人才梯队。这两年我培养出两位小伙伴，让他们分担了我2/3的工作，他们原本的工作也会由他们下面的小伙伴承接，这样我就有更多的精力去拓展新业务。

曾经有朋友问我，老员工不愿意做新业务，导致新业务没有人开展该怎么办。在我看来有两方面原因，其一是我们绩效考核设计有问题；其二是团队的小伙伴还没有成长到位，他们现有的能力和精力不足以开展新业务，这也侧面体现了公司没有建立好完整的人才梯队。

2018年参加聚草堂电商圈子的年会时，我从聚草堂的优秀商家身上学到了很多，也明白了人才梯队建设的重要性。从那时起，我就有意识地去培养我手底下的小伙伴，让他们以我的岗位为目标，引导团队的小伙伴多尝试、多挑战，从而成长起来。

人才梯队建设不光体现在人才的培养方面，还体现在人才的招聘方面。在我还是运营总监时，彬哥新招了另一位运营总监，当时我和团队的其他小伙伴都很开心，因为可以向新来的伙伴学习外部优秀的运营方法了。我们公司的企业文化是吸引更多优秀的人加入我们，让他们引导着我们前进，我们相信跟着优秀的人学习，团队能成长得更快。

出于这个原因，我们公司的中高层岗位一直在招人，这两年我们还招了一些上市公司级别的高管。比如我们的品牌设计部经理、人事经理、京东的负责人等都来自一些大公司，这些小伙伴的思维逻辑特别清晰，他们能为我们公司落实大公司的体系，让我们从一家草根公司快速转变为一家正规公司。

马云曾经说："阿里巴巴让我最骄傲的不是商业模式，而是我们的人才梯队、组织建设以及文化的发展……如果我算第一代，那么我们第五代人才梯队都已经建设好了。"这句话也是我的目标，我也想建设出让团队骄傲的人才梯队。因此，在我们公司，中层员工如果想晋升，除了业务能力要够强外，还需要自己培养出几位运营，这样才能通过晋升考核。

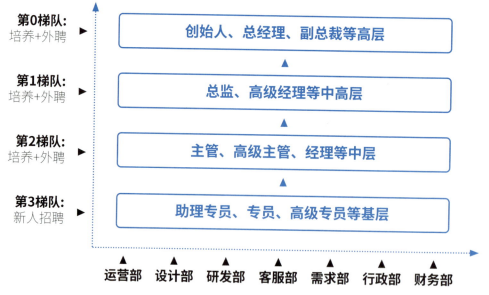

▲ 人才梯队与组织架构关系图（X 轴为组织架构，Y 轴为人才梯队）

## 7. 为团队梳理个人岗位说明书

"我是什么部门，我的职责是什么？经常找我的都是什么事，分别是什么情况？如果要催我做事情，你应该用什么方式，会获得怎样的效果？"我们会让团队的小伙伴时常问自己这几个问题，这样不仅能帮助小伙伴明确自己的岗位职责，还能加强不同部门间的沟通。

大部分电商公司都遇到过这个问题——随着公司人员变多，各部门间的沟通变得越来越不顺畅，运营部门和设计部门的沟通情况往往就是这样。然而在我们公司，有几位运营跟设计部的关系非常好，在他们手中，只要是和设计部有关的事情，都能在第一时间得到解决。我询问了其中一位运营为什么可以和设计部沟通得如此顺畅，他表示就是一杯奶茶的事情，如果一杯不够，就两杯。其实人与人之间的交流并不难，我们只需要掌握一些小技巧就可以了。

## 8. 有了岗位，为什么还要职级

### (1) 职级是待遇的标准

职级是待遇的标准，同样是主管，级别不同，所享受的待遇也完全不同。待遇的不同不仅体现在薪酬上，还体现在其他方面。比如，我们公司的外出培训比较多，同样都是主管，P5和M1这两个级别在待遇上的档次就大不相同，高级别的主管可以享受多次外出培训的机会，也能利用这些培训引导自己部门的小伙伴到更高的级别。

### (2) 职级是未来长期目标规划

我们公司有豪车奖励机制，不过这个奖励只针对于M1职级及以上的小伙伴。如果某位主管职级没有达到M1，那么他只能努力提升自己的岗位级别，才有资格获得豪车奖励。我们公司的客服部只设置了一个主管岗位，客服主管没有晋升空间，很容易失去前进的动力，这时我们就可以设置岗位职级，让客服主管有持续冲锋的动力，努力地提升自己的职级。由此可见，职级可以作为员工未来长期的目标规划。

### (3) 职级是管理需要

我们公司的高管会议只有达到了一定职级的管理者才能参加，所以在某些程度上，职级也起到了管理作用。

▼ 运营岗位职级图

| 划分 | 管理序列M 职务等级 | 职称 | 专业序列P 职务等级 | 职称 | 岗位工资(元) A | B | C | 绩效考核 运营 | 年终奖月薪 A | B | C | 岗位月薪(元) A | B | C | 岗位年薪(含年终奖)(元) A | B | C |
|---|---|---|---|---|---|---|---|---|---|---|---|---|---|---|---|---|---|
| B12 | M8 | | | | | | | | | | | | | | | | |
| B11 | M7 | 总裁 | | | | | | | 2 | 3 | 4 | | | | | | |
| B10 | M6 | 副总 | | | | | | | 2 | 3 | 4 | | | | | | |
| B9 | M5 | 总监 | | | | | | | 2 | 3 | 4 | | | | | | |
| B8 | M4 | 高级经理 | P8 | | 18000 | 20000 | 25000 | 15000 | 2 | 3 | 4 | 33000 | 35000 | 40000 | 432000 | 480000 | 580000 |
| B7 | M3 | 经理 | P7 | 首席 | 12000 | 14000 | 16000 | 3000 | 2 | 3 | 4 | 15000 | 17000 | 19000 | 204000 | 246000 | 292000 |
| B6 | M2 | 高级主管 | P6 | 主任 | 8000 | 9000 | 10000 | 2000 | 2 | 3 | 4 | 10000 | 11000 | 12000 | 136000 | 159000 | 184000 |
| B5 | M1 | 主管 | P5 | 资深 | 6000 | 7000 | 8000 | 2000 | 1 | 2 | 3 | 8000 | 9000 | 10000 | 102000 | 122000 | 144000 |
| B4 | | | P4 | 高级 | 4000 | 5000 | 6000 | 1000 | 1 | 1 | 1 | 5000 | 6000 | 7000 | 64000 | 77000 | 90000 |
| B3 | | | P3 | 中级 | 3000 | 3500 | 6000 | 1000 | 1 | 1 | 1 | 4000 | 4500 | 5000 | 51000 | 57500 | 64000 |
| B2 | | | P2 | 助理 | 3000 | 3500 | 4000 | 1000 | 1 | 1 | 1 | 4000 | 4500 | 5000 | 51000 | 57500 | 64000 |
| B1 | | | P1 | 实习生 | 3000 | 3500 | 4000 | 0 | 无 | 无 | 无 | | | | 48000 | | |

制表：　　　　　　　　　　　　　　　　复核：

## 二、团队管理

### 1. 什么是管理

协调小伙伴之间的工作，让小伙伴与自己一起用正确的方法做正确的事，从而实现组织目标，这就叫管理。团队里谁具备较强的管理能力，就可以帮助团队作决策。

我把管理的目的分为以下几种：

（1）获取一定资源；

（2）实现人与资源的最佳配合；

（3）利用资源互补，实现高效工作；

（4）开发小伙伴的潜能，提升小伙伴的工作效率。

我们公司认为，判断一位运营能否打造好店铺的标准，不在于运营的个人能力是否足够强，而在于他是否能调动资源。对于新运营而言，开发新品的试错成本非常高，第一个新品尝试失败，老板或许不太在意，但如果第二个新品依然失败，老板可能就会觉得是运营个人能力的原因。在我看来，失败不一定是运营的能力不足，更可能是因为他根本不了解类目和客户。所以作为管理者，每当公司有新员工加入时，我们就需要将团队的一些资源，如研发资源或者部分即将上市的核心爆款分享给他们，并给他们一定的时间消化、沉淀，这样新员工才能充分调动资源，从而把项目做起来。

## 2. 管理者需要思考的几个问题

（1）对于目标计划我们应该做什么？

（2）对于计划的落地执行我们该怎么做？

（3）怎样才能处理好计划实施过程中的控制节点？

（4）怎么才算做好绩效考核？

（5）做好奖惩和激励机制对员工有什么影响？

作为管理者一定要逻辑清晰，我带领新团队时，所做的第一件事就是明确目标——第一个月我们需要达到多少销售额；第二件事是该怎么去实现这个目标；第三件事是如何将目标完成得更好；第四件事是该怎么做才算把项目做好；第五件事是目标完成后，如何利用激励机制让我们的目标更上一层楼。我之前带领了一支组建时间不足一个月的抖音团队，日销售额接近2万元，按当时的情况，团队的日销售额是无法超过2万元的，而我把目标定在了2万元以上。为了激励他们，我说只要日销售额能突破2万元，就奖励每人1000元，最后发现当天的销售数据非常好。由此可见，合理的激励对于团队而言非常重要。

## 3. 如何有效管理和激励团队

### （1）以团队的小伙伴为中心

"人"是决定部门业绩的重要因素，只有提高每位小伙伴的工作能力，调动他们的工作积极性，才能使部门效率、业绩以及氛围达到预期目标。因此，让所有小伙伴都变得更优秀才是团队最重要的事，管理者需要发自内心地"利他"。

### （2）帮助小伙伴不能单靠制度

在工作中，管理者如果仅仅靠考核、处罚等手段约束团队的小伙伴，结果可能会不太理想。所以我们可以通过了解小伙伴的心理需求和短板来提供针对性的帮助，以此激发小伙伴的工作热情，并提高他们的自信。这一点对于公司95后、00后的小伙伴而言更为重要，因为他们相较于薪酬更看重工作体验，一旦工作体验不好，就很容易提离职，此时就算涨薪也很难挽留他们。作为管理者，其实只要我们能真诚地对待这些小伙伴，了解他们真正的需求，就能针对性地激发他们的主动性和工作热情，从而心甘情愿地留下来。

### （3）认清目标

每位小伙伴都需要明确自己的职业目标和工作目标（如年度目标、月度目标和周目标等），清晰自己努力的方向，并且时常复盘自己的目标。

### （4）内部竞争

我们公司会每天公示所有团队当天的业绩，并设置了团队PK机制，如果某个团队连续3个月的业绩均不达标，就会被安排到其他低层级的店铺，他们原来的店铺会交给能力更强的团队。

### （5）多帮助、少指责

我们会每天监督、检查小伙伴的工作进程，若出现问题则会有适当的批评和建议，再帮助他们及时解决。如果每次出现问题，管理者就只有事后的指责和处罚，那对于工作进度无益，及时帮助小伙伴解决问题才是最重要的。

### （6）结果导向

结果导向是指要让团队的小伙伴学会独自面对问题、解决问题，并学会承担责任。以结果为导向意味着最重要的是工作结果，结果好才是真的好，如果结果不好，那管理者就需要承担一定的责任。

### （7）言传身教

团队的管理者需要以身作则，遵守规则制度，客观认识自己，不断反省学习，待人处事不过分主观、武断，要通过自身的行为给团队带来正面的影响。

## 4. 管理的注意事项

在我看来，管理需要注意以下几点：

（1）我们在管理时务必要让下属明白什么才是最重要的，以免他们错失一些重要资源。

（2）团队的小伙伴是否有资源和决定权，以及能否合理运用资源，是决定组织效率的重要因素。

（3）管理不是制造问题，而是思考如何解决问题，领导者需要亲自参与团队的工作，从而真正帮助员工解决问题。

（4）管理的本质是管人、理事。

（5）公司衡量管理水平的唯一标准：团队每位小伙伴的目标与公司的目标是否一致。

## 三、沟通六原则

### 1. 开明原则

开明原则是指我们需要在公司中建立开放的沟通文化和氛围。如果管理者在公司是一言堂，那么他作决策时就听不到不同的声音，甚至都不会得到任何建议，在一言堂的管理风格下，团队其他成员很难有参与感。我们需要开明的沟通氛围，所以要鼓励大家交流，增强大家的参与意愿。

### 2. YES 原则

YES原则是指管理者遇事要先说YES，先执行，杜绝拖拉、踢皮球等消极行为。作为团队的管理者，遇到问题时我们要在第一时间解决，解决完之后再向团队解释原因。否则当团队人数过多时，众口难调，项目将很难推进。

### 3. 善意原则

善意原则是指在与团队的日常相处过程中，我们要用善意的猜测、善意的批评和善意的辩论来处理各类矛盾。每当有团队的小伙伴做错事，我们要在批评的同时给予鼓励，并且一定要注意批评的方式。

### 4. 换位原则

在团队协作时我们需要互相理解、信任、宽容，要学会站在别人的角度思考问题。

### 5. 便利原则

现在很多公司采用的都是流程化的运营模式，我们公司也一样。在流程化运营的过程中，我发现大家都喜欢把最难的工作推给别人，把简单的工作留给自己，这样并不利于工作推进。所以我们公司要求大家将最难的工作留给自己或自己的团队，不能推给上、下游团队。

### 6. 意义原则

重复做同一件事情的时候，我们常常会质疑自己的价值何在。尤其是在一线运营店铺的运营经理或者运营总监，他们会觉得没有发挥出自己最大的价值。出于这个原因，我经常会提醒员工，做事情时先不要考虑它的价值，只要你把事做好了，就能给公司创造不可估量的价值。

## 四、开放沟通的六个关键词

### 1. 目标

与员工沟通时我们需要明确自己的沟通目标，并根据沟通目标来引导员工朝我们想要的方向走。

### 2. 共情

与员工沟通时我们需要考虑当时的整体氛围以及语言温度。比如在沟通某位小伙伴的近期状态时，发现他最近刚失恋，那我们不能简单粗暴地安慰他说，不要理会这些情情爱爱，男人应以事业为重。这种安慰对他而言毫无用处，我们首先要做的是共情、和他同频，在后续沟通时也要照顾到他的情绪。

### 3. 换位

与员工沟通时我们需要善于捕捉对方当时的各种情绪，并分析他们产生这些情绪的本质原因。比如团队有小伙伴提了离职，在阐述离职原因时看起来有些失落，那么我就会去分析这个小伙伴最近是不是在工作中遇到了难事，或者在团队中是不是受到了不公平的对待。有时员工可能表达不清楚，或者是不敢说，那么就需要管理者挖掘员工真正想传达的东西。作为管理者，换位思考不光是站在员工的角度思考问题，还需要用心感受员工们在表达各种情绪时背后的深层含义。

### 4. 方式

与员工沟通时我们可以采用正向假设、反话正说的方式。我经常会问团队的小伙伴，如果要成为一位运营总监，你认为自己还需要具备哪方面的能力，以此来调动小伙伴们的思维，引导他们正向思考，而不是直接告知小伙伴要想成为运营总监你还缺哪些能力。

### 5. 逻辑

与员工沟通时我们需要保证自己思维逻辑清晰。当我们明确某件事的结果时，还需要向大家提供证据来论证该结果，即由结果到证据再到结果。

### 6. 双向

与员工沟通时我们可以先向他们提问，再听小伙伴的回答，最后参与到我们小伙伴的问答中。在整个过程中，我们都需要正向引导小伙伴们朝着我们的思维方式走。

## 五、职业化训练——促进沟通流程效率

### 1. 完整、充分、准确地传达信息

我们传达工作信息时，需要确保所传达信息的完整性、充分性、准确性。

例如，我们公司的财务经理在刚接手ERP系统时，彬哥和他约定好4月份要上线该系统，但到了4月1日ERP系统还没有上线，彬哥瞬间就发了大火。在我看来，财务经理固然处理得不妥当，但彬哥也有一定的过错，因为他没有明确告知对方具体是在4月的哪一天上线该系统，4月1日是4月，4月30日也是4月。此外，很多公司一定都碰到过这种情况——运营部在向设计部提报页面设计需求的时候，所描述的需求往往都是"6·18氛围强一些、促销感强一些"等模糊性概念。面对这样的需求提报，设计部大概率做不出运营想要的东西，此时重做的话就又得耗费设计部一周的时间。在我看来，这并非设计部的能力不够、效率低下，而是我们传递的信息缺失，才导致最终的效果不如意。所以在传递信息时，我们可以多花1%的时间将信息传达得完整、充分、准确，这样就能规避后续99%的麻烦。

### 2. 工作流转时将麻烦留给自己

在工作流转环节，将麻烦留给自己，方便留给别人。例如，我们公司在招人时，管理者不仅会把招聘需求发给人资，还会自己拟好文案，这样招人环节的执行过程就会特别顺畅，效率很高。如果我们在上游环节没有给团队提供最关键的点，那么下游环节就需要花近10倍的时间去重复求证各种细节及关键点。

### 3. 用金字塔工具拆分细节、高效沟通

在日常工作中，我们公司经常借助金字塔工具确保沟通更具条理性、高效性。比如在团队沟通新媒体的项目之前，我会先思考哪些是该项目的重点，对于新媒体

项目，重点一是流量，重点二是转化。流量分为免费的直播推荐流量、付费的千川流量和短视频流量，我会围绕这三种不同的流量去深挖不同的玩法，再针对各种玩法提供不同的方案。作为管理者，在工作时我们不能只给团队定一个很大的目标或要求，而是需要将团队大的目标一步步拆分，再安排每个细分的工作。

## 六、挑选管理者的关键因素

### 1. 必备因素

#### （1）业绩出色

作为管理者业绩一定要出色，要是业绩不出色，那么就算管理能力再强，大家也只是口服心不服。大家可以试想一下，如果抛开管理者的身份，业绩不出色时底下的员工是否还会认可我们？如果作为普通的职员，同事在遇到问题的时候还会来找自己解决吗？答案若是"否"，那说明管理者的业绩不够出色。

#### （2）拥有良好的性格和价值观

作为管理者需要拥有良好的性格，还需要向团队展现出良好的价值观。有些管理者虽然能力出众，但价值观得不到大家认可，横向管理表现得特别差，性格也不太受欢迎，那么这样的人并不适合做管理。

#### （3）能站在更高维度看问题，并且愿意承担责任

作为管理者需要站在更高维度看问题，并且愿意承担更多的责任。团队中有些小伙伴能力特别强，价值观也积极向上，但他会认为自己目前的工作状态很好，不想揽更多的活、担更多的责，想待在舒适圈而不愿意做管理者。这时候我们不妨多去引导他，让他知道成为管理者后在收入、个人成长方面会有哪些益处，从而帮助他跳出自己的固有思维，往管理者方向发展。

### 2. 淘汰因素

#### （1）不善交际

虽然我的交际能力不算特别强，但在所有员工入职前，我都会认真地记住每个人的名字，这意味着对每位小伙伴的尊重。目前公司的一两百位小伙伴我都能记住名字，换位思考，如果自己是新入职的员工，领导们能喊出我的名字，我会倍感荣幸，这也能体现出公司的人文关怀。

（2）待人粗暴冷漠

我们公司曾经有位元老级的研发主管，从公司的初创期开始就一直为公司服务，他个人的业务能力特别强，但待人处事较为粗暴冷漠。在2018年时，这位主管被安排来管理设计部，结果设计部全员离职；今年他被安排来管理研发部，结果研发部2/3的员工离职，研发人员对我们公司来说非常宝贵，我们招聘的每一位研发人员都是专业的。虽然这位研发主管被公认为业务能力强、价值观正向，在公司资金困难时也作出过一定贡献，但他同样被公认为难沟通、待人粗暴冷漠，所以考虑再三我们决定不再让他负责管理工作，而只专心于业务工作。

（3）将个人的利益置于公司利益之上

去年有段时间，我一直忙于划分公司所有职能部门的工作，结果刚好碰上我所负责的需求部排产出问题，彬哥特别着急，让我暂停手里的划分工作，把重心移向排产方面。对于这个决策，我内心当时是有情绪的，因为在我辛苦推进一项工作的同时，我的老板尚且不清楚情况，就直接下决策让我改变工作方向。现在回过头来看这件事，我醒悟到当时产生情绪的原因是我太以自我为中心了，将个人的利益放在了公司利益之上。彬哥作为老板，需要对整个公司、整个项目以及全体业绩负责，他是站在公司全局的角度思考问题，而我虽然也对公司的项目负责，但彬哥的责任一定远远重于我，他的决策更关乎于公司全局。只要最终的决策有利于公司全局发展，管理者就不必计较自己的得失，不必将个人的利益置于公司利益之上。

（4）以狭隘的眼光看待公司业务和组织

彬哥有一次在参加完聚草堂电商的交流活动后，就决定将公司的全体业务拓展到抖音。当时团队有不少人提出了质疑，包括我，因为当时我们的第一个直播间才刚刚起步，现在又要全面拓展抖音，会不会太浪费资源。但我转念一想，彬哥作出拓展抖音的决策，一定是因为他站在了更高的层面。所以，作为团队的管理者，我们需要有长远的目光，切勿以狭隘的眼光看待公司业务和组织。

### 3. 核心因素

（1）具备战略思维，洞察市场趋势，能参与公司未来增长战略的制订

公司的业务增长不光是老板的责任，也是核心管理层的责任。管理层必须要一直在一线实战，只有持续在一线实战，才能保持对市场的敏锐度，才能跟上市场的最新趋势。公司的职能部门也是一样，如果不在一线实战，那么所有的策略都只是

纸上谈兵。管理者想要参与公司未来业务增长战略的制订，就必须时刻在一线，这样才能察觉市场动向，紧跟市场趋势。

### （2）建立强有力的高管团队，打造团队的凝聚力

作为公司的管理者，我们需要思考自己在团队中的工作是否是不可替代的，思考团队离开自己是否会散架。如果一旦管理者离开，团队就直接散架，那说明管理者很不负责，因为这类管理者把自己的利益和团队、公司高度绑定，导致团队的凝聚力不够强，只要管理者一离开就无法独立运行。所以管理者打造团队凝聚力的思路可以是：让团队的小伙伴达成"团队有我没我一个样"的共识。此外，管理者还应该不断培养自己的接班人，这样当公司未来有新业务时，就可以直接让老员工做新业务，原有业务可以放心地交给培养好的接班小伙伴。

### （3）明确角色分工、工作流程和衡量标准

我在公司负责新媒体版块，并将这一版块的工作内容梳理成了流程化的内容，这样就算有老员工离职或新员工入职，团队照样能正常运转。作为公司的管理者，如果我们只是业务能力很强，而无法挖掘出强业务能力的核心规律，那说明我们仅仅停留在业务能力强这一层面，而不具备高手思维。要想成为高手，不光是自己的业务能力要突出，还要能挖掘出实现强业务能力的思维逻辑共性，最后成功地把经验复制给别人。

### （4）拥有变革、创新能力，具备勇气和all in精神来实践新想法

无论是新媒体、跨境还是阿里巴巴的速卖通，对我来说都是完全陌生的领域，都是全新的平台。但我会静下心来学习，一切从0开始学，all in般地投入进去，当静下心来学习时，我们会发现，原来这些看似枯燥无味的东西其实都是宝藏。作为团队的管理者，每个人都需要拥有变革和创新的能力，以及要具备勇气和all in精神，不断学习，勇敢破局。

### （5）具备较强的横向管理能力，能妥善处理冲突

有些管理者和自己的团队相处得很融洽，但跨部门沟通时会出现很大的问题。根本原因就在于这类管理者不具备横向管理能力，他不知道该如何与同级或不同部门的下属相处、沟通。这类管理者可以多向公司中的"交际花"学习与人沟通的技巧，从而提高自己的横向管理能力以及妥善处理冲突的能力。

### （6）具备终身成长思维

我从不担心将自己的知识或经验教给同伴后，出现有些小伙伴能力较强而影响

我在公司地位的情况，因为我自己一直在成长、学习的路上。对于能为公司创造价值的优秀小伙伴，管理者是乐见其成的，即使他们短期内无法成功，但只要他们始终在成长，就一定能为公司创造价值。我经常和我的团队强调，不用太注重那些表面且短期的东西，而是要重点关注自己是否存在价值，价值才是衡量一个人的核心要素。成长和事业都需要靠时间来沉淀，因此所有团队的小伙伴都应该具备终身成长思维。

## 七、管理实践

### 1. 管理者的五大不当行为

#### （1）过分强调个人目标

在公司过分强调个人目标的人，大多数都会以自我为中心，尤其是一些能力较强的人更容易出现这种情况。公司在规模逐渐扩大的过程中，经常会出现"一把手"和"二把手"观念不合的现象，那最终听谁的呢？在我看来，不必在意是谁的观点，只要最终的结果是正向的，能实现团队的目标，那就不必过分强调个人的目标。

#### （2）只注重自己的形象

有些管理者为了维护自己睿智的形象，从不肯听取他人的建议或意见，这样的管理者迟早会被淘汰。作为管理者，我们并不需要刻意地去维护自己所谓的形象，当团队有某方面能力比自己强的小伙伴，就可以去虚心请教，并把这些有价值的内容吸收、沉淀为自己肚子里的"货"。我就经常请教公司新来的小伙伴，学习他们前公司有价值的内容。

#### （3）把分歧者当敌人

很多管理者都碰到过这种情况：刚提出一个想法，就有同事出来否定，然后我们全力去维护自己的想法。但作为管理者，如果只一味地维护自己的观念，将是很可怕的事，一旦这样做，就会错过很多好的想法和建议。在团队中，有分歧并不是有意见，有分歧是好事，分歧意味着小伙伴在为我们补充一些没考虑过的点，从而使方案更加完善。我经常是做完一个提案，就去找团队的小伙伴们检查提案是否有缺失的内容，我也经常告诉彬哥这是我和我的团队共同完成的提案，功劳是属于大家的。作为管理者，我们需要明白，只要最终结果是正向的，就不必太注意过程中的细节，不要把分歧者当作敌人。

### （4）单打独斗

我相信每个团队中都会有个别管理者觉得自己能力很强，可以单打独斗，而不愿意与团队协作，也不愿意分享自己的经验，这样的管理者对团队无益。我们公司有四个直播间，我只负责其中一个，但我会把经验和成功案例全部分享给另外 3 个直播间，让大家互相学习，达到同一起跑线。当大家水平一致之后，就会互相竞争，在竞争过程中产生的不同想法，又可以让直播间继续成长。所以管理者在团队中切忌单打独斗，要多找同伴协作，共同进步。

### （5）缺乏主动精神

作为管理者我们需要有主动精神来承担责任，如果不能主动承担一些事情，那就是失败的管理者。

## 2. 如何把控好工作的关键点

### （1）制订标准
### （2）找出偏差
### （3）分析原因

管理者在授权过程中最需要把控的关键点就在于制订标准，标准可以作为目标，也可以作为方向。制定好标准后，如果团队在执行过程中出现了偏差，就需要及时复盘，找出产生偏差的原因。当我们按照所定标准执行计划时，总会有一部分内容没有按照预期的方向走，这时我们需要挨个将存在的问题拆解开，再逐一找到解决方案，这就如同之前提及的金字塔原理。

## 3. 如何看待冲突和我们的注意力

公司有些普通员工在工作中遇到问题时，第一反应往往是甩锅，把责任扔给别人，甚至会制造问题，指责他人；而公司有些中高层员工在工作中遇到问题时，其注意力往往会放在解决问题的细节上，他们会享受解决问题的快感和被大家需要的感觉。

在我看来，当我们的工作反复出现同一类型的问题时，我们就可以制订一份流程 KPI 考核制度，把这些问题逐步对应到工作流程中，责任到个人，系统化、结构化地解决问题。这样就不会出现普通员工互相甩锅、制造问题，而中高层管理者沉迷于解决问题所带来的满足感的情况。

我们常说，相信看见的力量，团队可以立好标杆、讲好故事，让每位小伙伴都能看见具体而真实的榜样，从而激励自己前进。我们也常说，相信相信的力量，团队可以多用"我们""蓝图""未来"等关键词鼓励小伙伴，让他们知道，每当遇到困难的事情都要相信自己，相信坚持，相信在未来一定可以成功。

### 4. 团队的小伙伴能力、意愿不同，如何因人管理？

我们把团队的小伙伴按能力强弱、意愿高低，分为指令型、教练型、授权型、支持型这四类。

#### （1）指令型

指令型的小伙伴个人能力不算优秀，但有较强的工作意愿和执行力。比如大部分应届生在刚进入公司时，工作意愿非常强烈，但能力相对较弱，我们可以通过下指令的方式管理这类小伙伴，让他们按照我们的方法去做。

#### （2）教练型

教练型的小伙伴工作能力和工作意愿都中等。比如进入公司小半年的毕业生，他们的工作意愿虽然没有开始时那么强烈，但能力得到了一定的提升，这时如果我们还是让他每天做重复的工作，那么他的工作意愿会越来越弱。所以我们的管理方式需要调整为教和练，一方面继续教他，另一方面听他对工作方案的理解和想法，再告诉他有哪些地方需要调整，确保他不偏离团队的工作方向。我们管理这类员工时，最重要的是让他的能力、意愿、思维等都持续得到提升。

#### （3）授权型

对于授权型的员工，我们可以根据他对工作的想法决定是否授权，让他单独负责项目。在授权型员工独立工作的过程中，他会一直成长，工作能力会一步步提升，同时工作意愿也会加强。

#### （4）支持型

支持型员工的工作能力和意愿都非常强，他们通常会有不错的想法，并且执行想法的能力较强。这类员工我们可以直接提供资源，让他们放手去做。

## 八、价值观示例

很多公司会花大量的精力建立共同价值观，最后却发现这些东西仅仅是浮在墙上，无法落地的。我们团队的每条共同价值观都会通过"讲故事"的方式来有效传递，以此提高企业凝聚力以及外发力。我们可以通过以下四点辅助建立价值观：

## 1. 善于沟通

### （1）带着结果去提问

部门领导不会直接把价值观告知新入职的员工，而是通过将价值观植入日常工作中，潜移默化地影响每个员工。

### （2）换位思考，相互尊重

如果团队想走得更远，那么团队里所有的人都应学会换位思考，彼此尊重。

### （3）勇于提问，被提问者积极回答

我们公司有70位运营，每位运营手中的商品货源都是统一的，所以这70人在一定程度上是竞争对手。运营之间时常会互相询问今天的爆款数据如何，尽管告知对方后，他们很容易因为数据的对比而产生竞争的压力，但运营们依然会积极地回答这些问题。因为我们团队有"勇于提问，被提问者积极回答"的价值观，这就要求遇到小伙伴来请教工作时，被请教的同事必须毫无保留地回答问题。

有些刚进公司且技术不错的小伙伴，最开始不愿意与大家分享经验，但经过公司价值观潜移默化地影响后，他们也融入进分享的氛围。毕竟在外部看来我们是竞争对手，但在内部我们需要多沟通，共同进步。

### （4）以解决问题为目的，相互沟通

团队的小伙伴遇到问题时，要以解决问题为目的，彼此多去沟通。

## 2. 团队合作

### （1）服从安排，先说YES

### （2）内部可以有矛盾，对外要一致

我们公司的抖音外链资源做得还不错，每位运营手上都有几十个特别优秀的外链资源，有一次正好碰上一位竞争对手想跟我们打价格战。在开会之后，我们决定把公司所有的站外资源全部合并给其中一位同事，由他去对抗竞争对手，结果我们的销量立马得到提升，没打价格战但也取得了胜利。所以团队在日常工作中，可以有内部矛盾，但当外部出现竞争对手后，必须要一致对外。

### （3）有始有终，不把麻烦留给团队

### （4）不拖团队后腿，紧跟团队步伐

我们团队之间会定期组织会议，每位小伙伴需要在会议中指出自己的弱点，并在后续工作中改进。比如有些小伙伴不擅长表达，我们就会要求他在下次会议中上

台阐述工作，锻炼自己。

### 3. 积极进取

（1）积极主动，永远保持空杯心态；

（2）不要将一年的经验重复用十年；

（3）三人行，必有我师；

（4）不甘人后，勇争第一；

（5）以高目标要求自己。

### 4. 结果导向

（1）以结果为导向，不看苦劳，只看功劳；

（2）方法总比问题多；

（3）不达目的，誓不罢休；

（4）信用承诺，言必行，行必果。

总而言之，对于公司而言，制度管人，流程管事，文化管心！

# 第五节　组织力与人才梯队建设

聚草堂 / 何彬

**■ 作者介绍**

　　何彬，聚草堂核心圈子会员，是圈子中近几年成长最快的商家之一，他非常重视组织建设，也搭建出很强的运营人才梯队。作为聚草堂"深耕细耘"经营的典型代表，公司始终坚持"纵深一体化"的经营战略，从建工厂到搭建企业大中台，再到大量店铺群的布局，形成了强大的攻防体系，在中高价格带近乎处于垄断地位。

## 一、组织力的定义

　　可能很多人认为组织力是人力资源、团队或者人才梯队，其实不然，企业的组织力指的是开展组织工作的能力。它意味着在与竞争对手投入相同的情况下，公司是否具备更高的生产效率和更优的质量，以及能否将各种要素投入、转化为产品或服务。

　　组织力有很多流派，与大家接触较多的杨三角模型[1]有所不同，我对组织力的理解主要围绕着组织框架、组织的核心力、组织与人才、组织力打造以及大家关注得比较多的人才梯队这五个方面。

　　我认为在打造企业的组织力之前，必须先想清楚以下几个问题。

### 1. 诞生优秀公司的共性是什么

　　其共性一定包括了时代的机遇、卓越的领导者，以及优秀的组织发展能力。从公司的角度来看，优秀的组织发展能力是优秀公司的共性，同时它也是所有管理者想经营好一家出色企业背后最重要的维度，由此我们可以知道组织力的重要性。

---

　　1　杨三角模型：由员工能力、员工思维模式和员工治理方式三个方面组成，即员工会不会、愿不愿意以及容不容许。

## 2. 诞生优秀公司的基因是什么

其基因的关键在于做正确的事情、做有社会价值的事情。此外，还包括了优秀的组织发展能力和财务管控能力。

## 3. 什么样的企业才是一家好的企业

我认为一家好的企业首先需要具备社会责任感，其创始人或核心团队在追求个人成就感的同时，也追求着员工幸福感。

## 4. 我们选择做一家什么样的企业

我们想成为一家基业长青、有社会价值、能实现共同富裕的企业。作为企业家，我们要承担对应的社会责任。响应国家的号召，提倡共同富裕，带领所有员工和他们的家人实现共同富裕。一家公司想走得更远，就一定要在解决生存问题之后，思考更高维度的事情。

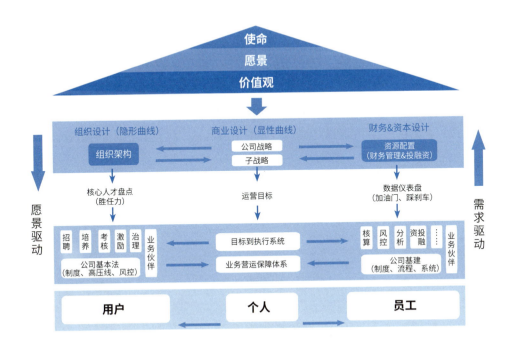

▲ 组织架构核心逻辑

## 二、组织架构

上图是我们公司组织架构的核心逻辑，我们一般会先从使命、愿景、价值观着手分析组织框架，大家可能会觉得这三点很虚，但在我看来，这三点是一家公司最重要的部分之一。可能有些公司还没找到属于自己的使命、愿景、价值观，也有些公司会认为即使自己没有这些，依然能做得很成功。我并不否认这样的观点，拥有良好的战略，公司的确可以很成功，但如果能找到属于自己公司的使命、愿景、价值观，我相信公司发展会有更清晰的方向，在未来也能更上一层楼。

对照上图竖向的显性曲线来看，当公司确立了清晰的使命、愿景、价值观之后，就可以依据这三点得出公司的战略和子战略，再引导出公司的运营目标，然后过渡到目标执行系统和业务保障系统。

当有了这条显性曲线，我们就可以进一步推演出上图左侧的隐形曲线，再到核心人才盘点。这里需要注意一点，核心人才盘点必须基于公司战略推演组织架构。

总而言之，组织架构的核心设计逻辑是愿景驱动，整个公司从上往下细分。同时，我们要坚持以客户需求为导向的商业逻辑，让需求驱动整个公司的发展。根据这两点，我们制订了相对清晰的组织框架。

### 1. 业务三阶段组织形态

我们把愿景定义为企业长达约10年的远期目标，除此之外，公司的业务还分为三个阶段：季度目标、年度目标和3～5年的中期目标，我们要分别梳理好这三个阶段的组织形态。

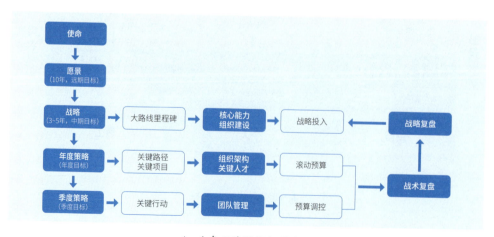

▲ 业务三阶段组织形态

公司季度目标往往会关注三点：关键行动、团队管理和预算调控。

公司年度目标的关注点在于关键路径的关键项目，这时我们不仅要关注团队的管理工作，更要关注组织架构的关键人才。此外，我们还要把控好财务的滚动预算，以及关注一些核心目标的完成度，从而对该年的战术进行复盘。

公司3～5年的中期目标代表了公司的战略，在这个阶段可能会出现一些大线路的里程碑。这时我们应该更多地从组织角度出发，关注战略的投入和组织核心能力的建设，并且每到一定节点就做战略复盘，这样就形成了组织循环。

▲ 组织循环

## 2. 组织战略地图

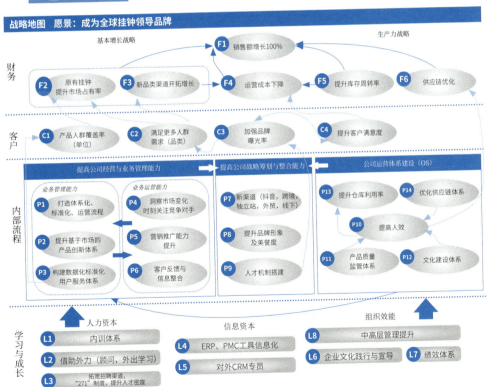

▲ 战略地图

上图是我们公司规划的下一年组织战略地图。图的最上方是我们公司的愿景：成为全球挂钟领导品牌。从上到下来看，其核心维度包括了财务、客户、内部流程以及学习与成长版块。

（1）财务版块

财务版块包括基本增长战略和生产力战略，这两部分共同组成了增长模型。

（2）内部流程版块

内部流程版块包含三个维度，分别是提高公司经营与业务管理能力、提升公司战略规划与整合能力，以及公司运营体系建设。

（3）学习与成长版块

学习成长版块也包含三个维度，分别是人力资本、信息资本以及组织效能。其中，人力资本包括了内训体系、借助外力学习和招聘体系。

## 三、组织形态

前几年，我们公司会更多地关注分工和管理，但现在和很多聚草堂的兄弟一样，也开始关注组织了。管理与组织有什么区别？直接一点表达就是公司越来越大、人也越来越多，有些员工我们没有见过，也没有管过，按整个企业来管理的方式已经不那么适用了，所以我们开始选择关注组织，组织形态分为组织能力和组织周期两方面。

### 1. 组织能力

组织形态的核心在于驾驭不确定性，我们可以通过以下四个维度来提升。

（1）维度一：从分工到协同

基层从管理维度关注更多的是分工，但从组织维度关注更多的则是协同。公司的部门变多了之后，部门之间的摩擦就会更频繁，这就是只强调分工，而不注重协同的结果。

（2）维度二：从个体价值到团队价值

个体价值关乎一个部门，而团队价值则关乎整个公司。当公司有十多个部门时，每个部门都有各自的老大，我们就需要想清楚如何从组织上强调团队的价值。

（3）维度三：从监督管理到授权赋能

以往在管理团队时，我们用得更多的是监督和管理，而组织则更需要授权和赋能。

## （4）维度四：从追求效率到追求敏捷

当团队人数并不多时，我们往往是通过管理的方式来管理公司，一般会更追求"效率第一"。而当公司的规模大了之后，整个公司的效率很难做到统一，此时我们应该追求整个组织的敏捷性，即多部门、跨部门之间的敏捷性。

### 2. 组织周期

对于不同生命周期的组织，我一般关注战略共创、组织架构、人才梯队、HR工作重心和文化体系这五个维度，并从中来分析整个组织在不同业态下的情况。

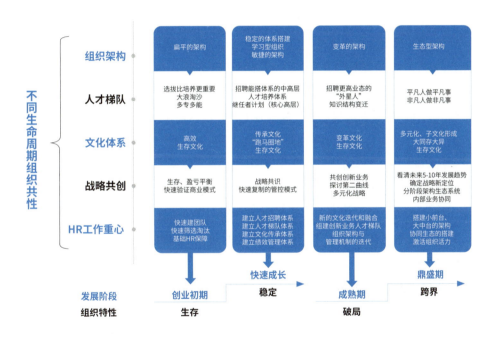

▲ 不同生命周期组织共性

## （1）业务初创期

处于初创期时，公司的战略在于快速验证商业模式的合理性，首先要解决的就是生存和盈亏平衡点的问题，此时我们倡导的文化是高效生存文化。这个时期我们往往是扁平的组织架构，在这样的核心架构中我们对于人才的核心需求就是找多专、多才、多能的人。初创阶段HR的核心工作是快速建立团队以及快速筛选人才，保障基本的HR体系。此时HR的工作重点就是帮公司招人，只留下合适的人才，在该阶段，选拔比培养更重要，因为我们没有培养能力，所以找到合适的人才是最重要的。

### （2）业务快速发展期

处于快速发展期时，我们在战略层面采用的是快速复制、快速放大的管控模式，这个时期我们应该建立一个相对稳定、具备敏捷架构的学习型组织。在人才梯队层面，我们可以通过直接招聘能搭建体系的中高层来建立职能部门，完善人才培养体系，并着力于培养核心高层。此时HR的工作重点要放在建立内训、人才招聘体系、人才梯队体系、文化传承以及绩效管理等体系上。这一时期我们倡导的文化除了跑马圈地和生存文化，还有传承文化，即把公司原来的关键文化提炼出来，变成公司的文化底色。

### （3）业务成熟期

处于成熟期时，我们要共创创新业务，从战略层面探索公司的第二曲线，实施多元化战略。这一时期我们应该建立变革的组织架构，在人才的梯队层面，公司会招一些更优秀的人才或者建立合伙人机制。此时HR的工作重点要放在组织架构与管理机制的迭代，以及新旧文化迭代和融合上，并培养创新型业务的人才梯队。

关于人才梯队，我认为有两点很重要。其一是知识结构的变迁，其二是文化传承。

知识结构的变迁意味着即使某个人在这个类目做得很优秀，但换个类目他不一定能同样优秀；或者是某个人的业务能力出色，但他做管理或商业决策未必能做得好。大部分人都会有这种情况，因为一个人的知识结构很难变迁，大家会陷入自己固有的思维模式。

文化传承方面，HR需要关注一点，即新旧文化的迭代。当有"外星人"（外来高管）空降到公司时，对组织而言是很大的挑战，因为他所带来的文化制度与我们团队原先的土壤完全不同，会让团队感觉到不适应。此时，我们往往会倡导变革，引导团队拥抱变化，去接受新的、不同的文化和体系。

最后的鼎盛期我就不多作阐述了，此时企业需要建立生态型架构，具体可以参考阿里，我们公司目前还没到达这一时期。

在不同的组织周期，公司的工作内容都是不同的，我们需要把组织周期和战略相结合，从而确定公司的组织架构、人才梯队以及HR的工作重点，最后再搭建对应的文化体系。

## 四、组织力打造

### 1. 组织力打造六部曲

组织力打造的核心六部曲，包括组织架构、核心人才、人才梯队建设、目标过程管理、协同机制和奖惩机制。很多时候，大家认为人才梯队是组织力的核心，殊不知人才梯队建设只是公司组织力打造的其中一环。

### 2. 公司组织架构

| 前台 | 运营一部 | 运营二部 | 运营三部 | 京东部 | 拼多多部 | 亚马逊部 | 速卖通部 | 唯品会 | 外贸 | 线下 |

| 中台 | 研发部 | 设计部 | 客服部 | 品牌部 | 行政人事部 | 财务部 | 需求部 | 采购部 |

| 后台 | IT | 仓储 | 供应链体系 | 文化 | 风控 |

▲ 公司组织架构

我们公司的组织架构分为前台、中台、后台，并强调"强中台"的概念，公司从设计、运营、品牌、采购、需求等多个维度来搭建中台，这样就能为我们的前台提供有力的支持。

组织架构在一定程度上决定了公司是否具备优势，我们公司始终坚持纵深一体化的经营战略，销售、研发和工厂等各方面全都由自己做，并且把这些工作分为运营营销中心版块、供应链体系和生产制造体系三个业务模块。

今年我们公司重点关注后台，在IT、仓储、风控、供应链体系和文化体系等方面花了很多时间和精力。如果我们能把供应链体系建设好再打仗，就可以依靠强有力的供应链反应能力来支撑整个体系。

### 3. 组织与人才

组织与人才之间的关系，包含三个维度，分别是赋能机制、管理者体系和员工能力。

打造组织时我们往往会把赋能放在第一位，然而实际上我们应该把更多的关注放到管理者体系和员工能力上。

那该如何体系化地看待组织与人才呢？我们有一个虽然简单，但路径清晰的模型，通过横纵两条路径来实现整个规划。

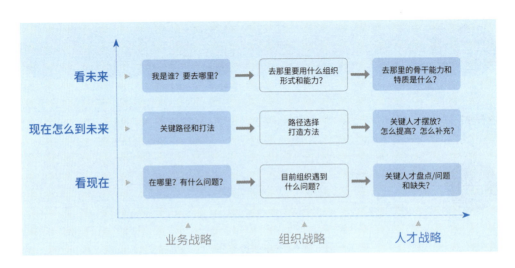

▲ 业务、组织与人才战略

从横轴来看，我们要先关注业务战略，再关注组织战略，最后关注人才战略；从纵轴来看，我们的关注点要从现在到未来。

（1）看现在

在业务战略层面，我们需要思考目前业务的现状；其次目前在组织上是否遇到了什么问题；最后在人才端，需要盘点出关键人才是否存在问题和缺失点。

（2）从现在看未来

在业务战略层面，我们需要思考自己的关键路径和打法；其次在组织上确定我们关键路径的选择和打造方法；最后是关键人才的排兵布阵和补充提高。

（3）看未来

在业务战略层面，我们需要思考自己到底想做一家什么样的公司，公司的使命、愿景是什么；其次确定我们需要什么样的组织形式和能力；最后在人才端，需要确定我们对骨干能力和特质的要求。

我们根据横纵两个路径梳理出组织与人才的关系之后，就能知道目前的问题在哪里，是业务问题、战略问题还是人才问题，也能明确组织需要什么人，人怎么来，怎么用，这样就形成了比较完善的组织与人才体系。

### 4.管理者素养

管理者的三项核心能力，分别是个人管理能力、业务管理能力和团队管理能力。

我们一般会根据这三项能力对管理者进行综合评定，其中大家比较熟悉业务管理能力和团队管理能力。对于个人管理能力，我们在评估这项能力时会先关注管理者的状态如何，有哪些好的习惯，是否具备创流程的能力；再关注他的技能如何，是否会使用工具，以及他花在思考上的时间有多少。

**初阶　管理者的角色和定位**

1.以身作则胜千言
2.通过别人拿结果，通过结果培养人
3.心要仁慈，刀要快
4.选拔比培养更重要
5.大胆使用是最好的培养
6.教是最好的学
7.苛求过程，释怀结果
8.可重复的过程+有增长的结果
9.丑话当先，No Surprise
10.跟我上，还是给我上

**中阶　管理的体系化**

1.以身作则胜千言
2.流动的人心，不变的人性
3.闻味道，揪头发，照镜子
4.疑人要用，用人要疑
5.宰相出于州郡，猛将出于士卒
6.今天最好的表现是明天最低的要求
7.为过程鼓掌，为结果付酬
8.上级看能力，平级看胸怀，下级看人品
9.激励是要对得起好的人，对不起不好的人

**高阶　眼光、胸怀、超越伯乐**

1.以身作则胜千言
2.大恶乃大善，大善乃大恶
3.小企业经营业务，大企业经营组织
4.管理者的胸怀是委屈撑大的
5.愿有多大，路有多长

▲ 各阶段管理者的素养要求

上图是对于各阶段管理者的素养要求，在此我借用了一些阿里的概念帮助大家更好地理解。

（1）初阶管理者需要关注管理者的角色和定位，以下几点值得重视：

①通过别人拿结果，通过结果培养人。这两者都很重要，我们往往只记得前者，而忘了后者。初阶管理者的重点在于会选人，在这一阶段，选拔比培养更重要。

②教是最好的学，分享是最好的学习方式。

③苛求过程，释放结果。对于初级管理者我们会要求过程，要求有可重复的过程和有增长的结果。

④大胆使用是最好的培养。

（2）中阶管理者需要关注管理的体系化，以下几点值得重点关注：

①流动的人心，不变的人性，要透过表面看本质。

②闻味道、揪头发、照镜子。这是阿里的"黑话"，我觉得很形象。比如揪头发，是指通过调换员工的位置，将员工往上拉，让他站在老板的角度思考问题，因为很多冲突和矛盾都是由彼此立场和职位不同导致的。再比如照镜子，很多人往往会高估自己的能力，此时就需要通过照镜子来正视自己。

③上级看能力，平级看胸怀，下级看人品。我们公司现阶段的部门墙现象很严重，跨部门的沟通存在很多问题，此时就很考验管理者（尤其是中级管理者）的胸怀。

④激励是要对得起好的人，对不起不好的人。给予优秀的人适当的激励非常重要，我们务必要做到这一点。

（3）高阶管理者的眼光、胸怀和超越伯乐这几部分尤为重要：

①管理者的胸怀都是委屈撑大的。这是阿里的原话，想必大家也有所感悟。

②愿有多大，路有多长，这取决于管理者的"心力"模型。

## 5. 核心人才

核心人才是我们的高阶管理者，也包括公司的领导者，我们会重点关注他们的眼光、胸怀和超越伯乐。

（1）眼光

会看，机会和危机都要看到，要知未明，观未见。战略三分靠看，七分靠做。只要基本方向对了，再进行不断试错，不断地调整优化，战略就会越来越清晰，好的战略是苦熬出来的。不管能否看清未来的方向，高阶管理者都要经常思考，不忘初心，向外看，向上看，而不是埋头赶路。

会点燃，看到机会和危机后，需要让所有人兴奋起来，并让所有人参与进来，加强大家对机会和危机的充分认识。

有眼光，还要有结果。高阶管理者需要通过团队拿结果，通过结果不断修正自己对方向的判断。此外，还需要在组织、文化和制度上提供相应的支持。

### （2）胸怀

领导者很多时候是寂寞的。作为领导者，一定要做决定，甚至很多决定常常要力排众议。因为你所处的位置决定了你看到的东西比别人多，反过来能理解你的人就会变少。我们要在寂寞中找不寂寞的东西，宁静以致远。

胸怀是委屈撑大的。永远是公司利益排第一，部门排第二，个人排第三。委屈的时候，有胸怀的人才能坚持。

心态开放、能倾听、善于换位思考。领导者要保持开放的心态，既要能倾听，也要能换位思考。作为领导者，要坚持核心的东西，永不妥协，但也要根据业态作调整。为什么有些位置越高的人越听不到不同的声音？就是自己太自信了，感觉自己处处都是对的，不愿听取他人的意见。

### （3）超越伯乐

找对人，知人善用，用人所长。

养好人，在用的过程中培养人，在培养的过程中用人，最好的培养方式一定在战场上。

养成人，养成接班人，鼓励青出于蓝而胜于蓝。在培养人的过程中，我们往往都是抱着指导者的心态，而不是教练的心态，事实上领导者一定要有教练的心态。如果我们没有时间培养员工，就不可能有接班人。

## 五、人才梯队

### 1. 员工的能力

员工的能力有五个维度，分别是认知能力、理解能力、分析能力、判断能力和创新能力，这几项能力看似普通，却是选人时最核心的标准。

从右图来看，对于员工能力的判断逻辑是由下至

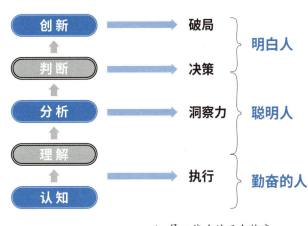

▲ 员工能力的五个维度

上，由浅层至深层的。如果员工具备一定的理解能力，那他就适合作为执行者，我们认为这样的人是勤奋的人。当勤奋的员工同时具备较强的分析能力和洞察能力，我们就认为这样的人是聪明人。当聪明人进一步学会决策，能创新破界的时候，他就是明白人，可以作为决策者了。

执行者大多是勤奋的人，拥有洞察力的决策者是聪明人，而能真正破局的人才是明白人。公司里往往明白人不多，聪明人比较多，只要大家能用好聪明人，重用明白人，基本上就不缺人才了。

## 2. 胜任力模型的人才发展

| 要 素 | 内 容 | 工 具 |
| --- | --- | --- |
| 选对人<br>用对人<br>培养人<br>评估人 | 根据人才画像界定需要的能力<br>合适的人放到合适的岗位上<br>建立人才梯队，选择合适发展的项目<br>业绩和价值观 | 人才画像<br>人才盘点<br>人才发展，晋升计划<br>综合评估 |

▲ 胜任力模型

### (1) 选对人

我们需要根据人群画像来辅助判断员工是否具备上文提到的各项能力，从而选出正确的人。

### (2) 用对人

选出正确的人之后，我们可以借用人才盘点工具来匹配公司现有的人才与岗位，将正确的人安排到合适的位置上。

### (3) 培养人

我们需要挖掘一些合适的项目来培养人，同时配合人才发展和晋升计划来评估其业绩和价值观。

### (4) 评估人

从组织角度来看，一般我们只需要用到上述表格里的各种工具、方法。如果还想做得更详细些，就需要更庞大的管理者体系、更多的人群画像、更完善的人才盘点工具、更详细的晋升计划以及更全面的综合评估。不过对于大部分的商家而言，大家有人群画像、人才盘点、晋升计划以及综合评估概念就足够了。

我们在通过人才盘点后得知，我们的电商团队本科率只有27%，发现这个弱点后，我们计划明年的本科率要达到50%（客服除外）。当然，学历高不代表一切，但高学历大概率意味着底子好。对本科率的要求关乎团队的人才密度，最起码我们能确定公司有多少底子好的员工。

### 3. 员工思维能力

思维能力很重要，我们将员工的思维能力分为"见树木""见森林""见世界"这三个层级。

基层员工作为执行者，拥有的往往是拿结果的执行思维，这个维度即见树木。

中层员工作为体系的设计者，他们拥有较复杂的思维，除了见树木，还要见森林。比如，有些运营看到竞争对手的某个产品卖得很好，他只会浅显地认为是因为这个产品的视觉、推广做得不错，此时他就是典型的基层员工，只能思辨地看，却无法提炼核心关键点。如果运营能够挖掘出竞争对手在产品研发端做了哪些动作，他的思维是什么，他的框架怎么构造的，他的视觉效果好在哪里，他用了哪些体系，是三维还是CV或者实拍，他的运营手法有哪些优势，这时候的运营就拥有了中层的见森林的思维能力。我们希望帮助员工不断地提升思维能力，这样他们看问题时能看得更远且更体系化。

公司的决策层作为顶层架构的设计者，他们基于商业、组织和资本来作决策，需要见世界、有全局观，对于事件的前因后果要想得足够透彻。

### 4. 中基层的通用胜任力

▼ 中基层的通用胜任力

| 胜任力 | | 关键定义 |
| --- | --- | --- |
| 做事的能力（业务管理能力） | 业务执行力 | 通过团队拿结果；通过数据看业务<br>关注结果，更关注过程 |
| | 客户执行能力 | 建立和执行客户服务体系，追踪过程指标 |
| 带队伍的能力（团队管理能力） | 沟通激励 | sell目标，把公司的目标变成团队个人的目标；凝聚人心，使众人行 |
| | 人员培养 | 以身作则；传承文化和价值观；擅长做人员辅导 |
| | 团队建设 | 建立学习型组织；建立有特色的团队文化 |
| 学习与思考能力 | 分析判断 | 结构化思维；洞见核心、独立思考 |
| | 理解变化 | 深刻理解并上传下达；主动拥抱变化 |
| | 规划能力 | 制订落地计划并坚定执行 |
| 管理素质 | 品格 | 公正利他，富有责任感 |
| | 影响力 | 对员工、同事有正向影响力 |

### (1) 做事的能力

我们在评估一个人时往往带有主观色彩，实际上我们应该通过模型分析来判断他的各项业务能力如何，以及他是否能通过团队拿结果，我们既要关注结果，也要关注过程。

### (2) 带队伍的能力

我们可以根据一个人的管理能力、沟通能力和人才培养能力，以及他是否擅长团队建设和人员辅导，能否激励团队并且凝聚人心来判断他具不具备带领队伍的能力。

### (3) 学习和思考的能力

我们可以根据一个人是否具备分析判断、理解规划和落地执行的能力，是否具备结构思维，能否洞察核心、独立思考、上传下达、主动拥抱变化来判断他具不具备学习和思考的能力。

### (4) 品格和影响力

我们可以根据一个人是否有责任感，对员工、对同事能否带来正向的影响力来判断他的品格和影响力如何。

老员工在公司待了几年之后缺乏激情时，我们该怎么办？首先我们可以观察一下他的工作意愿，再分析这位员工是否具备上述能力。电商团队大部分员工的意愿和成长之心都很强，很多时候员工没有激情并不是因为他的意愿不够，而是某部分的能力跟不上。当员工的意愿和各项能力都达标，却没有干劲的时候，我们就需要多去关注他是否遇到了某些艰难的挑战，或者公司的战略是否有给他发展的机会。

所以，如果我们发现老员工没有干劲了，首先可以关注他的心态，其次看他的能力，最后看机会和公司的战略平台。这就是胜任力模型，也是我们公司一直在用的、比较简单的工具。

胜任力模型工具不仅可以用于上述情况，还可以用来辅助判断某位员工是否适合晋升。

## 5.决策层的通用胜任力

决策层主要包括老板和合伙人等高层，我们对于决策层的要求有四个维度，分别是商业洞察力、业务领导力、组织建设和组织变革。

**商业洞察力**

**从现在到未来**
整体方向的远见与判断力：面对未知的领域，有勇气和智慧为公司发展制订明确的战略方向，以及一个清晰可落地的规划图，并能提出超越数字的愿景和使命。唤起整个组织的激情。

**业务领导力**

**从局部到整体**
跨子公司或业务类型的领导力：能领导不同类型的业务部门实现突破性的增长，包括开拓一项创新业务，或是振兴一项衰落中的业务。明确子战略在集团战略中的不同价值与定位。有非凡的业务决策力：对市场和客户有深刻理解和判断，能超越业务形态的局限，制订业务策略。善于平衡长期与短期利益并找到有效的执行点。

**组织建设**

**从事到人**
培育组织的软实力：能根据业务的发展设计组织结构，建设组织的文化和人才体系，通过人才来发展业务，通过软实力来实现硬绩效。调动整个组织的潜力。

**组织变革**

**从个人梦想到组织使命**
组织体系变革能力：不让既有地位、视角和成功模式成为发展和创新的障碍，能充分调动组织成员发自内心的创造性和协同的愿望，充分链接组织与个人。

▲ 决策层的通用胜任力

　　决策层的商业洞察力至关重要，这涉及决策者能否提炼出超越数字的愿景和使命、能否唤起团队的激情，以及能否制订清晰的战略目标和规划。除了商业洞察力，决策层还需要具备打造团队组织架构、建立文化体系、发展业务以及创新的能力。

　　电商公司的老板往往比较重视核心人才，觉得人对了，事就对了。这个理念对于规模不大的公司而言是适用的，但当公司发展到几百人时，就要改变这个理念。我们需要把人放到组织中去，而不能让人绑架了组织，这是所有公司从团队变成组织形态的必经之路。

### 6. 人才梯队和组织力融合

　　组织力的核心是把个人能力变成组织能力，那么如何将个人能力变成组织能力呢？

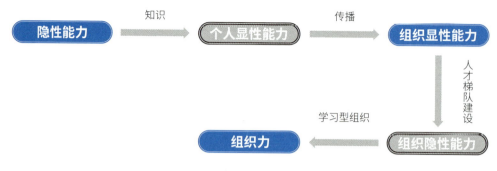

▲ 人才梯队和组织力融合

首先，我们可以将优秀人才的隐性能力如决策力、洞察力等提炼出来变成一种显性能力，再通过公司的培训体系将组织的显性能力培养起来，从而提升整个团队的能力。比如某位员工擅长打爆款，我们就可以让他把自己打爆款的核心思维提炼出来，并做成PPT，然后给团队培训，这样团队里的每个人都能掌握这种能力，整个组织的运营水平也就上了一个台阶。我们通过人才的培养与人才梯队的建设，将组织的显性能力提炼并沉淀为组织的隐性能力，这样团队也能慢慢成长为一个学习型组织，这就是组织力的核心。

在做业务时，我们更多关注的可能是人才的核心能力，却忽视了把关键人才的能力转化为公司能力的重要性；而在打造组织时，我们需要把人才的隐性能力变成组织的能力，并将其迁移到整个公司。

### 7. 打造人才梯队

人才梯队要先从人入手，我们可以使用某些工具分析员工所需要具备的能力，再关注员工的思维能力是否成体系，最后对照初级、中级、高级管理者的各项能力模型来梳理出公司需要的人才梯队。

如何打造人才梯队？结合我们公司的案例，我分享2个要点。

（1）人才梯队建设的周期较长，我们需要提前筹备、提前招聘。

（2）继任者计划。晋升经理时需要培养两个主管；晋升总监时要培养两个经理；晋升副总时要培养两个总监。

作为决策者，如果我们对人才高度重视，对公司的未来有信心，那就一定要在人才方面多投入，将我们的HR部门做大做强，从而解决招聘端的问题。

除了要做好招聘工作，我们还要给足小伙伴们时间，让他们充分成长。虽然完善的人才梯队是所有人的梦想，我们也希望能像阿里一样有一批批优秀的人才，但这两年在经历过公司的发展速度比人才的成长速度快之后，我感触很深——人才梯队建设其实很难，我们需要有足够的耐心。

我们可以借助各类工具进行人才盘点，借助各类模型进行人才画像，从而确定我们需要什么样的人才，再将人才画像交由HR，让他们去招聘，如果遇到优秀的人才甚至可以高薪挖过来。一家公司是否能做大、做强的核心，在于能否把老板个人的挖人能力变成组织或公司的，从而形成完善的招聘和培养体系。

## 8. 目标过程管理

▲ 目标过程管理

从组织战略层面来说，目标过程管理是一个执行系统，它包括计划、关键职责、业绩跟踪和业绩评估。而从组织层面过渡到个人层面，个人层面的目标管理包括结果定义、一对一责任、结果检查和即时激励。我们将这样的体系称作目标过程执行系统，在打造组织力的时候，我们往往容易忽略这部分。

如何进行过程目标管理？我们需要把战略目标拆解成计划，再把计划所对应的关键职责下发给相关人员，之后对不同人员的业绩进行跟踪和评估，这样就形成了闭环的执行体系。下图是目标过程管理的计划落地系统过程图，该过程是我学习之后结合我们公司的具体情况梳理出来的。

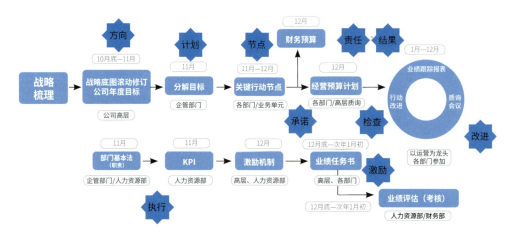

▲ 目标过程管理的计划落地系统过程图

我们梳理清楚战略目标之后，就可以通过战略地图滚动修订公司的年度目标，再将店铺年度目标拆成月度目标，最后变成每个人的目标。这里需要关注的点在于定义关键行动节点，并对应到责任人，以及检查责任承诺结果。在这个过程中我们会制作业绩的跟踪表、质询会议和行动改变计划，由此形成一个循环。

很多时候我们把过多的精力放在寻找关键人才上，却忽视了执行体系。我们公司是在某次外部学习之后，才领悟到执行体系的重要性，所以现在我会通过很多关键节点来控制执行过程。

▼ 新产品上线节点控制表

| 模块 | 关键节点结果 | 底线完成时间 | 责任人 | 检查人 | 检查反馈 | 纠偏指令或再承诺 |
|---|---|---|---|---|---|---|
| 事前 | 市场调研 | 2021年9月12日 | ×× | ×× | 方向正确 | 价格带需微调 |
| | 研发定方向 | 2021年9月22日 | ×× | ×× | 完成 | |
| | 产品设计定稿 | 2021年9月30日 | ×× | ×× | 5个图稿选2个 | 细节做得更精细些 |
| | 样品，BOM成本确定 | 2021年10月8日 | ×× | ×× | | |
| | 设计制作，上架 | 2021年10月12日 | ×× | ×× | | |
| 事中 | 上新15天市场反馈 | 2021年10月27日 | ×× | ×× | 数据不错 | 优化主图 |
| | 上新30天市场反馈 | 2021年11月12日 | ×× | ×× | | |
| | 产品改良建议 | 2021年10月27日 | ×× | ×× | 考虑生产成本与效率 | |
| | 视觉体系升级 | 2021年10月28日 | ×× | ×× | 主图，详情优化 | |
| 事后 | 产品方向 | 2021年11月 | | | | |
| | 运营手法与设计方向 | 2021年11月 | ×× | ×× | | |
| | 生产报告 | 2021年11月 | | | 完成 | 考虑生产效率与成本 |
| | 市场复盘 | 2021年12月 | ×× | ×× | | 开发风格需调整测试 |

上图是我们公司新产品上线的关键节点控制表，每项事件我们都会在事前、事

中、事后分别做好总结。其他关键节点也会有类似的表格，这样我们在执行各项事件时，就能清楚事件的进度，确保项目可控。

当公司所有的事情都有对应的关键控制节点，那整体的内容就非常直观，管控也简单很多。比如运营的工作任务包括新产品上架、广告预算等，那么就可以做出相应的表格，这样每天的工作内容就非常清晰明确了。作为管理者，我们需要知道下属的工作情况如何，他们在哪个节点有什么问题，该怎么反馈、纠正。

## 9. 协调机制

### （1）协同机制

当公司规模越来越大，协同会变成一件很复杂的事，因为很多人都不认识对方。公司人少的时候，很多事大家一起喝顿酒就解决了，一顿不够就两顿，但公司规模大了之后就不合适了。比如我们公司的规模从100人到200人时，在协同方面就开始有些困难了；到了200人以上时，我已经有些崩溃了，因为有些员工我根本没见过，更别谈管理他们，这时该如何解决？我们最终找到两个办法，其一是信息化，其二是OKR。

我们公司坚持纵深一体化的经营战略，我个人也比较注重信息化，从去年开始公司就投入到信息化建设了，通过信息化把销售、生产、研发体系链接起来。

OKR大家应该都比较了解，从理论上说，OKR能解决企业30% ~ 40%的问题，它有以下两方面的价值。

①透明公开化

OKR可以对齐所有人的目标，我们可以通过OKR把老板的目标、管理者的目标以及员工的目标全部串联起来。比如在字节跳动，普通员工也能看到老板张一鸣的目标，能看到他想干什么、他的业绩是否完成。每个人的目标都摆在台面上，所有人都能看到，这样就形成了透明公开的监督机制。

②目标一致性

OKR能够将所有人的目标确定在同一方向，再形成考核。我们公司坚持的是中台模式，所有客户、设计、研发相关的事情，都会在对应的部门内得到解决，此时前端的运营部门就与他们没有直接关系了，而是变成平级关系。平级关系之间的协同存在很大的问题，彼此都不能完全说服对方，部门之间就很容易脱节。此时我们可以通过OKR里的"O"将大家的目标统一，然后再靠考核对目标进行统一的绩效管理，从而将各部门链接起来。我们公司一般不采用小组制，这种制度虽然比较高效，但从组织的角度来看，部门之间会形成类似一个个独立的"阿米巴"[1]，没有链接起来。

关于协同机制，我们公司还在摸索的过程中，但可以确定OKR是有效的方法。不过OKR对员工的要求较高，想要落实下去就需要员工具备拆分OKR的能力，所以在某些情况下比较难推进。

### (2) 奖罚机制

▲ 奖罚机制

奖罚机制的核心维度是"奖、惩、罚、励"。

"奖"是奖励结果，论功行赏，而不论苦劳。

"惩"是惩罚，包括辞退。我们公司一直坚持"271"文化，即前20%的员工是优秀的，后10%则要被淘汰。淘汰10%的人对公司不会有任何影响，一般情况下把10%的人淘汰后，需要对前20%的人做晋升，这样结合效果更好。

之前，我们公司有位部门主管突然离职，结果下面的员工都很兴奋，因为他们有机会晋升了。所以不要排斥淘汰一部分员工，该辞退的就辞退，就算是负责人，如果跟不上团队的节奏那也是要辞退的。辞退一些不合格的主管之后，团队的员工可能会更加积极、踊跃，因为他们正需要这样的机会。

---

1　阿米巴：以各个阿米巴的领导为核心，让其自行制订各自的计划，并依靠全体成员的智慧和努力来完成目标的经营方式。

我认为一定要坚持"271"文化，我们公司每半年就会淘汰掉一部分员工。每个月排序后，我们都会通知后10%员工，让他们有危机感，如果连续3个月都在后10%就可能会被淘汰。当然我们也会通知前20%的员工，如果能保持连续3个月排名在前20%，就有可能获得晋职加薪的机会，也就是"271"文化要和晋升体系绑定在一起。

"罚"包括两种方式，自上而下或者自下而上，这一般是根据公司的管理风格来确定。

"励"是奖励过程，对关键节点进行奖励。

奖惩机制是组织的核心部分，也是考核的一部分。如果制定了目标，对目标的过程管理和关键节点也都实施了，却没有考核，那前面的步骤就都白费了，因为没有形成闭环。

### （3）文化建设

我认为组织建设包括两个维度，其一是组织力打造，其二是文化建设。而组织力的打造实际上也需要文化支撑。

文化是变化的，比如公司在野蛮发展时期，我们要给予团队充分的信任；当公司强大时，我们就需要注重协同、沟通，强调过程管控。

我们在每个阶段建立了对应的文化机制，重点关注这四个方面：

激励核心关键人才。如果大家去过我们公司，就会知道我们公司有很多激励措施，比如经常奖励员工豪车等。

营造超越伯乐、给平台、给机会的体系，做好文化铺垫。

高效创新和协同。我们公司目前还在倡导高效创新和协同的阶段，激励核心人才是必须做且会坚持做的事，但我们的文化主线不再是初创期和快速发展期时的大力宣传奖励豪车这种风格，而是去提倡协同和创新，让优秀的人去创造新机会。

打造学习型组织。我们要打造一个优秀中高层管理干部都强调学习的组织，让他们以身作则，提升组织的整体学习力。

总之，我们不能忽略文化这个维度。组织层面上没有文化的支撑是很难的。

## 六、总结

### 1. 为什么组织力是企业最核心的能力

大家可能发现，很多管理问题，如绩效、激励、分配、过程管控、协同机制等，在组织打造时它们都属于组织力的范畴，组织力是一个很复杂的体系，需要基于使命、愿景、价值观、战略和组织形态等多个维度，才能系统地梳理出公司的组织力。

2. 组织力怎么打造

（1）先设计组织架构，因为商业模型决定了组织架构；

（2）其次找核心人才，并把核心人才的能力变成人才梯队的能力；

（3）然后管控目标管理过程，此时要解决协同机制；

（4）最后设立好激励机制，形成整个闭环的组织架构，实现组织力的闭环。

总之，组织力是一家公司的隐性能力，但它恰恰也是一家公司最核心的能力。

# 第六节　合伙人的制度与文化

聚草堂 / 张筱煊

**作者介绍**

张筱煊，聚草堂核心圈子会员，泰火公司的联合创始人和总经理。公司前后经历过5次合伙，从实战中摸索出许多宝贵的合伙经验。随着电商发展，公司平台化是大势所趋，建立合伙人机制属于公司的顶层设计，决定公司能做多大、走多远。

为什么我会执着于合伙人机制？因为在最初阶段，我一无所有，不懂技术，也没有产品优势，我认为人才是最重要的。在开始决定合伙做公司的时候，就已经有很强的人才联盟思维了。

我认为就算团队的业绩一时有波动，只要人还在，就什么都不用怕。因为电商平台可以稳扎稳打，依靠小成本就能够发展起来，这就是我们一直坚持合伙人机制的原因。

为什么一定是合伙人机制呢？因为现在的年轻人都不愿意被雇佣，很多年轻人都有一颗创业的心。当发现他们对合伙人这个身份感兴趣的时候，我们就决定尝试这个机制。

合伙人机制并不难，无非就是选人、股份设置、机制建立。外部的确有很多专业机构可以帮你成立持股平台，但你自己一定得清楚它背后的核心逻辑是什么。不管股权怎么变更，只要核心不变，那么改变的都只是形式。合伙人这个主题很大，市面上很多公司都有这个模式，我在公司还处于起步阶段时就已经在思考这件事了。

# 一、如何选人

## 1.发展合伙人究竟为了什么

在我们进入选择合伙人阶段的时候，需要拷问自己的灵魂，寻找根源——我们发展合伙人究竟是为了什么？

这个灵魂拷问与普通问句有着本质上的区别。拷问自己有没有私心？发展合伙人的动机是善还是恶？是想要抑制这个人成长，不想让他成为我的竞争对手，还是真切地希望他和我一起成长，一起打造更强的团队？在发展任何一个合伙人时，我们都需要拷问自己的灵魂。为什么这件事这么重要？我是盛和塾的学生，我发现很多创业者的进阶都是从学习日本企业开始的。日本有很多百年企业，虽然规模不一定很大，有些只有十几人，却能将企业管理做得很完善。日本的企业有着非常丰富的企业文化，他们将合伙人称为经营者。在他们看来，企业经营者需要有自己的经营哲学，而经营哲学的根源其实都蕴藏在传统文化的智慧里。自从两年前开始接触我们的国学，我越来越发觉自己的无知，每当我继续深挖它，就会感慨原来自己也是那只"井底之蛙"。

我在盛和塾学习时曾看过一个视频，是一位企业家的分享，他说，钢琴家一辈子都是弹钢琴的，作家一辈子都是写文章的，而企业家也应该是一辈子做企业的。他认为在任何时候，想要进入一个行业并站稳脚跟，至少需要10年，而要想做到顶尖，至少需要20年，如果想要在顶尖地位保持足够长的时间，没有30年是达不到的，所以做企业是一件很长久的事。

看不清未来时，至少我们能知道前行的方向，有了目标，心也就笃定了。心定就能生静、生安，继而有虑，然后有所得。所以我们要时常找找自己的方向，想想自己的目标，问一问自己的灵魂，究竟我要让企业办多久、我的目的是什么，不能踩着西瓜皮，滑到哪算哪。

回归上述问题，发展合伙人究竟为了什么？第一阶段为了激励，培养内部合伙人；第二阶段为了发展，融入外部合伙人；第三阶段为了飞跃，引入投资型合伙人。但这都不是根本，对于这个问题我的回答是，发展合伙人是为了幸福而成功的企业。

"成功"就不必多说了，一个企业首先得盈利、得活下去。但为什么是"幸福而成功"的企业呢？在过去的一年，我慢慢想明白了一些本质的问题。

今年还只是我创业的第四年，之前我也从来没有认真思考过，发展合伙人究竟是为了什么。为了偷懒？为了自己轻松？抱着这样的心态，我们会发现企业很容易遇到瓶颈。因为这种想法的出发点都是为了自己，而不是为了团队。换个角度来想，如果一个人只图自己的利益而不考虑别人的感受，那么我们一定不会愿意和这个人深入地合作，心里多少会有些隔阂。

那么怎样的企业是"幸福"的呢？一个企业赚钱不难，但是赚了钱我们就一定能幸福吗？我身边有很多十几亿身价的朋友，但他们真的有感受幸福的能力吗？其实对幸福的衡量是可以借助工具的，这个工具叫作马斯洛需求理论，它将幸福称为需求满足。人的需求分为不同层次，满足了所处层次的需求，我们就会感觉到幸福。

## 2. 马斯洛需求理论

▲　马斯洛需求理论

在马斯洛需求理论中，处在最底层的是金钱，解决温饱是一切的前提；第二层是安定，即相对稳定的环境（国家环境、经济环境、公司环境）；第三层是人际关系，人是群居动物，如果和周围人充满矛盾是不可能幸福的；第四层是被认可、被尊重，每个人都需要被看见；第五层是自我成长。只要满足这五层，就能获得幸福。

可能曾经我们会以为钱越多得到的幸福就越多，但这个理论告诉我们，事实并非如此。经济学上有个概念叫作边际效用，指的是当增加的投入超过某一水平之后，新增的每一个单位投入换来的产出量会下降。也就是说，在财富达到某个阈值之后，金钱的增加就不再能轻易让你感受到幸福了。经心理学家研究，年收入在80万元~150万元之间，你在金钱层面的需求就已经得到满足了，再多的收入也不会让你的幸福感继续增加。

这就是为什么我们满足了金钱层面的需求却依然感觉不幸福，有很多烦恼，因为其他层次的需求还没有被满足。而马斯洛在晚年时又发现，即便有些人满足了这五层需求，仍然会感受不到幸福，因为他的心灵还需要成长。

有位服装企业的老板在他18岁时就赚了几千万元的现金，他在30岁的时候人生已经很美满了，不知道人生目标是什么。于是他去到寺庙请教师父，师父问他，在你认为自己没有人生目标的时候，有想过你的家人、企业员工、你的合作伙伴、你的国家的幸福吗？一句话让他感觉醍醐灌顶，他突然明白自己还没有达到幸福的最后一层——可以为世界贡献更多从而获得心灵的成长。

心灵成长需要我们去帮助他人，这也就是我这次分享的核心思想——利他。利他的动力其实来自感恩，可以是感恩环境（比如老板给我创造的环境）、感恩同事（比如上司对我的包容），或是站在企业家的角度，感恩员工、合伙人对我的信任。有了感恩之心，我们才能真正做到利他。

有朋友问过我一个问题，怎样让员工感受到你是在利他，让他们相信你说的是真话，认同你的经营哲学？

我们不妨想想，当你拿真钞去商店里买衣服时，收银员会问你这个钱的真假吗？如果你拿一片真心对待你的员工，员工还会质疑你是否真心吗？当员工们对我们有质疑时，我们就需要反问一下自己的内心：在起心动念时，自己有没有掺杂私心？说着为员工好的话时，内心是否真的在为他着想？自利和利他随时随地都在发生，而人是很敏感的，人与人之间交流时，这个人一旦对你产生一丝丝质疑，一定是你有了私心。

所以我回答道：发展合伙人的动机只有我们自己知道，而我们要拿真钱去买东西。

我们一定要明确自己的动机，如果发展合伙人只是为了绑住员工，或者其他不善的目的，一定要及时转念。人们常说"广种福田"，我们永远是先种善因，才能得善果。

### 3. 合伙人如何选择

　　一般情况下，我们在选择合伙人时需要关注三个问题：合伙人的数量宜多还是宜少？合伙人的标准是什么？什么样的合伙人万万不可选？

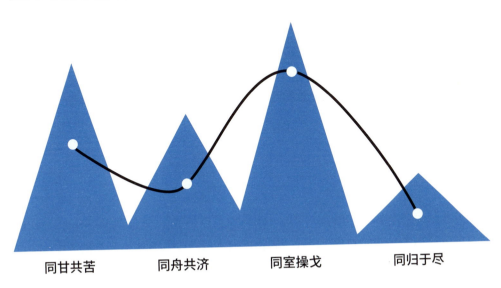

同甘共苦　　　　同舟共济　　　　同室操戈　　　　同归于尽

　　合伙人的"困境"往往会分为四个阶段，第一阶段，同甘共苦；第二阶段，同舟共济；第三阶段，同室操戈；第四阶段，同归于尽。这四个阶段大家可以当成笑话来看，也可以说是我对很多合伙关系的总结。

　　(1) 合伙人的数量

　　合伙人分两种：决策型和分红型。决策型的人数越少越好，一个为最佳。如果有多个，也尽量控制在3个以内，否则对企业发展极为不利。按照法律规定，有限公司的合伙人必须少于50人，股份公司要少于200人。因为我们公司所有合伙人都是要出资的，所以律师建议我将合伙人数量限制在30个人以内，避免承担非法集资的风险。

　　(2) 什么样的人可以选

　　①独当一面，优势互补。

　　②全职投入，必须出钱。我们曾经走过不少的歪路，就是找了带着资源参与到我们公司来兼职的合伙人，这种合伙方式几乎很难成功。如果不是花钱买的东西，很少人会珍惜。

　　③知根知底，度过磨合期。

### （3）什么人不能选

选择合伙人是一件需要慎之又慎的事，很多人其实都不符合要求。例如，短视的人，只要看到有钱就马上要分红；负面的人，遇事抱怨多过解决；斤斤计较的人，过分看重短期的得失。这些人是不能成为我们长期的合作伙伴的。

总结起来，选择合伙人我们要谨慎考量，小步试探。并且一定要提前设立好退出机制，一旦出现问题能及时做出反应，将局势稳定在自己的掌控范围之中。最重要的是，好朋友、亲兄弟、真夫妻一定要明算账，在开始合伙人关系前，双方一定要反复确认好彼此在这件事上能承担的利益亏损底限，以及需要付出的时间、精力。

## 二、"股" vs "权"

### 1.股与权的概念

股和权是两个分开的概念，"股+权=企业利益集成"。对待股份和权力，我们一定要分开思考。就如同马云，他在阿里巴巴占股很少，但他永远有决策权。了解股权背后的本质非常重要，一般有以下概念。

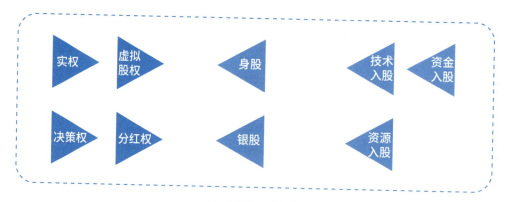

▲ "股" vs "权"

我们是做了一个持股平台，核算虚拟股，不是真正工商注册的股权。身股是出力的部分，银股是出钱的部分，两者间的比例比较自由，可以同时存在，也可以分开来设置。

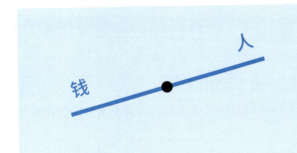

- 如何正确评估和设计身股、银股和资源之间的关系？

- 简单来说，衡量"钱"和"人"，哪个更重要？

## 2. 如何正确评估和设计身股、银股和资源之间的关系

在讲如何衡量钱与人的关系前，我们要先明确一个观念：在合伙人关系中一定只能有一个"老大"，也就是要做到一股独大。大股东的持股比例建议在51%～90%之间，这样既能保证自己的绝对控股地位，也能保证未来对外部资金或资源的持续吸收。如果大股东持股超过90%，那就不是真正的合伙人机制了，所以一定要注意股份比例的设置。

设计合伙人的股份比例，一开始我们只能先各自评估，再在讨论时，把心里的期待值说出来，经过讨论、谈判最终确定下来。

对于资源入股，我的态度是，能用钱买的就不要拿股份去换。股份是很宝贵的，尤其在我们没有规划清楚时，千万不要轻易拿股份换资源。如果对方一定要求占有股份，我们就需要评估出他带来的资源对于即将开拓的项目能产生多长时间的影响。如果在一年内影响比较大、一年后对项目不再有影响，他的股份占比就不要超过5%；如果1～3年内能起到比较关键作用的，他的股份不要超过10%；如果是能影响5～10年的，股份占比也需要控制在10%～20%。

我们用一个例子，给大家讲解身股和银股的比例设计方法。

假设一个项目里，我们经过评估，认定资金占70%的重要性、人才占30%的重要性，那么银股就可以设置为70%，身股是30%。该项目共需要100万元资金，如果你能出资30万元，那你就占这70%里的30%，也就是在银股中占21%，同理，剩下的70万元在银股里会占比49%。

身股部分则需要拆分人力部分的权重了。比如运营在这个项目中的重要性是50%，那可以给到运营负责人的部分就是身股30%中的50%。

在这个基础上，如果有人觉得不合理，可以提出来，再进行团队讨论，直到调

整到合适的比例。

以下是我经历过的"股""权"设置模式：

（1）第一次创业：大小股东之间比例差距不大、分工不明确、权责分配不均。

（2）玩票式的尝试：纯技术入股，有盈利就分纯利。

（3）跟风投资：小股东资金入股，大股东纯技术入股，权责不明，也很容易合作失败。

（4）第二次创业：五五分红、分工权责明确。例如夫妻档在创业初期是不会计较股份占比的，因为公司是自己家的产业。但如果我们希望合伙人团队进一步扩大、公司可以得到长远发展，就需要进行重新确定、规划好股份。

（5）内部激励：按净利的分红权设计，业绩对冲，达到目标就能拿到相应分红。

（6）模式复制：解决了内部分红问题后，我们就要开始复制模式了，外部也是如此。在项目前期，按投入与产出的固定比例分层是没有任何问题的，但当这个项目需要追加资金时，最好的获取追加资金的办法是以合伙关系的名义贷款，把贷款利息计入成本当中。

### 3. 小结

（1）团队有且只有一个老大，永远不要产生内耗和分歧。在一个决策没有拍板前，合伙团队中的任何一员都有义务和职责对决策进行充分讨论并举证。但决策一旦被老大拍板，就必须执行到底，哪怕这个决策是错的。毕竟创业很多时候没有对错，不是非黑即白的。

（2）互相信任，能力互补。

（3）全职出力，人民币表诚意。

（4）我们是做了一个持股平台，核算虚拟股，不是真正工商注册的股权。持股平台就是不影响现主体公司，分20%股份到新注册的公司里，不要影响主体公司正常运营。

（5）可以花钱买的，不谈股权置换。

（6）调整机制与退出机制必须提前确定，留有余地。协议中要以文字形式注明"一切未尽事宜，皆友好协商"。

## 三、建立机制

### 1. 善意的退出机制

一切合作都应是善意的，尤其是退出机制，合伙前谁都不希望结局是不欢而散。

曾经有个朋友跟上海某公司合作，双方约定共同注册一家新的公司，协商好股权占比、拟定完协议，他就启动项目了。但持续盈利之后，却发现对方并没有给项目投入资源，工商注册也没有完成，这时他才发现合伙协议上没有写明公司完成注册的时限，合作最后只能走向破裂。这就是没有设置好合理的退出机制或遇到不善意的合伙人会面临的问题。

退出机制需要提前规定退出时间、条件、资产范围、库存。从财务角度，库存也算资产，需要根据不同类目资产价值的折旧程度去定义。比如服装类目过季后，就不能按之前的价值核算了。所以这些内容一定要在开始合作之前就讨论好、确定下来。

合伙人退出前需要明确股份价格和退出方式。之前有朋友资金入股时持有我们公司20%股份，加入半年，他就逐渐跟不上公司发展了，一年后，公司决定做个了断。可是由于一开始没有协商好退出机制，这时我们还得去商量花多少钱能回购这20%的股份。他当时认为自己的股份价值300多万元，而我们的方案是一年时间给他2倍的投资回报——100万元。他不同意，最后是晓之以理、动之以情才谈到150万元，以3倍价格买回他的股份。

股份兑现也是可以谈条件的，例如分48个月或72个月，甚至更久来兑现。所有的退出机制所参考的一定是当下估值，不要算未来估值，因为在电商公司中未来的不确定因素太多。退出机制中一定要明确竞业禁止规定，毕竟谁都不想培养出一个对手。

此外，配偶的退出机制也不能忽视。很多公司在初期都是夫妻档创业，当企业逐渐走向正规化后，配偶以什么方式退出最合理呢？在这一点上，我们必须花大量精力去与对方沟通，主动询问对方的想法，直到找到彼此都认可的解决方法，否则将给公司埋下极大的隐患。因为创始人是企业基因的组成部分，不要觉得配偶的离开不会对公司产生影响。

2. 人文关怀

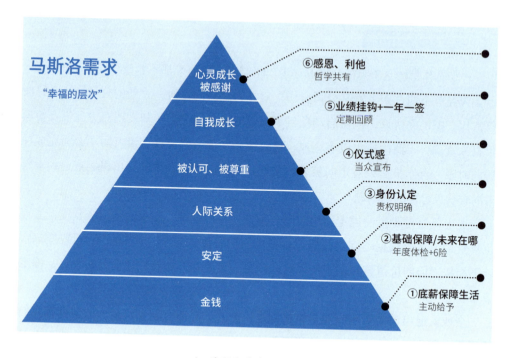

**马斯洛需求**

"幸福的层次"

- 心灵成长 被感谢 —— ⑥感恩、利他 哲学共有
- 自我成长 —— ⑤业绩挂钩+一年一签 定期回顾
- 被认可、被尊重 —— ④仪式感 当众宣布
- 人际关系 —— ③身份认定 责权明确
- 安定 —— ②基础保障/未来在哪 年度体检+6险
- 金钱 —— ①底薪保障生活 主动给予

▲ 马斯洛需求理论分析

（1）金钱

主动给予生活的保障，这是马斯洛需求层次的最底层。很多人是不好意思提钱的，所以我们要主动地给予他们底薪。但对于主动提出底薪要求的合伙人，我们也要注意判断他是不是一个斤斤计较的人，以及判断他是不是冲着底薪来的。这一点很重要。

谈完梦想，还要谈收益分配。在找合伙人时，我们会谨慎考察对方的人品、了解他们的背景。所以我们所选的合伙人，多数情况下是同学、兄弟、亲戚，然而面对他们，很多人认为合伙人跟自己志同道合、一起创业，谈钱会很难开口。可是合伙经营公司不能空有梦想，如果没有提前将利益分配方式明确下来，等到分钱时出现分歧再想补救就为时已晚了。

在谈钱时，我们还需要做好合伙人期望值管理。比如我得知道，合伙人第一年的理想收入是多少，如果他的期望值过高，我们要及时、明确地告诉对方。坦诚的态度是良好合作关系的开端。

### （2）安定

安定就是满足合伙人的安全需求。一些基础保障，比如年度体检、六险、商业保险等一定要有。

### （3）人际关系

人际关系需求的满足基于合伙人身份的认定。公司上下都得明确知道他的合伙人身份，并且做到权责分明。

### （4）被认可、被尊重

发展合伙人要注重仪式感。比如公司发展了新的合伙人，我们会当众宣布、隆重介绍，为他们举办签约仪式、制作工作里程碑等。

### （5）自我成长

关于自我成长，我的理解是，每一个人都希望获得成就感、想要实现能力提升，我们一定要让合伙人能够感受到自己的成长。我的平台够不够大、他接受的挑战够不够多，作为老板一定要去思考这些问题。

对此，我们的方案就是业绩挂钩、一年一签，一年期满，我们再来谈谈下一年的规划和展望。这种方式适合业务不是那么稳定的公司，保持适度的危机感对每个人都好。

### （6）心灵成长、被感谢

公司实现哲学共有的前提，我认为是彼此心怀感恩。在这个基础之上，我们才能够真正做到利他，利他是相互的，而不是单方面的付出。

### 3. 法律约束

我们必须深入思考股份条款的本质是什么？我想通过合作得到什么？我的合伙人想要的是什么？法律约束的基本作用就是规避风险，规避双方而非一方的风险，从而保障双方的权益，有实实在在的一纸协议是很能稳定人心的。协议中必须明文规定合伙关系的维持时间、退出机制、双方的投入和损益分成等，这就需要专业律师的协助。我们公司的分红协议只有一页纸，但这一页纸内的每一项条款都是经过了反复斟酌的，每项条款都保护了双方的权益。

在合伙之前，我们会收一笔质保金，金额不算太多，在10万元到20万元之间。公司的运转其实并不需要这一二十万元，我们需要的是合伙人的诚意与信任，质保金的门槛可以劝退很多不是诚心想要合伙的人。

## 合伙人分红协议

甲方：_____

法人代表：_____    身份证号码：_____

乙方：_____    身份证号码：_____

鉴于乙方以往对甲方开办的企业（后文简称效力企业）作出的贡献及为了激励乙方更好地工作，也为了使甲乙双方进一步提供经济效益，经甲乙双方友好协商，订立协议如下：

**第一条：价格。**

乙方在协定日期前向甲方支付*****作为质保金，甲方给乙方以年度税后可分配利润的*****为分红，质保金将于次年按双方约定方式返还。

**第二条：分红条件。**

1、乙方需与甲方签订保密及竞业禁止协议，完成双方共同约定销售规划，并按规划的进度安排工作，完成年度销售目标，其中*****为保底分红；*****为奖励分红，完成年度保底目标后则可享受。

2、合作税后有可分配利润，如果当年亏损则没有分红。

3、乙方离开甲方，则本协议自动失效。

**第三条：分红约定。**

乙方在甲方的分红，是没有任何股份作为分红依据，即乙方按*****比例分红，仅仅是甲方的单方面奖励，与股权无关，乙方不能据此认为在甲方有相应*****的股权。

**第四条：变更或补充。**

本协议自签订之日起生效，需要变更或补充时，双方友好协商，协商不成的，在甲方所在地的人民法院起诉。

**第五条：本协议一式四份，各执两份。**

甲方代表：    乙方：

公章：    签名：

日期：    日期：

▲ 合伙人分红协议

### 4. 财务核算

财务核算很重要，它对我们做决策起到明镜般的作用。作为老大，就是要看别人看不到的事、算别人算不清的账。

我们公司的财务制度参考了阿米巴模式。真正要做好阿米巴是有一定难度的，国内很多机构做阿米巴培训都不彻底。实际上，做阿米巴的核算之前一定要先实现哲学共有。我们公司推崇稻盛哲学，尤其管理层每天早上会一起学习稻盛和夫的经营哲学，我们一起读书、分享感悟与理解，然后开始一天的工作。学习前可能有人存在质疑（认为洗脑），但坚持读书后，我们会发现大家的思想更加趋同了，这就叫哲学共有。我们要让所有参与核算的人真正理解，核算的目的是让整个团队创造更高的价值，这是一个共同进步的过程。我们自己也需要明确，核算结果如果跟绩效、奖金挂钩，那就违背了稻盛的初心。稻盛做阿米巴的初心是纯利他的，他希望通过财务制度来提升团队的能力。

财务制度一定要涵盖以下四个方面：

**（1）年度与月度预定和实绩**

每个月要根据实际完成情况分析、调整计划，比如一月份计划完成500万元销售额，但实际只完成了420万元，这时候我们就需要分析这80万元差额的产生原因，是人、货、场还是其他方面？深度分析完，再对第二个月的计划做相应微调。这应该是一个循序渐进的过程，但我们头脑里应该绷着一根弦，落后于年度计划的销售额我们要在接下来的几个月内补上来。

**（2）每日经营报表**

每天把销售额、销售净额（按品类退货率进行扣减）、利润率、利润、广告费用率、出货数量等数据统计出来发到经营日报群里。

**（3）月度损益对比表**

以前我们用月度损益表时看不到数据对比，但对比很重要，尤其对那些有多个渠道的商家来说。资金投在不同渠道上产生的利润额和利润率是不同的，月度损益对比表能帮助老板作更精准的决策。

**（4）如何划分财报**

财报数据可以公开到什么程度，取决于你的合伙人对数据的需求。如果你的合伙人不能捕捉这些数字背后的信息，再详细的数据对他而言也没有意义。如果你的合伙人有成本核算的意识，和我们一样，都很希望通过报表提升公司附加值，那么我们就可以尽可能详细地将报表拆解给他，因为这里面涉及了如何节约成本、增加销售额。

我们的经营财报分得很细，因为只有当经营财报做得足够细致，我们才会知道怎样的决策是最优解。

总的来说，完善合伙人制度与文化的目的，就是打造一个幸福且成功的企业，带领团队成就幸福且成功的人生！

## 问与答

» **提问**：

如果发展的合伙人能力跟不上，他的股份应该怎么处理？如果合伙人是运营，一年以后他想要多拿一点怎么处理？

» **筱煊解答**：

在我看来，出现"合伙人认为自己应该拿更多钱"的情况，是非常值得我们反省的。有人提出这个问题，也许是因为我做得不够厚道，而不是对方贪心。我没有做好合伙人的期望值管理，才会导致这样的状况产生。

如果提出这个问题的合伙人是运营，那么这其实是一个很好的时间节点，去谈一谈怎样让我们的合作向着更好的方向发展。只要大方向不出错，从长远来看，合伙人分到的钱越多越好，因为他们需要为此付出更多、创造更多。

我认为公司最终一定要做成持股平台。一个优秀的合伙人，他的能力是会发展的。所有项目发展3年、5年之后，我们自己所占的股份都会越来越小，小到可能不会超过20%，而把这一项目做起来的合伙人，他的股份占比却会随着他的能力，以及他所做项目的稳定程度，逐步提升，这是一个必然的发展规律。

第二章

# 电商公司
# 绩效管理

# 第一节　电商团队的绩效管理实战

聚草堂／于军

**■ 作者介绍**

于军，聚草堂核心圈子会员，进入电商行业14年，在管理上擅长搭框架、做流程、抓落实。从几个人的小团队一步步成长到今天的规模，这一路上也遇到过很多的管理困惑，尤其在做绩效这方面，在解决问题中，不断梳理总结出一些思路与方法，希望对大家有所帮助。

在聊电商团队的绩效管理之前，我们必须厘清三个要点：一个核心、两个原则和三件事情。

## 一、一个核心

一个核心是指——用人的核心标准是什么？也就是说我们需要什么样的人。

### 1. 用人标准

在创业初期，我们对用人标准的理解也很模糊，但当时并没有去深究，然而随着团队逐渐扩大，我们不得不开始思考这个问题。

价值观相同的人在一起才是团队，否则顶多算是个"团伙"，所以需要什么样的人是我们在组建团队前首先要考虑的问题。一路走来，我们收获了很多优秀的伙伴，也遇到过一些不尽如人意的人。只有合适的人加入我们，才能为团队乃至公司的发展助力，而有些人无论我们付出多少努力都没办法把他培养出来。

我们应该寻找那些价值观本身就与我们相匹配的人，而不是把人招进来再进行改造。一个人能被改变的往往只有些表面的东西，本质是绝对改变不了的。

▲ 用人的核心标准

所以我们需要那些有优秀品质的人。当时我们想了很多关于品质的关键词，写在黑板上，团队一起讨论，但没有一个是让我们一致认可具有代表性的。后来通过对公司优秀的员工、管理者以及身边优秀的人进行分析，我们最终发掘出了他们的共同点——负责任，我们认为这是一个人最宝贵的品质。但凡具备这个品质的人，他做事至少在80分。我们不能以满分要求员工，因为这样的人不可能存在，但假如一个团队的成员都能达到80分，那么这个团队已经很厉害了。

负责任的人，不光对自己负责任，也会对家人和同事负责任，对工作和事业负责任，这是他们长期保持的态度，拥有负责任的员工能让我们的工作和培训呈现出更好的效果。而且这种人往往还具备很多其他的优秀品质，他们身上会有很多闪光点，比如对团队氛围能起到正面引导。

我们这几年都是在以这个要求来选人、用人和提拔人，

# 负责任

★ 他们对一切事物负责任

★ 他们有很多关联优秀品质

★ 他们给团队更多正面引领

▲ 负责任的人的特质

所以整个团队非常和谐，基本没有吵架或闹矛盾的情况出现，更不用说劳动纠纷了。

说实话，并不是所有公司都能像罗总[1]他们公司一样，把企业文化做得那么深入，那种程度需要长期实践的沉淀。像我们这种正处在发展阶段的公司，或许打造一个相对简单、易传播、易贯彻的企业文化更切合实际些。企业文化实际上还是在围绕着人进行建设，我们要从人的角度出发，想清楚自己应该选择、引领一群什么样的人共同奋斗。我觉得这是比较好落地的，也特别适合成长期的公司。

### 2. 人才寻找

两个方面：初步筛选与日常渗透。

#### （1）初步筛选

初步筛选基本是在面试阶段完成的，分两个环节。

第一个环节

我们的面试主管会询问求职者前一份工作一天内的具体工作内容，并要求他讲得非常详细，每一个细节都需要涵盖。有些人根本答不出，有些人说得模棱两可，但有些人不仅讲得很细致，还能有自己的思考，这样，高下便立马展现出来了。这说明不负责任的人，不管在哪家公司、做什么工作都没有足够积极的态度，这样的人我们可以直接在面试环节pass掉，无须让他们进入下一关。

第二个环节

进入第二个环节的候选人会收到一份学习大纲，里面的内容比较枯燥，都是偏公司管理类、技术类的。我们给他限定一个星期的时间，一张桌子、一台电脑，一个人独立看完之后进行考试。这个考试的目的不是考察理解能力，也不是智商或其他任何能力，只为了考察他的态度、他的责任心。有责任心的人，一定能在这个考试中顺利通过。

这两个环节结束，初筛也就完成了，基本没有浪费我们任何人力、物力，而且每天都可以有大量面试者进入试用。以前在公司扩张期间，我们最大的烦恼就是招来了人、主管辛辛苦苦花几个月时间培训完，他却离职了。其实通过一次面试、一场简单的谈话，根本没有办法看透一个人，有时甚至两三个月也无法了解清楚。主管属于我们公司的核心职位，他们的时间是非常有价值的，不能过多地浪费在这些

---

1　罗总：罗昌辉，聚草堂核心圈子的会员，保健品类目Top商家，他们公司在建设企业文化方面很有心得。

事上面。而我们现在的漏斗型筛选方式就非常节约人力资源，主管能将宝贵时间用到最有价值的人身上去。

初筛留下来的基本上都是靠谱的人，当然偶尔也有漏网之鱼，但比起原来至少减掉了90%。这个方法提高了我们的面试基数，通过扩大基数来带动质量。有人会说招不到优秀的人，那是因为面试的基数不够大，基数大了，招到优秀人才的概率自然就提高了，如果一年才面试十几个人，那你肯定很难招到合适的人选。

聚草堂核心圈子的朋友都知道，我们的入群把关很严格。在加入聚草堂前，翔哥对我进行了各种询问调研，像政审一样，让我诚惶诚恐。因为聚草堂有一个筛选流程，对每个想要加入的人，翔哥都会先观察，再调研，价值观相同的人才能进入到我们这个群体中来。再严格的筛选也难免会有漏网之鱼，不过有些与我们圈子价值观不匹配的人后来都被排除出去了，可见现在我们大部分群友都是志同道合的，我觉得这非常重要。

(2) 日常渗透

我们一定要注重日常的价值观渗透，因为它不会像其他打造企业文化的方式那样复杂，不会有太多slogan、太多口号，所以特别容易实践。比如我反复强调用人要讲究哪些点，这其实也是在向大家渗透我自己的观点。按这个方式坚持下去，长此以往，员工的价值认同便会不断得到强化。我们要让员工觉得当一个人不具备某种品质，就与他们不是同一类人，这个观念可以在会议上传递，也可以将年终奖以及其他相关的奖项按这个价值标准设立，以及平时考核中也可以将这种思想渗透进去，潜移默化地对他们形成影响。

这是我觉得我们做得比较好的地方。

## 二、两个原则

两个原则分别是指"抓大放小，真实有效"和"循序渐进，逐步推动"，这是根据做绩效的步骤来划分的。

### 1. 抓大放小，真实有效

抓大放小是整体思路，真实有效是具体要求。

我们原来在绩效考核标准里列了至少三四十个点，认为这些点都非常重要，所以都加入了考核，但后面真正实行起来，发现这样的考核基本上无法落地，重点太多，等于没有重点。

这就是"二八原则"的运用，和公司的业务比例一样，我们要抓住问题的关键，把关键部分的权重加上去。

有次在和朋友们讨论起仓库的管理问题时，一位刚做电商不久的朋友提到，自己总是很担心仓库少了东西，该怎么解决。我就问他客单价多少，他说客单价也不是很高，于是我对他说，我们公司的客单价平均在几千元，仓库里那些万宝龙、派克限量版钢笔都是很贵的，我都不担心，你担心什么？假如你一个月都丢不了2000元的东西，就不要去考虑这个问题。在我看来他把这一点看得太重要了，甚至放到了考核里，投入的精力比较大，有些舍本逐末。

有了抓大放小的整体思路，我们还要讲究具体考核的真实性与有效性。一定要量化后再考核，但这个量化的程度是不是必须做到100%呢？有些工作是能100%量化的，但有些不行。那么对于不能100%量化、有些含糊的工作要如何考核？能不能设置成70%量化或50%？我们做绩效考核不是要把人框死，不是要把量化指标套在员工头上，变成他们的枷锁，做不了100%量化的，就做50%。我们做绩效是在引领，而不是在限制，是在鼓励，而不是在惩罚，这是我们的原则。

### 2.循序渐进，逐步推动

循序渐进指的是我们要结合各公司不同阶段的实际情况逐步提升绩效考核的标准。比如员工不满20人的公司，就不能做太过详细的绩效。下面，我将从人、财、事三个维度来讲解做绩效的节奏。

（1）人

人是指公司的人数。根据我们的经验，公司扩大到20～30人时，就该有个基本的考核体系了；当公司人数达到50人时，绩效就要升级，考核要有变化与突破；到了100人时，绩效考核便需要做得更加细致，一个阶段一个阶段地循序渐进。

（2）财

财是指企业一定要盈利，不能把利润放在一边，先做绩效。绩效上的问题一定要有资金才能解决，特别是在绩效升级的时候，没有与之相匹配的财力是做不了的，我们必须认清这一点。

（3）事

事是指业务扩张节奏。绩效考核方案的更新速度一定是跟不上业务扩张速度的。

如果你的绩效超前了，比如公司现在只有100万元的月销售额，你却想做一个2000万元企业规模的绩效考核方案，那绝对会出问题。我们需要分阶段逐步推进新的绩效方案产生，或优化升级旧的绩效。大家务必要设置2～3个月的内测期，因为不管是什么方案，在推行之前都一定要做好测试，先内评、再试运营，确定方案可行后才能正式施行，这样也可以避免像有些公司，经常出现集体起义、罢工的现象。其实人都是讲道理的，出现这种现象的原因往往是没有和员工做好沟通，他们缺乏心理准备，管理者又没有用缓和的手段去处理问题，这才导致起义的爆发。

员工的思想工作一定要由主管或者主要负责人亲自去做。实际上，无论能否提升整体绩效、是否对员工自身有利，只要绩效考核的改革方向与员工以往形成的习惯不同，这个方案就一定会令他们反感。所以员工的思想沟通工作必须及时跟上，优化绩效考核方案前要让他们有个心理准备，这就好比我们做活动，预热期便要给员工做好思想动员。

## 三、三件事情

### 1. 建立绩效委员会或绩效小组

公司达到一定规模后，可以建立绩效委员会或绩效小组。以前我们做完绩效考核可能就没有下文了，它到底执行得怎么样？是否是最合理的？需不需要再次优化？这些我们并没有跟踪下去。总经理哪天突然想到某个问题，或者某个部门、某个环节做得不够好，就把大家临时召集起来开会。所以我认为需要有一个机构专门负责把控绩效的完成度。这个机构的常委会包括HR、总经理、运营总监，并由HR主导。剩下的就是各部门负责人和员工代表，只有在涉及不同部门绩效的时候，才让他们参与进来，保证整个绩效考核过程的流畅度。

### 2. 岗位分析

公司是由一个个岗位组合而成的整体，我们需要把每个岗位的性质、薪资结构梳理清楚，才能更好地做管理。原先我们也很迷茫，不知道这背后的逻辑，后来在一些朋友的帮助下，才慢慢梳理了出来。

| 上山型 | 平路型 | 下山型 |
|---|---|---|
| 以**业务**和**业绩**为主 | 以**职能**和**管理**为主 | 以**技术**和**研发**为主 |
| 结果和数据 | 结果和过程 | 能力 |
| 没有过多任职要求 | 对胜任力有要求 | 对入职门槛有要求 |
| 绩效占薪酬比例大于50% | 绩效占薪酬比例30%-50% | 绩效占薪酬比例15%-30% |

▲ 公司岗位的三种类型

无论我们是做线上生意还是做线下生意，都可以将公司的岗位划分为三种类型，分别是上山型、平路型和下山型。上山型以业务和业绩为主，平路型以职能和管理为主，下山型以技术和研发为主。

以业务和业绩为主的上山型岗位，包括了客服、店长等；以职能和管理为主的平路型岗位，包括了HR、行政主管、仓库主管等；以技术和研发为主的下山型岗位，包括财务、IT、设计、工程师等。这三类岗位的考核重点是不一样的。第一类的考核重点是绝对的结果和数据，第二类的考核重点是结果和过程，第三类的考核重点是能力，即解决问题的能力、设计能力、软件开发能力等。

上山型岗位在招聘时没有特别多的要求，不需要规定学历或相关资质；平路型岗位会对员工的胜任力、管理能力有要求，需要他们去创造核心价值；下山型岗位有一定的入职门槛，比如我们不可能请学电工的员工来做设计师，会计要有会计证、电工要有电工证，这是需要设置行业资质门槛的。在上山型岗位的薪酬结构中，绩效部分的占比会超过50%；平路型岗位的绩效部分是在30% ～ 50%之间；下山型更少了，大概在15% ～ 30%。

每个领域的薪资都有自己的行业标准。没有哪个达到一定等级的设计师，是上个月领5000元、这个月领3万元的。会计师也是这样，比如国家一级会计师在深圳是什么价位、在三线城市又是什么价位，都有固定的行业标准，不能以工作量来计算。当然有其他配股的，这就另当别论了。而我们做电商行业的，也需要结合自身情况去做相应的调整，但前提是我们要厘清做这些调整的底层逻辑，即预先做好岗位分析。

### 3. 工作分析

工作分析实际上就是找重点、划权重、做量化，并整理成工作分析表。每个岗位的工作分析表都要由HR和相关的绩效小组一起完成并进行公示，之后交予HR存档。这是一个实时优化、动态的过程，不是一成不变的。工作分析表要从时间、内容和重要性这三个维度来做，制订完工作分析表之后，我们对每一个岗位的认识会清晰很多。

分析表做出来后，那些一开始比较模糊的概念就变得清晰了。有些内容可以完全量化，有些内容不能，只能做到50%、60%或70%量化。就算达不到我们的目的，但能起到引领方向的作用也是不错的。这就是我们做绩效的意义所在。

我们再按每项工作的重要性来排序，让权重展现得更加清晰，这样就能很快做出工作内容考核表了。

工作分析的目的就是为了保证人人有事做、事事有人做。

工作分析还能当作给新员工的岗位手册，让他们清楚自己的岗位职责，而不是每次来了新人都需要主管亲自去教。通过阅读工作分析表，员工能清晰地知道自己每个月、每一天的工作重点。

我们做这些的最终目的是得到预期的绩效成果，而为了得到这个成果我们最重要的事就是将绩效分值化、量化。将绩效成果分值化能够方便我们确定各员工应得的奖金金额，如果我们不去量化成果，只是模糊地说某员工表现得好，他的奖金可以加一点，或表现得不好要扣一点，那一定会引起他们的不满，所以我们需要设置一个标准。

## 四、电商绩效考核

我们公司电商部门的架构，可能和大家都大同小异。与一些其他自主品牌的商家不一样，我们属于代理商，不涉及产品开发，所以我们的产品部门归到了运营下面。我们公司的运营总监有3位，分别负责管理运营店长、CRM专员[1]和产品经理，

---

1　CRM专员：客户关系管理专员，负责店铺日常用户数据的收集与统计分析，形成报表，为店铺营销方案提供数据支持。

其中，产品经理岗位只起辅助作用。设计总监只有一个，负责把控总体视觉，他会分管美工和摄影及他们各自的助理。两个客服主管分别负责售前和售后的部分，仓储主管分管货品管理、订单处理和分拣打包，行政主管分为行政与人事两个岗位。

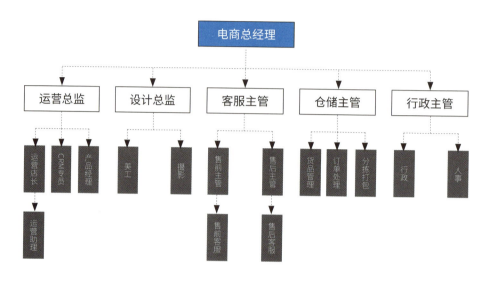

▲ 电商公司架构

考核分内容考核和行为考核。内容考核结果对应员工的绩效金额，行为考核达标会作为晋升的一个必备条件。年中、年末两次行为考核的成绩均在80分以上的员工才有资格申请晋升。我们没有把行为考核列入到员工的个人绩效评定中，因为我们觉得行为考核的主观因素较多，但有些公司会把它加入月度考核总评里面来对应绩效。如果非要加进去，我建议减少它所占的比例，最多不超过20%。

### 1. 售前

▼ 表 2-1 售前客服的考核标准

| 销售额（万元）/30% | 分值 | 转化率/40% | 分值 | 好评率/15% | 分值 | 响应时间（秒）/10% | 分值 | 培训分享/5% | 绩效总分 | 绩效提成 |
|---|---|---|---|---|---|---|---|---|---|---|
| 大于16 | 100 | 大于70 | 100 | 0.20 | 100 | 小于20 | 100 | 1次以上满分 | 大于90 | 1.50% |
| 15~16 | 95 | 68~70 | 95 | 0.19 | 95 | 21~25 | 90 | 无0分 | 86~90 | 1.40% |
| 14~15 | 90 | 66~68 | 90 | 0.18 | 90 | 26~30 | 80 | | 81~85 | 1.30% |
| 13~14 | 85 | 64~66 | 86 | 0.17 | 85 | 31~35 | 70 | | 76~80 | 1.20% |
| 12~13 | 80 | 62~64 | 84 | 0.16 | 80 | 36~40 | 60 | | 71~75 | 1.10% |
| 11~12 | 75 | 60~62 | 82 | 0.15 | 75 | 41~45 | 50 | | 66~70 | 1.00% |

（续表）

| 销售额（万元）/30% | 分值 | 转化率/40% | 分值 | 好评率/15% | 分值 | 响应时间（秒）/10% | 分值 | 培训分享/5% | 绩效总分 | 绩效提成 |
|---|---|---|---|---|---|---|---|---|---|---|
| 10～11 | 70 | 58～60 | 80 | 0.14 | 70 | 46～50 | 40 | | 60～65 | 0.90% |
| 9～10 | 65 | 56～58 | 78 | 0.13 | 65 | 51～55 | 30 | | 小于60 | 0.80% |
| 8～9 | 60 | 54～56 | 76 | 0.12 | 60 | 56～60 | 20 | | | |
| 7～8 | 55 | 52～54 | 74 | 0.11 | 55 | 大于60 | 15 | | | |
| 6～7 | 50 | 50～52 | 72 | 0.10 | 50 | | | | | |
| 4～6 | 45 | 48～50 | 70 | 0.09 | 45 | | | | | |
| 小于4 | 40 | 46～48 | 68 | 0.08 | 40 | | | | | |
| | | 44～46 | 66 | 0.07 | 35 | | | | | |
| | | 42～44 | 64 | 0.06 | 30 | | | | | |
| | | 40～42 | 62 | 0.05 | 25 | | | | | |
| | | | | 0.04 | 20 | | | | | |

售前客服的考核重点是成交和客户体验。成交分为两个部分，一是销售额，二是转化率。我们以前的考核方式存在两个误区：其一是一味地将考核重心放在销售额上，最后却发现销售额很高的客服并不一定优秀，接大单子的销售冠军也可能是个吊儿郎当的人；其二是奖惩问题，给销售额排名前三的客服另发奖金，实则是在保护强者、伤害弱者，这会导致一些优秀的人因为绩效考核方式不合理而怀恨离开公司。于是我们进行调整，把转化率纳入了考核，因为转化率才是核心，最终确定的薪资结构就是：底薪＋等级＋绩效，其中，绩效的占比高于50%。此外，我们公司还设置奖励制度，比如销售业绩奖励，这个奖依据每个月的考评排名，排名靠前的就能拿到奖励。我们绩效提成的基本取值方式是成交额的1%，大家可以根据自己公司的不同情况来定绩效提成标准。

售前主管的固定薪资部分一般会比普通客服的高出一大截，他的绩效是取部门绩效的平均值，比如主管手底下有10个售前客服，那么他的绩效就是这10个客服的绩效总和除以10，因为客服主管的任务是提高公司所有客服的整体水平，特别要帮扶落后的员工。

### （1）售前客服

售前的考核表是根据我们自己的具体情况制定的，每个维度都有涉及。

①转化率

转化率的权重最高，占40%，这项要拿到"70以上"的满分，是很难的。

▼ 售前客服的转化率指标

| 姓名 | | | | | 岗位 | 售前客服 | | 得分 | | |
|---|---|---|---|---|---|---|---|---|---|---|
| | 序号 | 考核项目 | 权重 | 指标要求 | 评分等级 | | 自评 | 上级 | 结果 | |
| 任务绩效 | 1 | 转化率 | 40% | 满分值70%转化率 | 40～42 | 10 | | | | |
| | | | | | 42～44 | 12 | | | | |
| | | | | | 44～46 | 14 | | | | |
| | | | | | 46～48 | 16 | | | | |
| | | | | | 48～50 | 18 | | | | |
| | | | | | 50～52 | 20 | | | | |
| | | | | | 52～54 | 22 | | | | |
| | | | | | 54～56 | 24 | | | | |
| | | | | | 56～58 | 26 | | | | |
| | | | | | 58～60 | 28 | | | | |
| | | | | | 60～62 | 30 | | | | |
| | | | | | 62～64 | 32 | | | | |
| | | | | | 64～66 | 34 | | | | |
| | | | | | 66～68 | 36 | | | | |
| | | | | | 68～70 | 38 | | | | |
| | | | | | 70以上 | 40 | | | | |

②销售额

4万元和16万元，是根据我们客服的情况定出来的月度个人销售额目标的下限和上限，达到16万元以上就可以得到满分（很多优秀的客服都有过超过16万元的情况），这项权重占30%。

▼ 售前客服销售额指标

| 姓名 | | | | | 岗位 | 售前客服 | | 得分 | | |
|---|---|---|---|---|---|---|---|---|---|---|
| | 序号 | 考核项目 | 权重 | 指标要求 | 评分等级 | | 自评 | 上级 | 结果 | |
| 任务绩效 | 2 | 销售额 | 30% | 满分值月销售16万元 | 4万元以下 | 10 | | | | |
| | | | | | 4万元～6万元 | 12 | | | | |
| | | | | | 6万元～7万元 | 14 | | | | |
| | | | | | 7万元～8万元 | 16 | | | | |
| | | | | | 8万元～9万元 | 18 | | | | |
| | | | | | 9万元～10万元 | 20 | | | | |
| | | | | | 10万元～11万元 | 21 | | | | |
| | | | | | 11万元～12万元 | 22 | | | | |
| | | | | | 12万元～13万元 | 24 | | | | |
| | | | | | 13万元～14万元 | 25 | | | | |
| | | | | | 14万元～15万元 | 27 | | | | |
| | | | | | 15万元～16万元 | 29 | | | | |
| | | | | | 16万元以上 | 30 | | | | |

③好评率、响应时间和培训分享

我们先把所有优秀客服的好评率筛选出来，可以用软件去抓取，也可以让主管去查找，工作量不大。将优秀客服以往的好评率平均值定为考核的满分，只要能达到这个标准的客服一定也是优秀的。

▼ 售前客服的其他指标

| 姓名 | 岗位 | | | | 售前客服 | | 得分 | | |
|---|---|---|---|---|---|---|---|---|---|
| | 序号 | 考核项目 | 权重 | 指标要求 | 评分等级 | | 自评 | 上级 | 结果 |
| 任务绩效 | 3 | 好评率 | 15% | 满分值好评率0.2 | 0.04 | 3 | | | |
| | | | | | 0.05 | 4 | | | |
| | | | | | 0.06 | 5 | | | |
| | | | | | 0.07 | 6 | | | |
| | | | | | 0.08 | 7 | | | |
| | | | | | 0.09 | 8 | | | |
| | | | | | 0.1 | 9 | | | |
| | | | | | 0.11 | 9.5 | | | |
| | | | | | 0.12 | 10 | | | |
| | | | | | 0.13 | 10.5 | | | |
| | | | | | 0.14 | 11 | | | |
| | | | | | 0.15 | 11.5 | | | |
| | | | | | 0.16 | 12 | | | |
| | | | | | 0.17 | 13 | | | |
| | | | | | 0.18 | 13.5 | | | |
| | | | | | 0.19 | 14 | | | |
| | | | | | 0.2 | 15 | | | |
| | 4 | 响应时间 | 10% | 满分值20秒 | 大于60秒 | 1 | | | |
| | | | | | 56～60秒 | 2 | | | |
| | | | | | 51～55秒 | 3 | | | |
| | | | | | 46～50秒 | 4 | | | |
| | | | | | 41～45秒 | 5 | | | |
| | | | | | 36～40秒 | 6 | | | |
| | | | | | 31～35秒 | 7 | | | |
| | | | | | 26～30秒 | 8 | | | |
| | | | | | 20～25秒 | 9 | | | |
| | | | | | 小于20秒 | 10 | | | |
| | 5 | 培训分享 | 5% | 月分享一次以上 | 分享一次以上，5分 | | | | |

将以上指标乘以权重并累加结果，会得出一个最终分数，得分在96分以上是最高等级，绩效提成可以拿到成交金额的1.5%，60分以下的按0.8%来算，50分以下的基本上就没有绩效工资了。这样设计后，整个客服团队内部和谐程度会非常高，再也没有出现过抢单的情况，也没有人提出绩效考核方式不合理等，大家都知道，只有在各部分考核中拿到高分才能让自己的获益最大化。这样一来，客服们每天都很关注数据的变动，会主动去问主管自己的转化率是多少。

▼ 售前客服的行为考核

| 姓名 | | | | 岗位 | 售前客服 | 得分 | | |
|---|---|---|---|---|---|---|---|---|
| | 序号 | 行为指标 | 权重 | 指标说明 | 考核评分 | 自评 | 上级 | 结果 |
| 任务绩效 | 1 | 工作纪律 | 30% | 1级：两次以上含两次 | 1级0分 | | | |
| | | | | 2级：一次违纪 | 2级50分 | | | |
| | | | | 3级：无任何违纪 | 3级100分 | | | |
| | 2 | 工作态度 | 30% | 1级：按时完成上级交办的工作 | 1级60分 | | | |
| | | | | 2级：在1级的基础上能主动积极询问工作内容并跟进工作 | 2级80分 | | | |
| | | | | 3级：在1和2级的基础上对工作能提出合理化建议或意见 | 3级100分 | | | |
| | 3 | 团队协作 | 40% | 1级：接受邀请，协助工作 | 1级60分 | | | |
| | | | | 2级：主动协助他人工作 | 2级80分 | | | |
| | | | | 3级：参与分享和培训 | 3级100分 | | | |
| | | 加权合计 | | | | | | |
| | 总分 | | | | | | | |
| | 考核人 | 签字： | | | | | | |
| | | | | | | 年 月 日 | | |

上图是行为考核的标准，相对基础一点，由工作纪律、工作态度和团队协作组成，每个板块分为三个不同的等级。

(2) 售前主管

售前主管的考核重点在于过程，他需要在客服平均转化率指标中达到基本要求。

▼ 售前主管的任务绩效

| 姓名 | | | | 岗位 | 售前主管 | 得分 | | |
|---|---|---|---|---|---|---|---|---|
| | 序号 | 考核项目 | 权重 | 指标要求 | 评分等级 | 自评 | 上级 | 结果 |
| 任务绩效 | 1 | 询单分析 | 30% | 每月询单分析10人以上 | 1.制作询单分析日表和周表，15分 | | | |
| | | | | | 2.表格无缺失并每日抄送相关人，20分 | | | |
| | | | | | 3.表格记录问题有处理但完结不足100%，25分 | | | |
| | | | | | 4.问题处理100%完结并做出标记，30分 | | | |
| | 2 | 转化率 | 30% | 客服平均询单转化率55%以上 | 1.平均转化低于45%，10分 | | | |
| | | | | | 2.平均转化45%，20分 | | | |
| | | | | | 3.平均转化50%，25分 | | | |
| | | | | | 4.平均转化55%，30分 | | | |
| | 3 | 即时问题处理 | 20% | 及时准确 | 1.处理不当或不及时引发轻微负面影响2次以上或严重1次以上，5分 | | | |
| | | | | | 2.处理不当或不及时引发轻微负面影响1次，15分 | | | |
| | | | | | 3.无处理不当或不及时，20分 | | | |
| | 4 | 员工考核 | 10% | 每月5日前完成上月考核 | 1.按时完成考核但对绩效异常情况未提报，5分 | | | |
| | | | | | 2.按时完成考核流程无异常，10分 | | | |
| | 5 | 会议培训 | 10% | 完成周会和培训分享4次以上 | 1.按时完成周会，5分 | | | |
| | | | | | 2.完成周会并组织培训4次以上，10分 | | | |

售前客服主管需要做客服的询单分析，每月至少分析10人。如果我们客服没有按照指定的话术来回答，就会得到相应的处罚。

即时问题处理不能做到百分百量化，只能做到相对量化，以不出问题为基本要求。如果出了问题，不管是客服造成的还是主管造成的，只要向主管汇报过，主管没能处理好或没及时处理，他都要被扣分。员工考核会有时间要求，每个月5日之前要完成；会议培训有次数要求，每个月4次以上。

▼ 售前主管的行为考核

| 姓名 | 岗位 | | | | 售前主管 | 得分 | | |
|---|---|---|---|---|---|---|---|---|
| | 序号 | 行为指标 | 权重 | 指标说明 | 考核评分 | 自评 | 上级 | 结果 |
| 任务绩效 | 1 | 承担责任 | 30% | 1级：承担责任，不推卸，不指责 | 1级5分 | | | |
| | | | | 2级：着手解决问题，减少业务流程 | | | | |
| | | | | 3级：举一反三，改进业务流程 | 2级15分 | | | |
| | | | | 4级：做事有预见，有防误设计 | 3级30分 | | | |
| | 2 | 沟通力 | 30% | 1级：出现问题顺利沟通解决 | 1级20分 | | | |
| | | | | 2级：主动积极与同事或下级沟通预防问题发生 | 2级30分 | | | |
| | | | | 3级：通过沟通正面影响他人 | 3级40分 | | | |
| | 3 | 团队协作 | 40% | 1级：接受邀请，协助工作 | 1级20 | | | |
| | | | | 2级：与其他部门建立良好的沟通关系，积极配合其他部门工作 | 2级25分 | | | |
| | | | | 3级：能站在对方角度考虑问题 | 3级30分 | | | |
| | 加权合计 | | | | | | | |
| 总分 | | | | | | | | |
| 考核人 | 签字： | | | | | 年　月　日 | | |

## 2. 售后

▼ 售后客服的考核标准

| 售后类型 | 权重 | 工作量（30%） | 分值 | 满意度（25%） | 响应率（秒）（20%） | 分值 | 完结率（20%） | 培训分享（5%） | 绩效总分 | 绩效工资（元） |
|---|---|---|---|---|---|---|---|---|---|---|
| 运输类 | 10% | 大于250 | 100 | 1级100分：无售后客服原因造成矛盾升级、投诉或差评；2级50分：因售后客服处理不当而发生矛盾升级、投诉或差评1次；3级0分：因售后客服处理不当而发生矛盾升级、投诉或差评2次或2次以上 | 小于20 | 100 | 1级100分：当月售后问题100%完结；2级50分：当月售后量有3笔以下（含3笔）未完结；3级50分：当月售后量有6笔以下（含6笔）未完结；4级0分：当月售后量有7笔以下（含7笔）未完结 | 当月有参与主动分享或培训 | 大于96 | 4000 |
| 普通类 | 25% | 231～250 | 95 | | 20～25 | 90 | | | 93～96 | 3600 |
| 维护类 | 50% | 221～230 | 90 | | 26～30 | 80 | | | 91～92 | 3200 |
| 回访类 | 10% | 211～220 | 85 | | 31～35 | 70 | | | 89～90 | 2800 |
| 签收类 | 5% | 191～210 | 80 | | 36～40 | 60 | | | 86～88 | 2500 |
| | | 171～190 | 75 | | 41～45 | 50 | | | 81～85 | 2200 |
| | | 151～170 | 70 | | 46～50 | 40 | | | 76～80 | 2000 |
| | | 121～150 | 65 | | 51～55 | 30 | | | 71～75 | 1800 |
| | | 101～120 | 60 | | 56～60 | 20 | | | 66～70 | 1600 |
| | | 80～100 | 55 | | 61～65 | 15 | | | 61～65 | 1400 |
| | | 小于80 | 50 | | 大于65 | 10 | | | 56～60 | 1200 |
| | | | | | | | | | 51～55 | 1100 |
| | | | | | | | | | 46～50 | 1000 |
| | | | | | | | | | 40～45 | 900 |
| 计算方法：权重总分=当月各售后类型数量×该售后类型的权重分之和 | | | | | | | | | 小于40 | 800 |

### （1）售后客服

售后重点考核时效性、完成率和满意度，外加奖惩。绩效的取值方式不是采用绝对的计量计数，而是将计量计数也放入权重里，因为我们的售后客服之前经常出现遇到疑难杂症不愿处理的情况。售后是一个会接触到很多负面情绪的工作岗位，包括我自己在内，最不愿意干的就是售后，好像每天都生活在水深火热之中，在负面的情绪里郁郁寡欢。

我们还有售后登记表，内容包括用户名、售后种类、售后内容、跟进过程、处理结果等。

▼　售后客服的任务绩效

| 姓名 | | | 岗位 | | 售后客服 | | 得分 | | |
|------|------|------|----------|----------|----------|----------|------|------|------|
| | 序号 | 权重 | 指标要求 | | 评分等级 | | 自评 | 上级 | 结果 |
| 任务绩效 | 1 | 工作量 | 30% | 工作量分值合格 | 小于80 | 15 | | | |
| | | | | | 80～100 | 16.5 | | | |
| | | | | | 101～120 | 18 | | | |
| | | | | | 121～150 | 19.5 | | | |
| | | | | | 151～170 | 21 | | | |
| | | | | | 171～190 | 22.5 | | | |
| | | | | | 191～210 | 24 | | | |
| | | | | | 211～220 | 25.5 | | | |
| | | | | | 221～230 | 27 | | | |
| | | | | | 231～250 | 28.5 | | | |
| | | | | | 大于250 | 30 | | | |
| | 2 | 完结率 | 20% | 100%完成 | 1.当月售后量有7笔以上（含7笔）未完结，0分。 | | | | |
| | | | | | 2.当月售后量有6笔以下（含6笔）未完结，10分。 | | | | |
| | | | | | 3.当月售后量有3笔以下（含3笔）未完结，15分。 | | | | |
| | | | | | 4.当月售后问题100%完结，20分。 | | | | |
| 任务绩效 | 3 | 响应率 | 20% | 响应时间20秒以内 | 大于65秒 | 2 | | | |
| | | | | | 61～65秒 | 3 | | | |
| | | | | | 56～60秒 | 4 | | | |
| | | | | | 51～55秒 | 6 | | | |
| | | | | | 46～50秒 | 8 | | | |
| | | | | | 41～45秒 | 10 | | | |
| | | | | | 36～40秒 | 12 | | | |
| | | | | | 31～35秒 | 14 | | | |
| | | | | | 26～30秒 | 16 | | | |
| | | | | | 20～25秒 | 18 | | | |
| | | | | | 小于20秒 | 20 | | | |
| | 4 | 满意度 | 25% | 满意度100% | 1.因售后客服处理不当而发生矛盾升级、投诉或差评2次或2次以上，0分 | | | | |
| | | | | | 2.因售后客服处理不当而发生矛盾升级、投诉或差评1次，15分 | | | | |
| | | | | | 3.无售后客服原因造成矛盾升级、投诉或差评，25分 | | | | |
| | 5 | 培训分享 | 5% | 月分享1次以上 | 有分享5分 | | | | |

　　不同售后类型对应的分值和权重都不一样。比如，他处理了500条运输类问题，对应分值应该是满分（100分）×10%的权重。我们测算过，一个客服每天处理问题的上限能达到250条，大家可以调查自己公司的情况然后划定上下限。

▼ 售后客服的分值计算方法

| 售后类型 | 权重 | 工作量(30%) | 分值 | 满意度(25%) | 响应率(秒)(20%) | 分值 | 完结率(20%) | 培训分享(5%) | 绩效总分 | 绩效工资(元) |
|---|---|---|---|---|---|---|---|---|---|---|
| 运输类 | 10% | 大于250 | 100 | 1级100分：无售后客服原因造成矛盾升级、投诉或差评；2级50分：因售后客服处理不当而发生矛盾升级、投诉或差评1次；3级0分：因售后客服处理不当而发生矛盾升级、投诉或差评2次或2次以上 | 小于20 | 100 | 1级100分：当月售后问题100%完结；2级50分：当月售后量有3笔以下（含3笔）未完结；3级25分：当月售后量有6笔以下（含6笔）未完结；4级0分：当月售后量有7笔以下（含7笔）未完结； | 当月有参与主动分享或培训 | 大于96 | 4000 |
| 普通类 | 25% | 231～250 | 95 | | 20～25 | 90 | | | 93～96 | 3600 |
| 维护类 | 50% | 221～230 | 90 | | 26～30 | 80 | | | 91～92 | 3200 |
| 回访类 | 10% | 211～220 | 85 | | 31～35 | 70 | | | 89～90 | 2800 |
| 签收类 | 5% | 191～210 | 80 | | 36～40 | 60 | | | 86～88 | 2500 |
| | | 171～190 | 75 | | 41～45 | 50 | | | 81～85 | 2200 |
| | | 151～170 | 70 | | 46～50 | 40 | | | 76～80 | 2000 |
| | | 121～150 | 65 | | 51～55 | 30 | | | 71～75 | 1800 |
| | | 101～120 | 60 | | 56～60 | 20 | | | 66～70 | 1600 |
| | | 80～100 | 55 | | 61～65 | 15 | | | 61～65 | 1400 |
| | | 小于80 | 50 | | 大于65 | 10 | | | 56～60 | 1200 |
| | | | | | | | | | 51～55 | 1100 |
| | | | | | | | | | 46～50 | 1000 |
| | | | | | | | | | 40～45 | 900 |
| 计算方法：权重总分=当月各售后类型数量×该售后类型的权重分之和 | | | | | | | | | 小于40 | 800 |

满意度是以0投诉为标准的。每出现一次投诉，售后客服在考核中就会被扣很多分，所以售后一般都会很小心地维护自己的满意度。

售后考核中我们公司没有考核退货率或售后金额，因为我们售后的退货率很低，这可能和有些商家不一样，我们不考核售后成本，一旦出现售后问题，我们一般都花钱处理掉，所以没有把退货率指标纳入到考核指标里。

完结率会以售后登记表为参考，我们公司的售后登记是首问负责制，一个问题从头到尾都由同一人负责处理。我们对售后的要求是：20日之前产生的售后问题必须在当月完结，如果有因其他原因导致没完结的售后问题，需要向主管及时汇报，避免出现部分售后问题最终变成"无头尸"的情况。

响应率很简单，都是软件里面可以抓取的，售后分享占得最少，只有5%的权重。

员工最后得到的分值就对应他的绩效工资。售后不管在一线城市还是三线城市，都有一个相对统一的标准，基本上在3000元到6000元的范围内浮动，很少有能拿10000多元的，我们需要把绩效的标准制定清楚，这个标准既涵盖了对工作量的要求，也有对工作质量的要求。

▼ 售后客服的行为考核

| 姓名 | | | | 岗位 | | 售后客服 | 得分 | | |
|---|---|---|---|---|---|---|---|---|---|
| | 序号 | 行为指标 | 权重 | 指标说明 | | 考核评分 | 自评 | 上级 | 结果 |
| 行为考核 | 1 | 工作纪律 | 30% | 1级：两次以上含两次 | | 1级0分 | | | |
| | | | | 2级：一次违纪 | | 2级50分 | | | |
| | | | | 3级：无任何违纪 | | 3级100分 | | | |
| | 2 | 工作态度 | 40% | 1级：按时完成上级交办的工作 | | 1级60分 | | | |
| | | | | 2级：在1级的基础上能主动积极询问工作内容并跟进工作 | | 2级80分 | | | |
| | | | | 3级：在1和2级的基础上对工作能提出合理化建议或意见 | | 3级100分 | | | |
| | 3 | 团队协作 | 30% | 1级：接受邀请，协助工作 | | 1级60分 | | | |
| | | | | 2级：主动协助他人工作 | | 2级80分 | | | |
| | | | | 3级：参与分享和培训 | | 3级100分 | | | |
| | 加权合计 | | | | | | | | |
| 总分 | | | | | | | | | |
| 考核人 | 签字： | | | | | | 年 月 日 | | |

## （2）售后主管

售后主管的固定薪资是售后客服的2～2.5倍，他最重要的任务就是保障售后问题不会影响到店铺运营，因此，对于售后指标的考核占到了30%的权重。我们绝不允许因为售后指标的问题，导致我们的活动申报或运营的销售工作出现差错，所以对于这方面的考核相当严厉。

我们还会考核评价归档，评价归档用第三方软件来做，会有次数要求。评价归档之后，我们要按好评、差评、极度好评、极度差评分类并进行分析，完成后将结果抄送给运营或相关部门。

售后问题分析是根据售后人员登记的表来制作的，每周需要做一次。

▼ 售后主管的任务绩效

| 姓名 | | | | | 岗位 | | 售后主管 | 得分 | | |
|---|---|---|---|---|---|---|---|---|---|---|
| | 序号 | 考核项目 | 行为指标 | 权重 | 指标要求 | | 评分标准 | 自评 | 上级 | 结果 |
| 任务绩效 | 1 | 店铺售后管理 | 售后指标 | 30% | 达到平台要求 | | 因指标不合格对运营或活动产生影响，0分 | | | |
| | | | | | | | 不达标2项（次），10分 | | | |
| | | | | | | | 不达标1项（次），20分 | | | |
| | | | | | | | 不达标0项（次），30分 | | | |
| | 2 | | 评价归档 | 10% | 每日客道归档评价每月4次评价分析 | | 无评价分析，0分 | | | |
| | | | | | | | 每日评价分类归档无遗漏，5分 | | | |
| | | | | | | | 每周评价分析1次抄送各部10分 | | | |
| | 3 | | 售后问题分析 | 20% | 每周针对售后问题（退货率、退货原因、错发、质量、服务原因等）进行分析 | | 未提交分析，0分 | | | |
| | | | | | | | 延时提交，10分 | | | |
| | | | | | | | 每周一提交各部门，20分 | | | |

(续表)

| 姓名 | | | | | 岗位 | 售后主管 | 得分 | | |
|------|---|---|---|---|------|---------|------|---|---|
| | 序号 | 考核项目 | 行为指标 | 权重 | 指标要求 | 评分标准 | 自评 | 上级 | 结果 |
| 任务绩效 | 4 | 店铺售后管理 | 售后询单分析 | 20% | 每月5人以上询单分析 | 填写每日询单分析表无缺失，10分 | | | |
| | | | | | | 有问题针对询单问题作出指导并标记，20分 | | | |
| | 5 | | 即时问题处理 | 10% | 及时准确 | 处理不当或不及时引发轻微负面影响2次以上或严重1次以上，0分 | | | |
| | | | | | | 处理不当或不及时引发轻微负面影响1次，5分 | | | |
| | | | | | | 无处理不当或不及时，10分 | | | |
| | 6 | 员工 | 员工考核 | 5% | 按时准确完成 | 按时完成考核流程无异常，5分 | | | |
| | 7 | 管理 | 会议培训 | 5% | 完成周会和培训分享4次以上 | 按时完成周会，3分 | | | |
| | | | | | | 完成周会并组织培训4次以上，5分 | | | |

通过售后问题分析我们能发现很多问题，包括其他部门，比如运营的一些问题。售后询单分析跟售前询单分析有点类似，也是查阅客服与消费者的聊天记录，客服主管需要查阅5人次以上，看他们有没有按照规定的话术回答客户的问题，因为我们售前和售后都有规定的百问范本，即时问题的处理标准是不能出问题。

售后主管的行为考核和跟售前主管一样，主要关注沟通力、承担责任和团队协助。

▼ 售后主管的行为考核

| 姓名 | | | | 岗位 | 售后主管 | | 得分 | | |
|------|---|---|---|------|---------|------|------|---|---|
| | 序号 | 行为指标 | 权重 | 指标说明 | | 考核评分 | 自评 | 上级 | 结果 |
| 行为考核 | 1 | 承担责任 | 30% | 1级：承担责任，不推卸，不指责 | | 1级5分 | | | |
| | | | | 2级：着手解决问题，减少业务流程 | | 2级15分 | | | |
| | | | | 3级：举一反三，改进业务流程 | | 3级20分 | | | |
| | | | | 4级：做事有预见，有防误设计 | | 4级30分 | | | |
| | 2 | 沟通力 | 40% | 1级：出现问题顺利沟通解决 | | 1级20分 | | | |
| | | | | 2级：主动积极与同事或下级沟通预防问题发生 | | 2级30分 | | | |
| | | | | 3级：通过沟通正面影响他人 | | 3级40分 | | | |
| | 3 | 团队协作 | 30% | 1级：接受邀请，协助工作 | | 1级20分 | | | |
| | | | | 2级：与其他部门建立良好的沟通关系，积极配合其他部门工作 | | 2级25分 | | | |
| | | | | 3级：能站在对方角度考虑问题 | | 3级30分 | | | |
| | | 加权合计 | | | | | | | |
| | 总分 | | | | | | | | |
| | 考核人 | 签字： | | | | | | | |
| | | | | | | | 年 月 日 | | |

### 3. 运营

我们考核运营的关注重点要兼顾利润和过程。下面我会分几个情况来说明运营的绩效考核方式。

助理级别的薪酬相对比较稳定，因为他们每天需要完成的工作大多是固定的，所以他们的绩效只占到薪酬的30%。

产品经理归属于运营部门，但属于平路型岗位。产品经理的绩效部分占到40%，我们将这部分绩效对应的薪资按销售额分为了三档，所以他的工资在同一档中是相对稳定的，收入也比较高。

运营总监的基础薪资是普通店长的3倍。在月绩效这部分，不同运营总监分管的板块不同，对应的利润点数也不一样，再加上年终分红以及一些配股，就大体组成了他的整个收入结构。运营总监的年度考核分为销售增长、培训员工、渠道、流程和管理5个维度。

大家可能遇到过这类问题：运营的能力不是很强，如果单纯按提成方式，绩效金额就会突然从4000元跨越1万元。所以，我们将绩效金额取值方式分为两种，能独立操盘店铺的，就按净利润10%来算；不能独立操盘店铺的，按销售计划的完成度，分未完成、完成、超额、大幅度超额、超大幅度五个档次，根据档次将运营提成定在4000元到1万元的区间内。

对于能独立操盘的运营来说，我们有些店铺的销售额已经很稳定了，这个时候来接手的运营本身岗位工资比较高，他的绩效就不能再按提成来算，而要分档设置奖金。比如，某店铺一年利润300万元，这时候新招一个运营，如果直接给提点，公司就亏大了。我们至少在他们达到最低要求的情况下，即保证去年300万元利润不掉时，再进行奖励，比如达到400万元奖励5万元、达到600万元奖励更多。我们根据每年的不同情况，将运营需要达到的目标划成3个档次，一年期满需要重新规划一次。

运营分不同的类型，每个类型有属于自己的考核绩效方式。

## （1）运营店长

**▼ 运营店长的任务绩效**

| 姓名 | | | | 岗位 | | 运营店长 | 得分 | | |
|---|---|---|---|---|---|---|---|---|---|
| | 序号 | 考核项目 | 权重 | 指标要求 | | 评分说明 | 自评 | 上级 | 结果 |
| 任务绩效 | 1 | 利润达成 | 40% | 100%完成计划利润值 | | 1级：达成率低于60%，10分 | | | |
| | | | | | | 2级：达成率60%，20分 | | | |
| | | | | | | 3级：达成率80%，35分 | | | |
| | | | | | | 4级：达成率100%，40分 | | | |
| | 2 | 运营 | 运营计划 | 15% | 每月制订计划1号提交 | 1级：每月按时提交计划，10分 | | | |
| | | | | | | 2级：实施过程有跟进修正，15分 | | | |
| | | | | | | 3级：计划结果有总结复盘，20分 | | | |
| | | | 推品 | 10% | 新增小爆以上或利润款1件 | 1.推品0件，0分 | | | |
| | | | | | | 2.推品1件以上，10分 | | | |
| | | | 数据分析 | 10% | 按时提交数据分析总结报告（日报、周报） | 1.遗漏或错误3次以上，0分 | | | |
| | | | | | | 2.遗漏或错误2次，5分 | | | |
| | | | | | | 3.遗漏或错误1次，8分 | | | |
| | | | | | | 4.无遗漏无错误，10分 | | | |
| | | | 付费推广 | 15% | 每月制定付费推广费用、ROI、UV预估上报审批 | 1.误差40%以上，0分 | | | |
| | | | | | | 2.误差30%以内，5分 | | | |
| | | | | | | 3.误差20%以内，10分 | | | |
| | | | | | | 4.误差10%以内，15分 | | | |
| | 3 | 管理 | 对助理考核 | 5% | 按时准确 | 每月按时完成对下级考核且公正合理5分 | | | |
| | | | 培训分享 | 5% | 每月不低于2次 | 每月2次以上5分 | | | |

这是我们运营店长的月度考核表，我们对利润达成这项考核的要求不是很高，利润持平或稍微盈利都算是达成。

①利润达成

利润达成占40%的考核权重，根据达成率分四个等级。

作为一个店长，他要有把握计划的能力，必须不断提高利润来达成计划。我们既要做到绝对地放权，也要相对保留一些质疑，定期追踪他们的工作进程。我们可以允许、支持他大胆地去做，但是做的过程一定要及时汇报工作情况。大家都知道，有的店躺着也能赚钱，如果我们把这样的店分给店长，不管他怎样运营，每个月至少也能有1万元的绩效。所以我们可以要求运营总监和店长制定利润达成的指标用以鞭策运营。

②运营计划

运营做计划有时间要求，每个月1日需要完成，并且要实施、要修正、要总结，同时在会议室、HR处都要有记录。运营计划制订的完整度，是可以50%量化的。

③推品

把推品作为运营的考核指标之一，是希望运营有产品思维。不是所有的店都有推品要求，比如我们有些卖瑞士军刀的店铺，可能半年都出不了一个新品，那么这个考核就不存在了，权重也会随之平分给其他考核项目。有一些品类我们会要求推成小爆款，每个行业对小爆款的标准都不一样，我们行业的标准是月销500件以上，因为我们客单价较高。

④数据分析

我们对数据分析总结报告的要求体现在时间和正确率上，如果员工没有按时提交日报、周报，或数据分析出现错误3次以上，这项考核的评分就为0了。

⑤付费推广

我们没有推广专员，付费推广是由店长亲自来做的。我们可以配合他的计划执行（可以是战略性亏损的计划），但计划偏差率必须控制在一定限度内，比如不能超过10%、15%或者20%。另外，这项的权重也不能给得特别高。

⑥助理考核

每个月要按时完成对下级（助理）的考核。

⑦培训分享

每个月培训分享不能少于两次。

运营店长的行为考核参考下表：

**▼ 运营店长的行为考核**

| 姓名 | | | | 岗位 | | 运营店长 | 得分 | | |
|---|---|---|---|---|---|---|---|---|---|
| | 序号 | 行为指标 | 权重 | 指标说明 | | 考核评分 | 自评 | 上级 | 结果 |
| 行为考核 | 1 | 学习力 | 30% | 1级：有学习意识但无行动 | | 1级5分 | | | |
| | | | | 2级：主动学习 | | 2级15分 | | | |
| | | | | 3级：学习并得到技能 | | 3级20分 | | | |
| | | | | 4级：学习后用于实践 | | 4级25分 | | | |
| | | | | 5级：学习实践并得到良好效果 | | 5级30分 | | | |
| | 2 | 承担责任 | 40% | 1级：承担责任，不推卸，不指责 | | 1级25分 | | | |
| | | | | 2级：着手解决问题，减少业务流程 | | 2级30分 | | | |
| | | | | 3级：举一反三，改进业务流程 | | 3级35分 | | | |
| | | | | 4级：做事有预见，有防误设计 | | 4级40分 | | | |
| | 3 | 团队协作 | 30% | 1级：接受邀请，协助工作 | | 1级20分 | | | |
| | | | | 2级：主动协助他人工作 | | 2级25分 | | | |
| | | | | 3级：有分享和培训 | | 3级30分 | | | |
| | | 加权合计 | | | | | | | |
| | 总分 | | | | | | | | |
| 考核人 | 签字： | | | | | | 年　月　日 | | |

（2）产品经理

产品经理是一个纯服务型的岗位，不过多涉及产品研发方面，有以下几个考核维度：

▼ 产品经理的任务绩效

| 姓名 | 岗位 | | | | 产品经理 | 得分 | | |
|------|------|------|------|------|----------|------|------|------|
| | 序号 | 考核项目 | 权重 | 指标要求 | 评分等级 | 自评 | 上级 | 结果 |
| 任务绩效 | 1 | 进货管理 | 新品及时性 | 10% | 新品推出3天内提交运营选品 | 1.延时2次，2分 | | | |
| | | | | | | 2.延时1次，5分 | | | |
| | | | | | | 3.无延时，10分 | | | |
| | 2 | | | 10% | 新品到货2天内召开产品会议 | 1.制定产品信息表，4分 | | | |
| | | | | | | 2.产品信息表标注意见，3分 | | | |
| | | | | | | 3.两天内召开产品会，3分 | | | |
| | | | | | | 三项相加得出相应分数 | | | |
| | 3 | | 需求满足 | 10% | 按运营需求满足率100% | 1.满足率80%以下，0分 | | | |
| | | | | | | 2.满足率达80%，5分 | | | |
| | | | | | | 3.满足率达90%，8分 | | | |
| | | | | | | 4.满足率100%，10分 | | | |
| | 4 | | 货品满足时效 | 20% | 按运营计划时效 | 1.延时3次，5分 | | | |
| | | | | | | 2.延时2次，10分 | | | |
| | | | | | | 3.延时1次，15分 | | | |
| | | | | | | 4.无延时，20分 | | | |
| | 5 | 库存管理 | 库存分析 | 5% | 每周提交库存产品分析表 | 1.动销分析表 | | | |
| | | | | | | 2.滞销分析表 | | | |
| | | | | | | 3.热销分析表 | | | |
| | | | | | | 少1项或延时1次，扣2分 | | | |
| | 6 | | 库存保障 | 30% | 货品警戒线保障 | 1.爆款出现断货，0分 | | | |
| | | | | | | 2.爆款0断货，平销款断货率10%以上，15分 | | | |
| | | | | | | 3.爆款0断货，平销款断货率10%以内，30分 | | | |
| | 7 | | 滞销率 | 15% | 库存滞销率15%以内 | 滞销率20%以上，0分 | | | |
| | | | | | | 滞销率20%以内，10分 | | | |
| | | | | | | 滞销率15%以内，15分 | | | |

①新品及时性

我们的新产品一方面来自品牌方每期发布，另一方面来自上游的供应商研发、提供。我们主动让他们开发的也会有，但是这个比重不是特别大。

只要是官方提供的新品，必须3天到货。到仓库时，产品经理必须要在两天内召开产品会议，运营、设计等相关人员必须到场。同时他需要制作产品表，产品表包含产品的各种信息、拍摄注意事项、运营注意事项、卖点说明，以及他作为产品经理的个人建议。

②需求满足

这个一般是指运营跟产品经理提出的需求。无法被满足的需求产品经理需要列出来上报，可以直接找到相应负责人，或者直接报到总经理处解决，如果没有及时汇报，产品经理就要被扣分；不论需求能不能被满足，只要他及时上报了，这项就当作100%完成，我们可以通过工单记录完成对这部分的量化。

③货品满足时效

运营规划活动的节点时效是否有延误，也可以利用工单进行跟踪、考核。

④库存分析

库存分析要制作3张表，分别是滞销分析表、动销分析表以及热销分析表，每周需要提交一次。

⑤库存保障

库存保障是用来保障平销库存稳定的。因为我们是标品类目，受季节性影响较小，也不存在产品过期，所以爆款是不能容忍断货的。一旦断货这项就会扣很多分。平销款的断货率只要控制在10%以内就算合格。

⑥滞销率

我们要求滞销率要控制在15%以内。我们行业滞销的货品是可以通过线下渠道、礼品团购等渠道处理掉的，产品经理只需将滞销情况上报给运营总监，运营总监就会安排清仓。这方面跟其他做服装的商家有很大的区别，我们是有流转方式的。另外，产品经理要独立做决策和计划、要解决问题，不能什么事情都等负责人安排。他必须清楚这批货什么时候到、有没有断货的可能、运输中会不会出现问题，以及有没有保障这批货正常送达的运输预案，运输预案的采购商的后备力量是否充足。

**▼ 产品经理的行为考核**

| 姓名 | | | | 岗位 | 产品经理 | 得分 | | |
|------|------|--------|------|------|--------|------|------|------|
| | 序号 | 行为指标 | 权重 | 指标说明 | 考核评分 | 自评 | 上级 | 结果 |
| 行为考核 | 1 | 决策 | 30% | 1级：能做本职及下级决策，但出现时间延长 | 1级10分 | | | |
| | | | | 2级：通过讨论总能获得最后决策 | 2级15分 | | | |
| | | | | 3级：无依赖思想，使用理性工具 | 3级20分 | | | |
| | | | | 4级：有预见性，感性与理性误差小 | 4级25分 | | | |
| | | | | 5级：超出组织预期成为组织成员决策依据 | 5级30分 | | | |

（续表）

| 姓名 | | | | 岗位 | | 产品经理 | 得分 | | |
|------|----|--------|------|------|------|----------|------|------|------|
| | 序号 | 行为指标 | 权重 | | 指标说明 | 考核评分 | 自评 | 上级 | 结果 |
| 行为考核 | 2 | 团队协作 | 40% | 1级：接受邀请，协助工作 | | 1级20分 | | | |
| | | | | 2级：与其他人建立良好的沟通关系，积极配合其他部门工作 | | 2级35分 | | | |
| | | | | 3级：能站在对方角度考虑问题 | | 3级40分 | | | |
| | 3 | 承担责任 | 30% | 1级：承认结果，而不是强调愿望 | | 1级10分 | | | |
| | | | | 2级：承担责任，不推卸，不指责 | | 2级15分 | | | |
| | | | | 3级：着手解决问题，减少业务流程 | | 3级20分 | | | |
| | | | | 4级：举一反三，改进业务流程 | | 4级25分 | | | |
| | | | | 5级：做事有遇见，有防误设计 | | 5级30分 | | | |
| | | 加权合计 | | | | | | | |
| | 总分 | | | | | | | | |
| 考核人 | 签字： | | | | | | | | |
| | | | | | | | 年　月　日 | | |

### （3）运营助理

运营助理是一个工作流程化、内容固定化的职位，他的绩效占比较少，薪资基本只有固定工资，因为他相当于实习生的身份。我们可以根据店长给他制定的工作表格进行考核。

▼ 运营助理的任务绩效

| 姓名 | | | | 岗位 | 运营助理 | 得分 | | |
|------|----|----------|------|----------|----------|------|------|------|
| | 序号 | 考核项目 | 权重 | 指标要求 | 评分等级 | 自评 | 上级 | 结果 |
| 任务绩效 | 1 | 数据统计 | 30% | 每日按时完成规定的表格100%准确 | 1.延时或错误2次以上，10分 | | | |
| | | | | | 2.延时或错误1次，20分 | | | |
| | | | | | 3.准确无误，25分 | | | |
| | | | | | 4.对数据规律和异常有分析汇报，30分 | | | |
| | 2 | 每日店铺排查 | 10% | 每日店铺后台排查1次，填写排查表 | 1.延时或遗漏2次以上，5分 | | | |
| | | | | | 2.延时或遗漏1次，8分 | | | |
| | | | | | 3.及时准确无失误，10分 | | | |
| | 3 | 商品管理 | 10% | 宝贝正常在架各项设置准确 | 1.宝贝设置价格、属性、促销失误或无正常理由下架2次及以上，5分 | | | |
| | | | | | 2.宝贝设置价格、属性、促销失误或无正常理由下架1次，8分 | | | |
| | | | | | 3.产品正常在架无异常，10分 | | | |
| | 4 | 活动报名 | 25% | 按规划的活动报名率100% | 1.遗漏或错误2次以上，0分 | | | |
| | | | | | 2.遗漏或错误1次，15分 | | | |
| | | | | | 3.准确无误，25分 | | | |
| | 5 | 推广协助 | 25% | 按运营店长要求监控推广计划 | 1.按要求对监控及时汇报，20分 | | | |
| | | | | | 2.能按运营要求简单操作，25分 | | | |

①每日的店铺排查

店铺排查是以不出问题为标准。如果站内信收到一条投诉举报却没被发现，那就是运营助理的工作失误。商品管理也是以不出问题为标准的，比如产品上下架、页面编辑、属性设置、价格设置，以及促销设置等，这些归属于商品管理的内容，只要出现一次问题就会扣分，这也是可以量化的。当然，在实际管理中可能会人性化一些，他的店长可能会选择保护他，但也要有明确的标准。运营助理报名活动需要按规划进行，店长规划的活动都要保证顺利地完成报名，不能漏，更不能错。

②推广协助

通常店长会制定好一套标准化的直通车流程，让运营助理去点击、出价，或者跟进。运营助理做基础性的工作，店长负责监督和验收就可以了。如果运营助理能够按店长的要求操作，这一项就能拿到满分（25分）；如果他操作一般，这项就得20分。总体来说，这项分数不会相差特别大。

运营助理的行为考核内容也是一些基本性的指标。

▼ 运营助理的行为考核

| 姓名 | | | | 岗位 | 运营助理 | 得分 | | |
|---|---|---|---|---|---|---|---|---|
| | 序号 | 行为指标 | 权重 | 指标说明 | 考核评分 | 自评 | 上级 | 结果 |
| 行为考核 | 1 | 纪律 | 30% | 1级：两次以上含两次 | 1级5分 | | | |
| | | | | 2级：一次违纪 | 2级15分 | | | |
| | | | | 3级：无任何违纪 | 3级30分 | | | |
| | 2 | 工作态度 | 40% | 1级：按时完成上级交办的工作 | 1级20分 | | | |
| | | | | 2级：达到1级的基础主动积极询问工作 | 2级30分 | | | |
| | | | | 3级：达到2级的基础提出合理化建议 | 3级40分 | | | |
| | 3 | 团队协作 | 30% | 1级：接受邀请，协助工作 | 1级20 | | | |
| | | | | 2级：主动协助他人工作 | 2级25分 | | | |
| | | | | 3级：有分享和培训 | 3级30分 | | | |
| | | 加权合计 | | | | | | |
| | 总分 | | | | | | | |
| 考核人 | 签字： | | | | | 年　　月　　日 | | |

### (4) CRM 专员

我们公司的CRM专员可能和大家的不一样。我们对CRM专员的考核分为三个方面，分别是建档、互动和营销。

▼ CRM 专员的任务绩效

| 姓名 | | | | 岗位 | | CRM专员 | 得分 | | |
|---|---|---|---|---|---|---|---|---|---|
| | 序号 | 考核项目 | 权重 | 指标要求 | 评分等级 | | 自评 | 上级 | 结果 |
| 任务绩效 | 1 | 建档 | 按照客户性别、年龄、购买次数、价格、备注等在客道软件进行人群归档 | 10% | 每月按时完成3000名顾客信息归档 | 1.未完成，0分 | | | |
| | | | | | | 2.无正当理由拖延完成，5分 | | | |
| | | | | | | 3.规定时间内完成，10分 | | | |
| | | | 添加微信好友 | 10% | 每月主动添加500人次，被动添加处理率100%无延时（按工作时间算） | 1.三项指标全未达成，0分 | | | |
| | | | | | | 2.每完成一项指标，5分 | | | |
| | | | | | | 3.三项指标全部完成，10分 | | | |
| | | | 微信优质顾客建档 | 10% | 月均100名优质顾客建档 | 1.未达数量，0分 | | | |
| | | | | | | 2.按时完成规定数量，10分 | | | |
| | 2 | 互动 | 点赞、评价数 | 10% | 日均点赞数50个，评论数30条 | 1.两项指标全未达成，0分 | | | |
| | | | | | | 2.完成一项指标，5分 | | | |
| | | | | | | 3.两项指标全部完成，10分 | | | |
| | | | 微信朋友圈发送数量，获赞、获评数 | 15% | 日均6条，内容有可读性，日均获赞数50个，获评论数20条 | 1.数量未达成，0分 | | | |
| | | | | | | 2.数量达成，但获赞数、评论数均未达标，5分 | | | |
| | | | | | | 3.数量达成，获赞数或评论数一项未达标，10分 | | | |
| | | | | | | 4.数量达成，且获赞数或评论数达标，15分 | | | |
| | | | 沟通交流 | 10% | 日均接收信息字数大于1000字 | 1.指标全未达成，0分 | | | |
| | | | | | | 2.完成指标80%，5分 | | | |
| | | | | | | 3.完成指标100%，10分 | | | |
| | | | 促销回馈 | 5% | 每月有策划4次老顾客回馈活动 | 1.无正当理由，无策划活动，0分 | | | |
| | | | | | | 2.按时按量完成，5分 | | | |
| | 3 | 营销 | 销售考核 | 30% | 每月销售目标达成 | 1.未达成销售目标，0分 | | | |
| | | | | | | 2.完成目标60%，10分 | | | |
| | | | | | | 3.完成目标80%，20分 | | | |
| | | | | | | 4.达成销售目标，30分 | | | |

①建档

我们用客道软件做用户建档，并对建档有数量要求。我们的产品复购率实际上比较差，客户只有在节庆或其他需要送礼的时候，才会想起我们的产品，但建档这项工作这么多年来我们仍一直坚持在做，以便有需要时可以随时调用。

微信加好友也属于建档的一个部分。我们会不断添加客户微信，考核只计算申请次数，不需要考虑申请成功率。CRM专员还可以通过在包裹里夹带二维码卡片或发短信吸引客户的方式被动添加微信，这项工作要在规定时间内完成，不能推迟到第二天。

我们还为微信优质客户建档，每月有100名的数量要求。可以使用微信的标签工具来建档，并且需要在客道里面同步进行归类。CRM专员通过与客户聊天，了解用户特点，再完善客户档案。因为一开始，我们无法判断哪些属于优质客户，只有在互动之后才能辨别出。

②互动

互动环节是比较难做量化的，所以我们会对互动的基础数量做要求。比如每天必须点赞50次、评论30次，这个可以用多谋CRM软件来统计。微信朋友圈每天要有6条动态，获赞数也会有相应要求。

沟通与交流接收字数也是可以统计的。可能你单方面给客户发1万个字也产生不了多大效果，但客户回复你的消息、与你互动，就说明你沟通到位了，所以我们通过统计他们互动中的接收字数来量化考核，比如日均接收数字大于1000字，就能达到满分。

CRM专员每个月要在微信里策划4次老客户促销活动，这属于营销方面的考核。做上面一系列的事情，最终都需要回归到销售当中，所以这方面的营销策划一定要尽力提高质量，产生更多销售。我们不需要把这些客户引流到天猫或淘宝，在微信中完成销售即可。能在微信上把货卖好，就说明你至少服务好这个圈子中的客户了。

③营销

我们把销售利润的30%对应到CRM专员的考核，假如3万元的营业额能有15000元利润，那么他最多能拿15000×30%的绩效奖金，也就是4500元，如果没有完成规定的任务，就拿不到奖金或者不能拿到满额。我们定的任务目标也不会特别高，一个两三千人的微信号对应两三万元的销售额目标，这是比较容易完成的，甚至有些非常优秀的CRM专员可以让销售额达到五六万元。

CRM专员的行为考核如下：

**▼ CRM专员的行为考核**

| 姓名 | | | | 岗位 | CRM专员 | 得分 | | |
|---|---|---|---|---|---|---|---|---|
| | 序号 | 行为指标 | 权重 | 指标说明 | 考核评分 | 自评 | 上级 | 结果 |
| 行为考核 | 1 | 纪律 | 30% | 1级：5次以上违纪 | 1级 0分 | | | |
| | | | | 2级：两次以上含两次违纪 | 2级5分 | | | |
| | | | | 3级：一次违纪 | 3级15分 | | | |
| | | | | 4级：无任何违纪 | 4级30分 | | | |
| 行为考核 | 2 | 工作态度 | 40% | 1级：工作不积极、延时或完成质量不高 | 1级10分 | | | |
| | | | | 2级：按时完成工作 | 2级20分 | | | |
| | | | | 3级：完成工作后，主动积极询问工作 | 3级30分 | | | |
| | | | | 4级：按时按量完成工作，提出合理化建议 | 4级40分 | | | |

（续表）

| 姓名 | | | | 岗位 | | CRM专员 | 得分 | | |
|---|---|---|---|---|---|---|---|---|---|
| 。 | 序号 | 行为指标 | 权重 | 指标说明 | | 考核评分 | 自评 | 上级 | 结果 |
| 行为考核 | 3 | 团队协作 | 30% | 1级：协助工作不积极 | 1级10分 | | | | |
| | | | | 2级：积极和运营、客服部门进行协作 | 2级20分 | | | | |
| | | | | 3级：对其他部门工作有积极指导意义 | 3级30分 | | | | |
| | 加权合计 | | | | | | | | |
| | 总分 | | | | | | | | |
| 考核人 | 签字： | | | | | | | | |
| | | | | | | | 年 月 日 | | |

## （5）运营总监

▼ 运营总监的任务绩效

| 姓名 | | | | 岗位 | 运营总监 | 得分 | | |
|---|---|---|---|---|---|---|---|---|
| | 序号 | 考核项目 | 权重 | 指标要求 | 评分等级 | 自评 | 上级 | 结果 |
| 任务绩效 | 1 | 目标 | 利润达成 | 30% | 100%完成计划利润值 | 1.达成率60%，10分 | | | |
| | | | | | | 2.达成率70%，15分 | | | |
| | | | | | | 4.达成率80%，20分 | | | |
| | | | | | | 4.达成率90%，25分 | | | |
| | | | | | | 5.达成率100%，30分 | | | |
| | 2 | | 计划审核 | 10% | 每月5日前审核店长运营计划并给出指导意见 | 1.完成审核但有延时，5分 | | | |
| | | | | | | 2.方案100%审核无延时，10分 | | | |
| | 3 | 运营管理 | 监督执行 | 20% | 每日对各店运营的销售、流量、推广、计划推荐进行巡查，填写日报 | 1.每日巡查有遗漏或未及时指导，15分 | | | |
| | | | | | | 2.每日发现问题并记录，及时指导，20分 | | | |
| | 4 | | 数据分析 | 10% | 负责行业及各店铺相关数据的分析、总结，每周1次 | 1.未在规定时间向公司负责人汇报相关店铺及行业相关数据情况，0分 | | | |
| | | | | | | 2.准确反馈店铺运营及行业情况，5分。 | | | |
| | | | | | | 3.能很清晰准确系统地将店铺运营情况及行业情况作出分析总结，并提出建议方案，10分 | | | |
| | 5 | | 营销费用 | 20% | 总营销费用控制在销售10%以内 | 1.总营销费用占比销售25%，5分 | | | |
| | | | | | | 2.总营销费用占比销售20%，10分 | | | |
| | | | | | | 3.总营销费用占比销售15%，15分 | | | |
| | | | | | | 4.总营销费用占比销售10%，20分 | | | |
| | 6 | 员工管理 | 下级考核 | 5% | 每月5日前完成上月考核 | 1.未按时完成考核，且存在明显错误0分 | | | |
| | | | | | | 2.按时完成且公正合理，绩效方案运行正常，5分 | | | |
| | 7 | | 会议培训 | 5% | 每月按时完成周会，培训4次以上 | 1.按时完成周会，2分 | | | |
| | | | | | | 2.组织培训分享4次以上，3分 | | | |
| | | | | | | 3.亲自培训1次以上，5分 | | | |

①目标考核

运营总监的考核更注重工作过程，而利润方面的考核只占30%，整年的利润目标会被细分到各月。我们不考核销售额或者毛利润，只考核净利润，因为不论是对于运营总监还是店长或运营，计算净利润都是基本功。净利润考核以任务目标完成情况做参考，只要大致完成就可以，我们也不会把它限制得太严格。

②运营管理

每个月5号之前，运营总监需要审完店长的计划方案，并提出指导意见，再监督他们执行。

监督执行每天要巡查一遍，各个店的监督执行情况和问题都要有相应记录。

运营总监对各店及行业整体做数据分析、汇报，并且有次数和时间要求。

在营销费用方面，运营总监需要控制总金额。他会分管很多店，有时同一个月，有的店要进攻、要推爆款，有的店想防守，就不需要太多推广费用，所以在费用上面，可能存在此消彼长的情况，这就需要他去灵活调控，我们可以给他设置一个比例，让他在这个范围内自由发挥，比如总营销费用控制在销售10%以内就算优秀。

③员工管理

a.对下级的考核要在每个月5号之前完成。

b.运营总监需要亲自培训或安排店长培训4次以上，出差期间另算。

▼ 运营总监的行为考核

| 姓名 | | | | 岗位 | | 运营总监 | 得分 | | |
|---|---|---|---|---|---|---|---|---|---|
| | 序号 | 行为指标 | 权重 | 指标说明 | | 考核评分 | 自评 | 上级 | 结果 |
| 行为考核 | 1 | 学习力 | 30% | 1级：有学习意识但无行动 | | 1级5分 | | | |
| | | | | 2级：主动学习 | | 2级15分 | | | |
| | | | | 3级：学习并得到技能 | | 3级20分 | | | |
| | | | | 4级：学习后用于实践 | | 4级25分 | | | |
| | | | | 5级：学习实践并得到良好效果 | | 5级30分 | | | |
| | 2 | 承担责任 | 40% | 1级：承担责任，不推卸，不指责 | | 1级10分 | | | |
| | | | | 2级：着手解决问题，减少业务流程 | | 2级20分 | | | |
| | | | | 3级：举一反三，改进业务流程 | | 3级30分 | | | |
| | | | | 4级：做事有预见，有防误设计 | | 4级40分 | | | |
| | 3 | 领导力 | 30% | 1级：对员工业绩与态度进行客观评价 | | 1级10分 | | | |
| | | | | 2级：能正确评价付出与回报协调性 | | 2级15分 | | | |
| | | | | 3级：员工任用合理 | | 3级20分 | | | |
| | | | | 4级：掌握岗位的精确工作技术及全面专家并组织实施产生良好的效果，以培训员工员工胜任力者 | | 4级25分 | | | |
| | | | | 5级：影响力大，员工自愿追随并自愿付出贡献 | | 5级30分 | | | |
| | | 加权合计 | | | | | | | |

（续表）

| 姓名 | | | | 岗位 | | 运营总监 | 得分 | | |
|---|---|---|---|---|---|---|---|---|---|
| | 序号 | 行为指标 | 权重 | 指标说明 | | 考核评分 | 自评 | 上级 | 结果 |
| 行为考核 | 总分 | | | | | | | | |
| | 考核人 | 签字： | | | | | | | |
| | | | | | | | 年 月 日 | | |

行为考核会对他的学习力、责任感和领导力都有要求。因为运营总监级别较高，对他的行为考核也会更严格。

## 4.设计

我之前很苦恼如何对设计进行考核，因为设计对质量的要求会很高，但后来我们也发现不能光看质量，还需要有数量要求。

### （1）设计师

设计师的绩效部分占比会相对少一点，占30%。绩效取值方式按所在区域行业平均工资水平的30%来算，考评分得100分就能百分百拿到这部分绩效，80分就拿80%的绩效，并且考评分也可以超过100分，比如120分。

▼ 设计师的任务绩效

| 姓名 | | | | 岗位 | | 设计师 | | 得分 | | |
|---|---|---|---|---|---|---|---|---|---|---|
| | 序号 | 考核项目 | 权重 | 指标要求 | | 评分等级 | 评分 | 加分 | | 结果 |
| 任务绩效 | 1 | 内容数量 商品详情 | 14% | 按时完成且文字图片无误 | | 每月6款，12分 | | 超过部分 | | |
| | | | | | | 每月7款，14分 | | 每款加2分，以此类推 | | |
| | | | | | | 每款2分，以此类推 | | | | |
| | 2 | 首页 | 8% | （PC+无线）按时完成，链接、图片无错误 | | 每月1款，4分 | | 超过部分 | | |
| | | | | | | 每月2款，8分 | | 每款加4分，以此类推 | | |
| | | | | | | 每款4分，以此类推 | | | | |
| | 3 | 视频制作 | 6% | 产品展示完整，剪辑流畅 | | 每月2款，4分 | | 超过部分 | | |
| | | | | | | 每月3款，6分 | | 每款加2分，以此类推 | | |
| | | | | | | 每款2分，以此类推 | | | | |
| | 4 | 主图制作 | 7% | 2套主图（1:1+3:4）利益点突出，产品清晰 | | 每月6款，6分 | | 超过部分 | | |
| | | | | | | 每月7款，7分 | | 每款加1分，以此类推 | | |
| | | | | | | 每款1分，以此类推 | | | | |
| | 5 | Banner图 | 5% | 配合运营 按质按量完成 | | 5个 | | 超过部分 | | |
| | | | | | | 按时按量完成，5分 | | 每个1分，叠加 | | |
| | | 内容质量 推广图/主图 | 20% | 点击率达到行业均值的1.5倍 | | 每月4款，16分 | | 超过部分 | | |
| | | | | | | 每月5款，20分 | | 每款加4分，以此类推 | | |
| | | | | | | 每款4分，以此类推 | | | | |
| | | 优秀详情 | 30% | 所做详情页达到小爆以上数量或设计页面作为套版框架 | | 每月2款，20分 | | 超过部分 | | |
| | | | | | | 每月3款，30分 | | 每款加10分，以此类推 | | |
| | | | | | | 每款10分，以此类推 | | | | |

| 姓名 | | 岗位 | | | | 设计师 | | 得分 | | |
|---|---|---|---|---|---|---|---|---|---|---|
| | 序号 | 考核项目 | 权重 | 指标要求 | | 评分等级 | 评分 | 加分 | | 结果 |
| 任务绩效 | 内容质量 | 高质量视频 | 10% | 1.拍摄前有分镜脚本 | | 每月1款，5分 | | 超过部分 | | |
| | | | | 2.用单反拍摄 | | 每月2款，10分 | | 每款加5分，以此类推 | | |
| | | | | 3.有配音 | | 每款5分，以此类推 | | | | |
| | | | | 4.有文案字幕 | | | | | | |

设计师的月度考核表分为两个板块，一是数量，二是质量。

①数量

设计总监会按照设计师的工作饱和度、工作量，以及工作状态，考核他每个月大概能完成多少量，这个量将会成为他考核中工作量的基本标准。

②质量

质量的总体要求是推广图或主图的平均点击率达到行业的1.5倍。我们做打火机、瑞士军刀精品图，能达到这个水平就比较不错了。我们在计算设计师的绩效时，只会参考他做图的数量，不管这些图最终有没有被用上。

如果设计师做不了详情、首页、视频、主图或banner图，那就得不到这项分数，但他可以通过其他方式弥补，比如内容质量欠缺的，可以去提高内容数量。

只要设计能辅助运营打造出一个小爆款，我们就认为他在这个项目中的设计是优秀的，在考核中也会给到相应的分数加成。由于设计师不知道自己正在做的产品能否成为爆款，所以他只有尽可能努力地去做，才能拉高"中奖率"。且这个部分的加分可以无限叠加，如果设计师完成得很出色，他的整体绩效得分是可能超过100分的，达到110分、120分，那么我们就按110%、120%的对应绩效来发放奖金。

高质量视频由我们设计总监或者运营总监把控，评判会比较主观，所以这块占比不会太高，我们主要从四个维度来考核：摄影前分镜脚本、单反拍摄、配音、文案字幕。

▼ 设计师的行为考核

| 姓名 | | 岗位 | | | | 设计师 | 得分 | | |
|---|---|---|---|---|---|---|---|---|---|
| | 序号 | 行为指标 | 权重 | 指标说明 | | 考核评分 | 自评 | 上级 | 结果 |
| 行为考核 | 1 | 纪律 | 30% | 1级：两次以上含两次 | | 1级5分 | | | |
| | | | | 2级：一次违纪 | | 2级15分 | | | |
| | | | | 3级：无任何违纪 | | 3级30分 | | | |

（续表）

| 姓名 | | | | 岗位 | | 设计师 | 得分 | | |
|---|---|---|---|---|---|---|---|---|---|
| | 序号 | 行为指标 | 权重 | 指标说明 | | 考核评分 | 自评 | 上级 | 结果 |
| 行为考核 | 2 | 工作态度 | 40% | 1级：按时完成上级交办的工作 | | 1级20分 | | | |
| | | | | 2级：达到1级的基础主动积极询问工作 | | 2级30分 | | | |
| | | | | 3级：达到二级的基础提出合理化建议 | | 3级40分 | | | |
| | 3 | 团队协作 | 30% | 1级：接受邀请，协助工作 | | 1级20分 | | | |
| | | | | 2级：主动协助他人工作 | | 2级25分 | | | |
| | | | | 3级：有分享和培训 | | 3级30分 | | | |
| | | 加权合计 | | | | | | | |
| | 总分 | | | | | | | | |
| | 考核人 | 签字： | | | | | | | |
| | | | | | | | 年 月 日 | | |

### （2）设计主管

设计主管的固定部分和绩效部分都会高出普通设计师1.5倍，此外还有年终奖和股份。

①工单跟进

对设计主管的考核重点在过程，因为他的工作重点是工单跟进。设计无法在规定时间内完成工作，主管可以安排他们加班，若加班还是无法完成，设计主管就需要亲自来做。

▼ 设计主管的任务绩效

| 姓名 | | | | 岗位 | 设计主管 | 得分 | | |
|---|---|---|---|---|---|---|---|---|
| | 序号 | 考核项目 | 权重 | 指标要求 | 评分等级 | 自评 | 上级 | 结果 |
| 任务绩效 | 1 | 工单跟进 | 40% | 确保工单按计划时间100%完成 | 按时完成率100%，40分 | | | |
| | | | | | 按时完成率95%，30分 | | | |
| | | | | | 按时完成率90%，20分 | | | |
| | | | | | 按时完成率90%以下，10分 | | | |
| | 2 | 重点页面制作 | 30% | 对于运营总监提出的重点页面和框架性页面100%参与制作 | 完成无延时，30分 | | | |
| | | | | | 完成有延时，20分 | | | |
| | 3 | 普通制作 | 15% | 完成相应制作量 | 详情2个以上 | | | |
| | | | | | 主图/banner2个以上 | | | |
| | | | | | 首页1个以上 | | | |
| | | | | | 视频1个以上 | | | |
| | | | | | 缺一项扣5分 | | | |
| | 4 | 会议培训 | 10% | 按时完成周会及4次以上培训 | 完成周会且4次以上培训，10分 | | | |
| | | | | | 按时完成周会，5分 | | | |
| | 5 | 下级考核 | 5% | 每月5号前完成上月考核 | 按时完成下级工作量统计准确无误，10分 | | | |

②重点页面制作

重点页面的制作一般是由运营总监或者总经理先提一些框架性的要求，比如店铺首页的框架、宝贝描述结构的框架，再交由设计主管搭建，再让设计去套板就可以了。模板搭得好能把整体的视觉效果统一到一个水平上，不论设计怎么套用，页面效果都是有保障的，所以搭建模板这项重点工作就必须是设计主管亲自来负责。

③普通制作

普通制作的要求很低，完成相应制作量就能达标。

▼　设计主管的行为考核

| 姓名 | | | | 岗位 | | 设计主管 | 得分 | | |
|---|---|---|---|---|---|---|---|---|---|
| | 序号 | 行为指标 | 权重 | 指标说明 | | 考核评分 | 自评 | 上级 | 结果 |
| 行为考核 | 1 | 领导力 | 30% | 1级：对员工业绩与态度进行客观评价 | 1级15分 | | | | |
| | | | | 2级：能正确评价付出与回报协调性 | 2级20分 | | | | |
| | | | | 3级：掌握岗位的精确工作技术组织实施产生良好的效果，以培训有胜任力的员工 | 3级25分 | | | | |
| | | | | 4级：影响力大，员工自愿追随并自愿付出贡献 | 4级30分 | | | | |
| | 2 | 创新 | 40% | 1级：被动接受创新 | 1级20分 | | | | |
| | | | | 2级：主动创新 | 2级30分 | | | | |
| | | | | 3级：主动创新并给团队或他人带来价值 | 3级40分 | | | | |
| | 3 | 团队协作 | 30% | 1级：接受邀请，协助工作 | 1级20分 | | | | |
| | | | | 2级：与其他人建立良好的沟通关系，积极配合其他部门工作 | 2级25分 | | | | |
| | | | | 3级：能站在对方角度考虑问题 | 3级30分 | | | | |
| | 加权合计 | | | | | | | | |
| 总分 | | | | | | | | | |
| 考核人 | 签字： | | | | | | 年　月　日 | | |

行为考核指标，包括主管领导力、创新力和团队协作三个方面。创新力包括但不局限于提出一些新的作图方式，或者一些新的视频拍摄方式。

## 5. 仓库

我们对仓储部门的考核相对比较简单，主要考核时效性、准确率和工作流程，普通员工的绩效工资占整体薪酬50%以上，主管的绩效工资占30%，除此之外，我们还有产品管理员，他的绩效工资也占30%。

我们调查过，15000分对于他们来说已经非常难达到，我们把这个分值设定为上限，再划定出相应下限，薪资就基本能控制在一定的范围内了。比如仓库打包岗位，三线城市的工资一般在2500～3500元之间，如果在深圳就会更贵一些。他最终拿到的绩效工资是积分所对应的部分与考评分所对应部分的总和。比如考评分达到85分以上就能拿到全额绩效工资，85分以下就按照得分的百分比来算。

### （1）审单发货专员

对审单发货专员的考核很简单，分为准确率、时效性和工作流程。

▼ 审单发货专员的任务绩效

| 姓名 | | | | 岗位 | 审单发货专员 | 得分 | | |
|---|---|---|---|---|---|---|---|---|
| | 序号 | 考核项目 | 权重 | 指标要求 | 评分等级 | 自评 | 上级 | 结果 |
| 任务绩效 | 1 | 准确率 | 40% | 100%准确率 | 1.失误率0.03%，20分<br>2.失误率0.02%，30分<br>3.失误率0.01%，35分<br>4.100%准确无误，40分 | | | |
| | 2 | 时效性 | 50% | 规划工作量范围内无延时 | 1.100%完成当日分配的工作量，40分<br>2.每日提前完成分配量并协助他人，45分<br>3.当超量时能主动加班完成，50分 | | | |
| | 3 | 工作流程 | 10% | 严格按流程操作 | 1.违反流程1次以上并造成损失，0分<br>2.有违反工作流程1次，5分<br>3.无任何违反工作流程，10分 | | | |

在准确率上，能将出错率控制在万分之三以内就可以了。在时效性上，主管每天给他们规划的基本工作要求不是很高，他们只要完成就算达标。在工作流程上，我们要求严格按照流程操作。审单发货专员一旦违反工作流程，出现问题就需要上报给主管，主管会对其进行记录。

时效性和准确率都是考核审单发货专员的工作能力。我们不是简单地按包裹件数结算，而是在每个环节上积分。我们公司用的是PDA手持终端操作，可能很多商家也在用这个工具，不管是拣货、验货、打包还是称重，任何环节都可以通过它做计量，同样也可以用来计算积分。根据各个环节复杂程度的不同，我们会分配不同权重，比如打包和拣货环节就不一样。

行为考核主要关注纪律性、工作态度和团队协作。

▼ 审单发货专员的行为考核

| 姓名 | | | | 岗位 | 审单发货专员 | 得分 | | |
|---|---|---|---|---|---|---|---|---|
| | 序号 | 行为指标 | 权重 | 指标说明 | | 考核评分 | 分数 | 评分 |
| 行为考核 | 1 | 纪律性 | 30% | 1级：两次以上含两次 | | 1级 | 5 | |
| | | | | 2级：一次违纪 | | 2级 | 15 | |
| | | | | 3级：无任何违纪 | | 3级 | 30 | |
| | 2 | 工作态度 | 40% | 1级：按时完成上级交办的工作 | | 1级 | 20 | |
| | | | | 2级：达到1级的基础，主动积极询问工作 | | 2级 | 30 | |
| | | | | 3级：达到2级的基础，提出合理化建议 | | 3级 | 40 | |

（续表）

| 姓名 | | | | 岗位 | 审单发货专员 | 得分 | | |
|---|---|---|---|---|---|---|---|---|
| | 序号 | 行为指标 | 权重 | 指标说明 | | 考核评分 | 分数 | 评分 |
| 行为考核 | 3 | 团队协作 | 30% | 1级：接受邀请，协助工作 | | 1级 | 20 | |
| | | | | 2级：主动协助他人工作 | | 2级 | 25 | |
| | | | | 3级：通过自身行动影响他人 | | 3级 | 30 | |
| | 加权合计 | | | | | | | |
| | 总分 | | | | | | | |
| 考核人 | 签字： | | | | | 年　　月　　日 | | |

## （2）仓库商品管理员

▼ 仓库商品管理员的任务绩效

| 姓名 | | | | 岗位 | 仓库商品管理员 | 得分 | | |
|---|---|---|---|---|---|---|---|---|
| | 序号 | 考核项目 | 权重 | 指标要求 | 评分等级 | 自评 | 上级 | 结果 |
| 任务绩效 | 1 | 及时性 | 30% | 到货清点上架1天内完成 | 无正常理由延时2次或错误2次，10分 | | | |
| | | | | | 无正常理由延时2次错误2次，20分 | | | |
| | | | | | 无正常理由延时1次或错误1次，25分 | | | |
| | | | | | 按时完成无误，30分 | | | |
| | 2 | 库位管理 | 20% | 库位摆放准确无误 | 错误3次及以上，0分 | | | |
| | | | | | 错误2次，10分 | | | |
| | | | | | 错误1次，15分 | | | |
| | | | | | 准确无误，20分 | | | |
| | 3 | 出入库管理 | 30% | 严格按系统流程操作，保证系统与实物流转一致 | 违反流程错误1次含以上，并造成损失，10分 | | | |
| | | | | | 有违反工作流程1次，25分 | | | |
| | | | | | 无任何违反工作流程，30分 | | | |
| | 4 | 库存盘点 | 20% | 每月月底完成库存盘点，准确率99%以上 | 按时完成且准确率97%或低于，5分 | | | |
| | | | | | 按时完成且准确率98%以上，15分 | | | |
| | | | | | 按时完成且准确率99%以上，20分 | | | |

对仓库商品管理员的考核主要在于及时性和准确性。及时性是到货的时效性，其要求是从清点到上架必须在一天内完成，如果到货量太大可以申请延长时限。

库位管理要求100%无误。一旦摆放出错，我们在拣货或者盘点时，马上就能查出来。

出入库管理也是类似的，我们以他的失误次数作为数据参考。他需要保证货物流和系统流是同步的，如果失误也会在系统里面暴露出来。

库存盘点要求准确率在99%以上。我想很多商家都做不到100%，我们也是准确率达到99%以上就算合格。

▼ 仓库商品管理员的行为考核

| 姓名 | | | | 岗位 | | 仓库商品管理员 | 得分 | |
|---|---|---|---|---|---|---|---|---|
| | 序号 | 行为指标 | 权重 | 指标说明 | | 考核评分 | 分数 | 评分 |
| 行为考核 | 1 | 纪律 | 30% | 1级：两次以上含两次 | | 1级 | 5 | |
| | | | | 2级：一次违纪 | | 2级 | 15 | |
| | | | | 3级：无任何违纪 | | 3级 | 30 | |
| | 2 | 工作态度 | 40% | 1级：按时完成上级交办的工作 | | 1级 | 20 | |
| | | | | 2级：达到1级的基础，主动积极询问工作 | | 2级 | 30 | |
| | | | | 3级：达到2级的基础，提出合理化建议 | | 3级 | 40 | |
| | 3 | 团队协作 | 30% | 1级：接受邀请，协助工作 | | 1级 | 20 | |
| | | | | 2级：主动协助他人工作 | | 2级 | 25 | |
| | | | | 3级：通过自身行动影响他人 | | 3级 | 30 | |

### （3）仓库主管

仓库主管的考核重点是胜任力，我们要对他负责的仓库的发货及时性、发货准确率、库存准确度、流程管理、工作计划、员工管理进行考核。

▼ 仓库主管的任务绩效

| 姓名 | | | | 岗位 | | 仓库主管 | 得分 | | |
|---|---|---|---|---|---|---|---|---|---|
| | 序号 | 考核项目 | 权重 | 指标要求 | | 评分等级 | 自评 | 上级 | 结果 |
| 任务绩效 | 1 | 发货及时性 | 30% | 日常订单每日下午16点钟以前的订单当日完成，无延误，大促活动3天内完成 | | 无正常理由延时2次以上，10分 | | | |
| | | | | | | 无正常理由延时2次，20分 | | | |
| | | | | | | 无正常理由延时1次，25分 | | | |
| | | | | | | 按时完成无误满分，30分 | | | |
| | 2 | | 20% | 发货失误率0.03%以内 | | 失误率高于0.05%，5分 | | | |
| | | | | | | 失误率0.05%以内，10分 | | | |
| | | | | | | 失误率0.04%以内，15分 | | | |
| | | | | | | 失误率0.03%以内，20分 | | | |
| | 3 | 库存准确率 | 20% | 库存准确率达99%以上 | | 准确率低于97%，5分 | | | |
| | | | | | | 准确率97%以上，10分 | | | |
| | | | | | | 准确率98%以上，15分 | | | |
| | | | | | | 准确率99%以上，20分 | | | |
| | 4 | 流程管理 | 15% | 每月提交流程运行情况总结 | | 每月月底按时提交，10分 | | | |
| | | | | | | 按时交表，对流程有优化措施，15分 | | | |
| | 5 | 工作计划 | 5% | 按时提交100%实施 | | 每月主动与运营碰头会1次以上，2分 | | | |
| | | | | | | 对预估工作量做计划并有应急预案，3分 | | | |
| | | | | | | 以上两项分别计算 | | | |
| | 6 | 员工管理 | 10% | 按时完成会议和考核 | | 按时完成下级考核得3分 | | | |
| | | | | | | 每周周会1次得3分 | | | |
| | | | | | | 新员工失误率0.05%以内得4分 | | | |
| | | | | | | 以上3项分别计算 | | | |

①发货及时性

在及时性上，我们要求每日下午16点钟以前的日常订单必须当天发货，不得延误。活动期间也要保证3天内完成发货，这个要求还是比较宽松的。实际上，像今年双11我们就在一天半内完成了发货。这样的大促活动，仓库主管要考虑请临时工，或是寻求我们其他部门的协助，就需要提前做计划、做预案，并提报上去。

②发货准确率

发货的出错率不能超过0.03%，库存的准确率要达到99%以上。

③流程管理

仓库主管每个月需要提交1次流程运行情况总结，检查有没有需要改进之处。如果没有，则说明仓库工作运行流畅；如果有，那他就需要详细写出有待改进的地方。

④工作计划

工作计划方面，仓库主管每个月至少需要与运营交流1次，了解整个项目运营的活动情况以及预计销量。根据不同情况，做后续的仓库人员安排。

⑤员工管理

员工管理方面的重点之一是关注新员工的出错率不能超过0.05%。

行为考核方面，我们主要围绕领导力、责任承担和团队协作进行。

**▼ 仓库主管的行为考核**

| 姓名 | | | | 岗位 | 仓库主管 | 得分 | |
|---|---|---|---|---|---|---|---|
| | 序号 | 行为指标 | 权重 | 指标说明 | 考核评分 | 分数 | 评分 |
| 行为考核 | 1 | 领导力 | 30% | 1级：员工任用合理 | 1级 | 10 | |
| | | | | 2级：能正确评价付出与回报协调性 | 2级 | 15 | |
| | | | | 3级：对员工业绩与态度进行客观评价 | 3级 | 20 | |
| | | | | 4级：全面精确地掌握岗位的工作技术，能组织员工实施工作并取得效果，能通过培训带动员工 | 4级 | 25 | |
| | | | | 5级：影响力大，员工自愿追随并自愿付出贡献 | 5级 | 30 | |
| | 2 | 责任承担 | 40% | 1级：承担责任，不推卸，不指责 | 1级 | 20 | |
| | | | | 2级：着手解决问题，减少业务流程 | 2级 | 30 | |
| | | | | 3级：举一反三，改进业务流程 | 3级 | 35 | |
| | | | | 4级：做事有预见，有防误设计 | 4级 | 40 | |
| | 3 | 团队协作 | 30% | 1级：接受邀请，协助工作 | 1级 | 20 | |
| | | | | 2级：与其他部门建立良好的沟通关系积极配合其他部门工作 | 2级 | 25 | |
| | | | | 3级：能站在对方角度考虑问题 | 3级 | 30 | |
| | 加权合计 | | | | | | |
| 总分 | | | | | | | |
| 考核人 | 签字： | | | | | | |
| | | | | | 年 月 日 | | |

## 五、公司职业生涯规划及岗位进阶标准

一家公司能否长期有效地发展下去，取决于公司是否有足够的人才。人才意味着未来公司在商业领域的核心竞争力。

所以一家公司能否有强大的人才梯队，取决于是否有一套行之有效的人才建设体系。作为电商公司，要想做好这个体系，首先要制定好公司整体的职业生涯规划图，明确晋升路径，根据业务模型设计出晋升层级和岗位，定义岗位要求及晋升条件。让每一位员工都能找到自己的奋斗方向，并且为之付出努力。

### 1. 职业生涯规划的总体原则

（1）公平竞争；

（2）尊重个体差别；

（3）注重专业化发展；

（4）有效激励；

（5）选拔要以工作结果为导向，必须有具体成果。

### 2. 组织与管理

这部分需要有专门的机构或小组，同时制订好有针对性的优化方案，并落实到位。

#### （1）组织参与人员

人力资源总监、总经理、副总经理及各部门负责人，人力资源部门负责日常落实。

#### （2）人员提拔原则

主管以下职级由主管审核提报总经理批准，主管以上职级由上一级干部推荐，经总经理和职业生涯规划小组考察通过。

### 3. 职系分类

稍微有些规模的公司，都需要提前规划好公司的职系路线，我们电商企业的职系基本分三大路线：

#### （1）营销运营路线

相关岗位：运营、产品、推广、销售、客服等。

（2）专业技术路线

相关岗位：财务、设计、软件等技术人员。

（3）行政管理路线

相关岗位：行政、人力、后勤人员。

### 4. 职业通道

职业通道分为两部分：纵向职业发展通道和横向职业发展通道。

我们公司鼓励横向跨界转岗，员工们可以带薪转岗。横向转岗原则上来说会降低职级，但公司基于人性化和挖掘人才的角度，可以在一定时间内保持转岗者在原有岗位的待遇不变，如果在规定时间内仍无法胜任，就要回到原岗位，或按照降低职级后的绩效薪酬领取报酬，这也需要转岗者经过深思熟虑再做决定。如果公司领导小组通过评定审核认为转岗者符合公司发展要求，每个管理岗位设置一个代职，符合要求半年转正，不符合要求可以一直代职直到达标。代职薪酬暂时不享受正职的待遇，这样可以进退有空间，以免刚提拔的干部在任职岗位过程中不符合公司要求，导致公司进退两难。

### 5. 职级设定

职级的天花板就是总经理、副总经理和总监级，他们能进入董事会并且享有公司股份，当然很多电商公司规模还比较小，我们也可以称之为股东会，所有的成长路径的终点都汇集于此，这将会是每个员工奋斗的终极目标。

每个公司的具体情况不同，在设计职级的过程中要根据自身的业务需求设计方案，不要形式化。设计过程必须由职业生涯规划领导小组共同分析研讨，并要经过试运行，确保方案合理有效。

职级的数量不能太多也不能太少，多了就太虚，员工感觉过于遥远，职级臃肿，增加公司成本；少了没有提升空间，晋升周期太短很快就达到高点，不利于公司长线留人。除仓库外，所有的职级体系最多不要超过7级，最少不要低于4级。

还有一点需要注意，在公司的不同发展阶段，尤其是初级阶段时，没有足够多的合适人选来填满这些岗位，依然需要提前设置好这些职级岗位。岗位用不完就空着，可以空着但必须有，这是为有理想有野心的员工准备的，有了这些晋升体系就会让所有的奋斗者有奔头，有提升自己的动力，这也能时刻提醒高层，还有很多岗位需要挖掘和培养人才。

### 6. 应用原则

我们做出的职业生涯规划和晋升标准虽然相对刻板、原则性强，但实际上它只是一个有据可循的标准，它的最大意义在于对员工的职业成长路径起到指导作用，旨在告诉公司的每一位奋斗者该如何进步，而不是想要设置一套枷锁束缚大家，所以在具体实施过程中大家千万不可教条。

比如，运营主管的业绩评判标准要利润达成率80%，但某位同事只有78%，那么我们是不是就直接否定他呢？这就需要我们管理者基于实际情况全面判断、柔性处理了，如果经过领导小组的审议，判定提拔该同事对公司发展是有利的，则可以破格提拔。但是在提拔前要和当事人说清楚破例提拔的原因，让他更加努力，争取做到更好，为公司创造更大的价值。

### 7. 营销运营路线

运营岗位属于业绩型，其承担了公司发展的核心动力。在电商公司，基本上只有业绩岗的成长通道可以晋升到总经理，而总经理可以享有公司一定比例的股份。

业绩型的相关岗位除了运营，还有客服和产品经理。有些公司会把产品岗划分到技术路线，这个需要根据每个公司的实际情况而定。这些业绩岗都可以晋升到总经理职位或进入董事会，低级别员工可以横向跨路线转岗，但高级别管理岗一般不适合横向跨路线转岗，因为有专业度的限制，除非管理者本身有专业资质和工作经验。

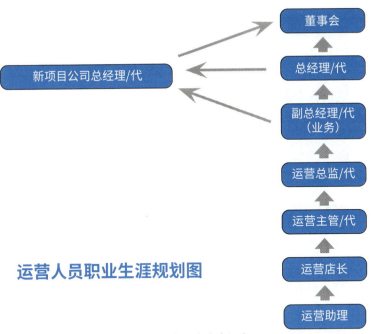

**运营人员职业生涯规划图**

▼ 运营人员晋升标准

| 职位 | 业绩 | 技能 | 品行 | 培养人才 |
|---|---|---|---|---|
| 运营助理 | 一年平均任务考核得分80分以上 | 熟练掌握各类报表统计，熟练掌握电商平台基础操作，日常巡店完成率100%，准确率95%以上 | 行为考核80分以上 | 无 |
| 运营店长 | 连续两年任务考核80分以上 | 熟练掌握各种营销工具，对各类运营报表数据分析准确，能独立打造单品爆款，具备基础管理知识，能独立负责一家店铺运营管理 | 行为考核80分以上 | 培养运营助理2人 |
| 运营主管/代 | 连续两年任务考核85分以上，平均利润达成率80%以上，管理2-3家店铺/平台/产品线 | 能带人，能结合不同运营手段最大程度提升店铺利润，能开发新的流量渠道和运营手段，能开发新的平台，能从全面出发给出店铺的整体解决方案，具备跨部门和对外沟通协调能力 | 行为考核85分以上 | 培养运营助理2名，培养店长2名 |
| 运营总监/代 | 连续两年任务考核90分以上，平均利润达成率90%以上，管理5家以上店铺/平台/产品线 | 精通产品和市场，能从产品出发提升店铺竞争力，懂得开源和节流，有良好的沟通协调能力，会带人，会做流程，能提升团队战斗力和管理效能 | 行为考核90分以上 | 培养运营主管2名，培养管理人员3名 |
| 副总经理（业务）/代 | 连续两年任务考核90分以上，平均利润达成率90%以上，管理两个以上业务板块，至少开发一个新项目并且实现盈利 | 能稳定老业务的同时开发新项目，能拓展新品类，有行业格局，懂得品牌建设，具备基础的财务知识，能设计与运营相关部门岗位的流程体系，对内有良好的沟通协调能力，对外能有效维护行业和平台相关人员的关系 | 行为考核95分以上 | 培养运营总监1名，培养管理人员5名 |
| 总经理/代 | 连续两年利润100%达成，完成公司既定的规划。开发两个以上新项目并且实现盈利，制订公司未来3到5年发展规划并且得到董事会通过，依据绩效考核文件，经董事会同意后批准 | 懂财务，懂行业，具有战略思维能力，能搭建整个公司的运营架构，能平衡公司各部门之间的关系，确保全体员工和谐稳定，有独立管理公司全面事务的能力 | 行为考核95分以上 | 培养副总经理1名，培养管理人员10名 |

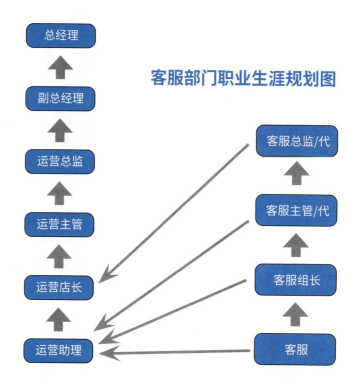

客服部门职业生涯规划图

▼ 客服人员晋升标准

| 职位 | 业绩 | 技能 | 品行 | 培养人才 |
|---|---|---|---|---|
| 客服 | 任务绩效得分80分以上 | 打字速度达标，掌握店铺基本操作，熟练运用各种客服软件，熟练掌握产品知识，服务评分合格 | 行为考核80分以上 | 无 |
| 客服组长 | 年平均任务绩效得分85分以上 | 能带人，具备专业培训能力，熟练掌握产品知识，服务评分合格 | 行为考核85分以上 | 培养客服4名 |
| 客服主管/代 | 连续两年任务绩效得分90分以上 | 会做客服流程并且定时优化，能发掘新工具提升效率，能协调各部门工作对接，会带人，能做思想工作，会处理人际关系，确保团队和谐 | 行为考核90分以上 | 培养客服4名，培养组长2名 |
| 客服总监/代 | 连续两年任务绩效得分90分以上，管理3个以上项目客服团队 | 能设计和规划客服工作体系，制定与落实标准，制定与监督培训体系落实，能从客服部门工作出发给出运营建议，能挖掘潜力员工输送给运营部门，具备良好的沟通协调能力 | 行为考核95分以上 | 培养管理者5名 |

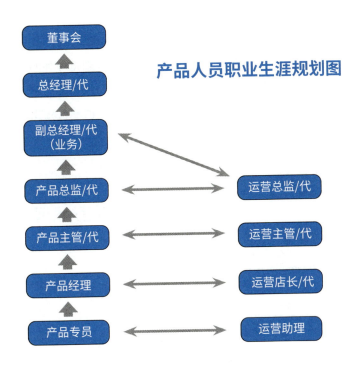

**产品人员职业生涯规划图**

▼ *产品人员晋升标准*

| 职位 | 业绩 | 技能 | 品行 | 培养人才 |
|---|---|---|---|---|
| 产品专员/采购 | 任务绩效考核80分以上 | 库存管理合格，各项统计表格制作及时准确，工作完成时效合格 | 清财4分<br>纪律3分<br>主动3分 | 无 |
| 产品经理 | 任务绩效考核85分以上，无重大产品事故 | 库存管理合格，懂产品，能通过对数据准确分析并且指导采购工作，能深入供应链解决问题，有产品培训能力，具备良好的供应链沟通和对接能力 | 承担责任3分<br>清财5分<br>商业保密4分 | 培养2名以上产品专员 |
| 产品主管/代 | 两年任务绩效考核90分以上，两年以上产品经理岗位经验，无重大产品事故 | 能培养人，懂产品，库存合理，能最大程度优化库存，能挖掘产品潜力，优化产品，提高竞争力，具备良好的供应链沟通和对接能力 | 承担责任4分<br>清财5分<br>商业保密5分<br>领导力4分 | 培养2名以上产品专员，培养产品经理1名以上 |
| 产品总监/代 | 两年任务绩效考核90分以上，3年以上产品主管岗位经验，管理3个以上品类产品，参与公司新项目产品开发1个以上 | 精通产品，库存控制合理，能开发新类目产品，能开发新供应链渠道，能不断优化降低产品成本，能设计优化产品部流程体系，具备良好的外部对接能力 | 承担责任5分<br>团队协作5分<br>清财5分<br>领导力5分<br>商业保密5分 | 培养产品主管2名以上，培养管理者4人以上 |

## 8. 专业技术路线

专业技术路线最高级别到总监一级，虽然无法进阶到总经理的岗位，但是可以进入董事会持有一定份额的股份。技术型的相关岗位包括设计、财务、仓储、产品技术、软件技术等，低级别员工可以横向跨路线转岗，但高级别岗位无论是不是跨路线转岗，都不适合转岗。

**设计人员职业生涯规划图**

▼ 设计人员晋升标准

| 职位 | 业绩 | 技能 | 品行 | 培养人才 |
|---|---|---|---|---|
| 设计助理 | 任务绩效得分80分 | 掌握基本的设计软件应用，掌握线上平台与设计相关的操作，能独立完成图片处理页面排版 | 行为考核70分以上 | 无 |
| 设计师 | 任务绩效得分85分 | 精通各种设计软件应用，懂视频制作，能独立负责一家店铺的整体视觉 | 行为考核80分以上 | 培养2名设计助理 |
| 设计主管/代 | 任务绩效90分以上，管理3-5家店铺或平台的视觉工作 | 精通各种设计软件应用，懂拍摄、视频制作，有创意能力，有培训和管理能力 | 行为考核85分以上 | 培养设计助理2名，培养设计师2名 |
| 设计总监/代 | 管理3个以上项目视觉工作，开发2个以上新项目视觉工作 | 全面掌握设计相关技术，懂得全套产品、包装设计、品牌定位、创意、建设，能提供产品和品牌的规划方向，具备良好的企划能力，具备团队管理和培训能力，以及良好的内外部沟通能力 | 行为考核90分以上 | 培养设计师2名，培养设计主管2名 |

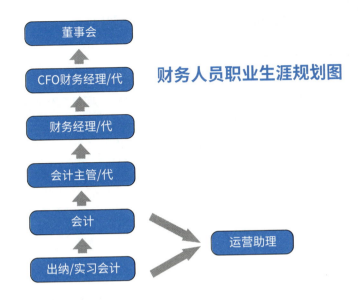

**财务人员职业生涯规划图**

▼ 财务人员晋升标准

| 职位 | 业绩 | 技能 | 品行 | 培养人才 |
|---|---|---|---|---|
| 出纳或会计 | 完成工作要求，达到报税、现金管理、报表无差错、业绩考核在优秀以上 | 了解《劳动法》》《公司法》，掌握公司注册、报税、凭证、财务账务知识并应用 | 清财3分<br>承担责任3分<br>学习力3分 | 无 |
| 会计主管/代 | 管理员工满意度90%以上，目标完成度为80%以上，差错率月1次以内，固定资产管理合理，并能做到报税、报表分析、成本分析及时准确 | 精确了解国家相关企业法律，具有应用财务知识的能力，能拿出某一工作的方案并有效果财务，有一定的财务分析能力并且能通过分析结果支持相关部门的工作 | 承担责任3分<br>清财4分<br>职业化3分<br>商业保密5分 | 培养财务办事员3名 |
| 财务经理/代 | 管理员工满意度90%以上，目标完成度为90%以上，财务相关流程制度运行合理 | 精确了解国家相关企业法律，具有应用财务知识的能力，能合理降低财税成本，具有制定公司财务考核制度与财务管理制度规则能力，能建立培训体系，具备讲师能力，能协调本部门的人际关系，保证队伍和谐 | 承担责任4分<br>团队协作4分<br>清财5分<br>商业保密5分 | 培养财务办事员3名，培养主管2名 |
| CFO财务经理/代 | 政府关系良好、融资合格、财务运作良好、无财务现金差错，预算成熟、公司对财务部工作满意 | 具有财务理论体系及制度建设的能力，能在合理合法的前提下最大程度地降低公司财税成本，具有战略财务思想能力、规划能力，能设计税务、财务管理、预算及财务分析规则 | 承担责任5分<br>清财5分<br>商业保密5分<br>职业化5分 | 培养经理1名，培养管理人员5名 |

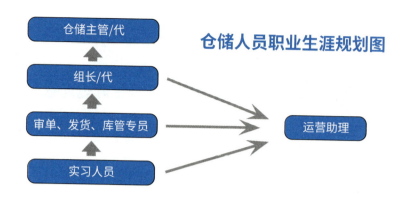

**仓储人员职业生涯规划图**

▼ 仓储人员晋升标准

| 职位 | 业绩 | 技能 | 品行 | 培养人才 |
|------|------|------|------|----------|
| 审单、发货、库管专员 | 任务绩效考核得分80分以上 | 掌握仓库收发货流程，熟练操作ERP软件 | 行为考核80分以上 | 无 |
| 组长/代 | 任务绩效考核得分85分以上 | 掌握仓库收发货流程，熟练操作ERP软件，有培训能力，有良好的沟通能力，有效协调成员之间的关系，保证队伍的和谐，能制作各类统计表格 | 行为考核85分以上 | 培养专员3人以上 |
| 仓储主管/代 | 任务绩效考核得分90分以上 | 能培养人，能根据实际经营需要优化流程，提升效率，掌握最新的仓储相关软件和技术并且运用到实际工作中，能根据仓储相关数据进行分析，给出建议支持运营工作，有良好的规划能力，有良好的内外部沟通能力 | 行为考核90分以上 | 培养专员3人以上，培养组长3人以上 |

**9. 行政管理路线**

　　行政管理路线最高可以进阶到公司的行政或人力副总，并且可以分配股份，进入董事会。相关岗位包括行政、人力资源和后勤人员。该岗位可以横向跨路线转到运营路线相关岗位，但不能转技术路线，除非有相关技术资格或工作经验。

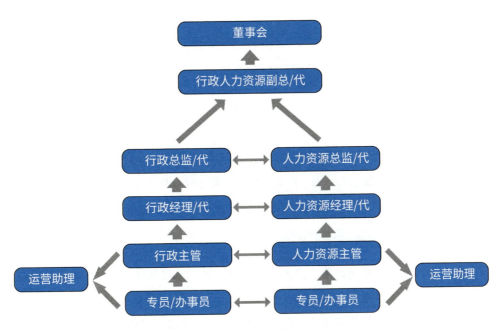

▼　行政人员晋升标准

| 职位 | 业绩 | 技能 | 品行 | 培养人才 |
|---|---|---|---|---|
| 前台/人事/文员及相关人员 | 完成本职工作并考核优秀，目标完成度100%，差错率月2次以内 | 掌握行政岗位具体工作应用 | 主动3分<br>承担责任3分<br>纪律3分 | 无 |
| 行政/人事主管 | 目标完成度100%，员工满意度90%，档案管理优秀，办公室管理合格，制度执行与纪律检查合格 | 精确了解国家相关企业法律，具有应用行政知识的能力，能拿出某一工作的方案并有效果，有良好的沟通能力 | 职业化3分<br>责任感4分<br>慎独能力4分 | 培养财务办事员/人事专员/文员及相关人员2名 |
| 行政/人事经理/代 | 目标完成度100%，员工满意度90%，人才流失率10%以内，公司相关制度实施应用合理，日常公司运营优秀，对外关系良好 | 精确了解国家相关企业法律，具有应用行政知识的能力，具有报告与方案制订能力，具有制度的规划能力，有培训能力，善于处理人际关系 | 承担责任4分<br>领导力4分<br>商业保密3分<br>清财4分 | 培养财务办事员/人事专员/文员及相关人员2名，培养主管2名 |
| 行政/人事总监/代 | 目标完成度100%，员工满意度90%，人才流失率10%以内，公司员工成长正常，行政系统运营优秀，对外关系良好 | 建设员工手册流程，能建立企业行政管理体系，有良好的外部沟通能力，外部监管部门关系良好 | 承担责任5分<br>清财5分<br>商业保密5分<br>领导力5分 | 培养行政/人事经理2名，培养管理者5名以上 |
| 行政副总经理/代 | 依据绩效考核文件，经董事会同意后批准 | 具有总体公司管理能力 | 承担责任5分<br>清财5分<br>商业保密5分<br>领导力5分 | 培养行政/人事总监2名，培养管理者5名以上 |

## » 结语

绩效管理，我们一直在路上，并不断在寻求优化。

兵无常势，水无常形，大家多分享交流，相互取长补短。

» 附录：

# 美工绩效考核方向

聚草堂 / 合集

美工的薪资构成一般采用底薪＋奖金的形式，具体可以根据考核要求设置不同的奖金。

## 一、点击率和转化率作为考核方向

美工需要做出点击率高的图，图主要包括推广图、主图和详情页图。从大美工的角度来看，美工要负责整个店铺的视觉模块，其工作内容是做出符合店铺及产品定位调性等一系列视觉相关的设计，包括拍摄、模特、场景、构图、搭配等维度，以及照片的后期工作，直到裁好图，形成素材。

大多数美工的工作是从素材阶段开始的，也就是出图，既然要出图，就可以按照行业的点击率来考核。

详情页可以分为上新详情页和优化详情页，上新详情页可以通过爆、热、平的款式比例，来确定上新详情页的结果有效性。优化详情页主要通过静默转化率的指标提升和访问深度的指标提升，来确定优化的效果。

首页的作用是传递价值、传递美，每次上新首页都要更换，同时可以追踪到首页的点击热度以及对潜力宝贝的引导作用，这些数据量化之后就是首页的上新考核维度。

事实上，美工和运营属于狼和狈的关系，脱离了渠道特性，美工的价值很难体现，所以美工KPI部分和运营KPI部分，是有重叠之处的，说白了就是运营也要考核出图率。

当美工和运营的目标一致之后，二者就能协同作战。对于运营来说，UV价值的提升需要优化款式，这点与美工的静默转化率优化是一致的，静默转化提升后，宝贝权重加大，只不过运营侧还要增加询单转化，共同完成转化的保持或提升。

下面重点讲一下几种关于主图点击率的考核方式：

### 1. 主图前后数据对比

新做的主图和现有的主图做数据对比，通过直通车创意图轮播。当达到100个点击量以上、点击率更高时，截图保存，奖励30元/张，然后更换新主图到页面测试搜索数据。

### 2. 爆款条件必须满足几个条件（出一张爆款图就奖励300元）

1）足够大的直通车展现量；

2）点击率是行业两倍以上；

3）转化率达到行业平均转化率。

### 3. 加大对阶段性关键点的激励

我们会根据每个阶段的结果确定美工的绩效，比如一个款的销量起来了，我们会看美工的图片在点击率和转化率上表现如何。如果表现好，我们就会提升美工的绩效系数，比如乘1.2，如果销售额目标超越预设目标，那么这个系数将加大，也就是不断放大绩效。

我们也可以根据点击率的达成情况来确定美工的绩效，比如基本要求点击率要达到3%，如果突破4%，绩效奖金增加600元；如果突破5%，奖励900元……各项数据量化之后都可以在关键点给予奖金，以此来激励美工。

在没有这类考核之前，我在公司的时候，美工很忙，因为我总会安排任务给他，有了这类考核之后，即使我不在公司，美工也很忙，忙是因为想多赚钱，他主要的收入来自于奖金。

## 二、销售额作为考核方向

如果只用点击率和转化率这几个指标去考核美工，也会把他们的积极性限制到一个区间范围内，因为能到手的钱都是定值或者一次性的，当我们换成与项目深度挂钩的考核方式之后，提成就很有想象空间了。

直接依靠目标值和产出考核，美工可以根据项目或者单品跟运营组队，做出产出并完成指定目标值，就可以提点数，这就相当于把美工当成运营来考核。

当美工并入运营小组，店铺做起来时，我们往往很难分清楚运营和美工谁的功劳更大，这种深度绑定，就可以激励美工，美工就像打了鸡血一样，反过来天天催运营什么时候优化和上新，他们会每天主动想办法优化点击率和转化率。我们公司没有考核这些细项，反而数据都飙升了，换成这种提成方式数据提升效果很明显。

### 三、积分作为考核方向

如果说公司的美工团队有一定的规模，可以采用积分的方式来计算提成，由专门的人来负责打分评价，这么设计的好处是流程化且量化。负责打分的人最好是资深的视觉总监，这样大家能信服，否则很容易出现美工不服的情况。

每日设计组长按照设计的作图内容进行积分记录，月终时公司的月销售额的0.07%，作为设计部整个部门的提成总额，最后按照美工自己的积分总和在总积分里的占比划分提成。

举例：初级设计A：700积分，700分在部门总积分占比8%，部门提成总额为3万，则设计A的提成为2400元+6000元=8400元。

▼ 表2-34 美工积分制考核标准

| 序号 | 项目 | 内容 | 等级 | 分值 |
|---|---|---|---|---|
| 1 | 详情页 | 整套详情+主图5张+SKU一套 | 重点款/全新制作 | 360 |
| | | | 重点款/修改制作 | 180 |
| | | | 普通款/全新制作 | 240 |
| | | | 普通款/修改制作 | 120 |
| | | | 普通款/模仿制作 | 80 |
| | | 详情页内容制作（单张图片） | 全新制作 | 15 |
| | | 营销图制作 | 全新制作 | 15 |
| | | 主图制作 | 全新制作 | 20 |
| | | SUK制作 | 全新制作 | 10 |
| 2 | 活动 | 大促活动 | 全店/全新制作 | 360 |
| | | | 海报/全新制作 | 80 |
| | | 单品活动（聚划算/淘抢购） | 全新制作 | 45 |
| | | | 修改制作 | 10 |
| 3 | 推广图 | 直通车 | 全新制作 | 30 |
| | | 万相台、引力魔方 | 全新制作 | 20 |
| 4 | 店铺装修 | 店铺装修整体（含无线端） | 全店/全新制作 | 360 |
| | | 海报装修（含无线端） | | 60 |
| | | 店招装修（含无线端） | | 15 |
| | | 专题页设计（含无线端） | | 180 |
| 5 | 视频制作 | 实拍 | | 180 |
| | | 渲染 | | 600 |
| 6 | 图片修改 | 文字修改 | | 2 |
| | | 产品修改 | | 6 |
| 7 | 产品图 | 图片渲染 | 单张 | 15 |
| | | 图片拍摄 | 单张 | 10 |
| | | 图片精修 | 单张 | 15 |

备注：以上需求制作以工时计算，不含图片拍摄、渲染、精修时间

我们的考核方式基本是半年会微调，一年会大调。因为随着店铺数量增加，工作内容也发生改变，考核只能结合实际情况。

比如：

16年是店铺承包制，为了店铺的快速发展，重"量"轻"质"。

17年改成了美工主管分配制度，因为整个行业的视觉飞快的提升，渲染，场景化，C4D，视频需求等，必须由团队流程化出结果，否则就完蛋了。

18年改成半承包制，相当于链接合伙人，意思就是像运营一样，可以承包某个链接，享受链接带来的利益。

# 第二节　基于人才复制的电商绩效考核体系

聚草堂 / 张金涛

> **■ 作者介绍** ─────────────────
>
> 张金涛，聚草堂核心圈子会员，10年电商老兵，亿级电商公司部门总监。一路从底层实操上来，从产品到推广，运营的所有细节都很清楚。现在统筹整个电商部门，有丰富的管理经验。

## 一、绩效考核的目的

合理的绩效考核需要包含以下几点：

### 1. 明确目标

如果公司重视店铺的销售额和利润，那考核机制里就需要同时体现销售额目标和利润目标。只考核销售额，就会出现问题。我面试过很多运营店长，他们都会反馈，业绩做不出来是因为老板舍不得花钱，但根本原因是公司的考核机制只关注销售额。

假设一个店铺的月销售额目标是100万元，那公司应该给店长多少推广预算才合适呢？如果老板不懂电商，可能就会出现店长觉得需要20个点，公司却只能给8个点的情况，因为产品的利润空间只有15个点。这样就产生了分歧，店长会把完成不了销售额目标的原因归结于公司没给到足够的推广费。而因为考核机制的导向，店长会想着去做淘客，他们会倾向于做更多的销售额、拿更高的工资，但这样会导致公司到最后赚不了多少钱，所以我们要明确考核的目标。

### 2. 多劳多得

我们需要考虑这个考核机制能不能解决分配问题，起到激励员工的效果，能不能体现多劳多得、按劳分配、奖罚分明、优胜劣汰。公司要明确做得好与差的标准，员工做得好公司要给奖励，做得差公司要给惩罚。"多劳多得，按劳分配"指的是当员工给公司创造了10万元的纯利，公司就可以给他分2万元甚至更高的奖励，如果员工负责的店铺是不挣钱的，公司可能连底薪都不太愿意发给他。

### 3. 激发内驱动力

只有店长和公司的目标一致、能赚到钱的时候，才有可能激发店长的内驱动力。比如我们公司经营的目的是利润，店长想要赚钱就得完成利润目标，这时他们才会主动关注自己负责的模块能产生多少利益。

### 4. 满足公司人才培养

如果有个店长负责的店铺体量很大，但公司却无法用考核机制将他的能力复制给团队时，他会觉得自己有谈判筹码，可以向公司提各种要求。如果考核机制能通过复制他的能力，培养出5个甚至更多的人才，就能解决公司的人才风险问题，这将会对公司的发展起到很重要的作用。

## 二、常见电商考核机制及利弊分析

### 1. 纯底薪

这种机制比较简单粗暴，也存在较大的问题。比如店长的每月底薪是8000元，如果他去年做了1000万元，拿了9.6万元，今年只做了500万元，我还是给他这么多吗？这种考核机制存在的问题就是目标不明确，没有考核销售额和利润，其弊病在店铺刚开张时可能还不会暴露，但越往后问题会越大，因为这种机制不能给员工提供动力。

### 2. 底薪 + 绩效

现在很多公司采用的考核机制是底薪+绩效，对绩效有一定的考核要求。这种机制将员工的收入限制在一个固定的范围里面，这其实并不合理，因为当员工能给公司创造更多利润的时候，员工的收入应该得到同步的增长。如果员工创造10万元的纯利润时，得到的奖金是2万元，而当他创造了100万元的纯利润，公司仍然只分给他2万元，那就没办法激发他的内驱动力。最终公司挣了很多钱，员工却没有得到多少，这样的机制不利于公司发展。

### 3.底薪 + 绩效 + 年底奖金

这种考核机制和第二种有一点类似，存在同样的弊端，公司会先把员工的收入限制在一个范围里，就算增加了奖金这一项，员工也并不知道自己能拿到多少。

### 4.底薪 + 绩效 + 销售额提成

这种考核机制在电商公司里面比较常见，但我觉得增加销售额提成并不科学，它会促使员工将关注点放到销售额上去，他们会想要更多的推广费，但公司追求的是利润，所能提供的推广预算有限，这样就会产生矛盾。

### 5.底薪 + 绩效 + 毛利提成

如果考核机制涉及的是毛利提成，成本一般是不公开的。比如一个产品卖100元，公司核算后的运营成本是30元，这个结果会直接报给店长，而不是给他明细，这会使员工怀疑运营成本的真实性，猜测公司是不是想少分点利益，故意把运营成本算高了。

## 三、绩效考核机制

我们公司主力发展的模块有三个：人、产品、技术。产品是店铺运营的核心，技术决定产品爆发的速度，而人是产品与技术优化的前提，是三者中最重要的模块，产品研发和技术研究都需要人，所以我们需要通过机制把人留下来。

我们公司之前采用的是"底薪+绩效+销售额提成"的考核机制，但运营店铺时难免会遇上价格战，如果按销售额考核，我们往往会发现打完价格战后，店铺的销售额提高了、员工的收入也增加了，可公司的利润反而更低了。公司打价格战的最终目的还是挣钱，所以这样的考核方式是不合适的。

比如A店铺的销售额是3000万元，盈利了200万元；B店铺的销售额是5000万元，亏了200万元，到年底B店铺店长的收入反而更高，这样的考核机制就偏离了考核初心，A店铺给公司挣钱了，A店铺的店长应该要享受更好的待遇。

现在的考核机制是"底薪+绩效+纯利润提成+年底纯利分红"，因为要核算纯利润提成和年底纯利分红，我们公司所有的数据都是公开透明的，如产品成本、人员费用、场地费用等。

我们公司决定公开所有的数据时，也有过顾虑，担心店长知道这些信息后会离职创业。不过在真正落实这个机制后，大家的收入出现了质的飞跃，离职率反而更低了。

比如某店长现在的年薪是200万元，如果他出去创业，前期至少需要投入500万元，才有可能达到现在的收入水平，并且他还需要自己承担各种风险，相对而言在公司里打工会更理想。

## 1. 底薪 + 绩效 + 纯利润提成 + 年底纯利分红

▼ 店铺绩效考核

| 店长 | 店铺名称 | 销售额任务（万元） | 底薪（元） | 绩效工资（元） | 提成 | 年底分红 | 绩效考核标准 | 分值占比 |
|---|---|---|---|---|---|---|---|---|
| A | A店 | 4500 | 5000 | 3600 | 店铺净利润×5% | 全年纯利润×2% | 1.店铺有效销售额达成率 | 30% |
| | | 5000 | 5500 | | | | 2.店铺本月纯利润是否为正利润 | 30% |
| | | 5500 | 6500 | | | | 3.每周店长培训运营1次，一月4次 | 20% |
| | | 6000 | 7000 | | | | 4.店铺是否产生重大失误（扣分、降权） | 10% |
| | | 6500 | 8500 | | | | 5.日报、周报达成率 | 10% |
| B | B店 | 4500 | 5000 | 3500 | 店铺净利润×5% | 全年纯利润×2% | 1.店铺有效销售额达成率 | 30% |
| | | 5000 | 5500 | | | | 2.店铺本月纯利润是否为正利润 | 30% |
| | | 5500 | 6500 | | | | 3.每周店长培训运营1次，一月4次 | 20% |
| | | 6000 | 7000 | | | | 4.店铺是否产生重大失误（扣分、降权） | 10% |
| | | 6500 | 8500 | | | | 5.日报、周报达成率 | 10% |
| C | C店 | 1300 | 6000 | 3000 | 店铺净利润×5% | 全年纯利润×2% | 1.店铺有效销售额达成率 | 30% |
| | | 1150 | 5500 | | | | 2.店铺本月纯利润是否为正利润 | 30% |
| | | 1000 | 5000 | | | | 3.每周店长培训运营1次，一月4次 | 20% |
| | | 350 | 4500 | | | | 4.店铺是否产生重大失误（扣分、降权） | 10% |
| | | 700 | 4000 | | | | 5.日报、周报达成率。 | 10% |
| D | D店 | 700 | 6000 | 2000 | 店铺净利润×5% | 全年纯利润×2% | 1.店铺有效销售额达成率 | 30% |
| | | 600 | 5500 | | | | 2.店铺本月纯利润是否为正利润 | 30% |
| | | 500 | 5000 | | | | 3.每周店长培训运营一次，一月4次 | 20% |
| | | 400 | 4500 | | | | 4.店铺是否产生重大失误（扣分、降权） | 10% |
| | | 300 | 4000 | | | | 5.日报、周报达成率 | 10% |

上表是具体的考核维度，底薪可以根据当地电商的收入水平来设定，公司会根据不同的销售额任务，设定几个不同档次的底薪。销售额任务可以根据上年店铺的实际情况来定，比如去年店铺做了500万元的销售额，今年的任务就可以定在500万元 ~ 800万元。等运营做完自己负责店铺的方案后，再由他自己选择完成哪一档的销售额任务。

在面试店长的时候，我会问他理想收入是多少，虽然这不会影响我给到他的工资，但是我会给他传递一个思想，只要你肯努力，就能拿到更高的工资。

求职者通过面试后会有两个月的试用期，在这期间，我会告诉他公司在做什么品类，他将负责哪个店铺，产品的成本和公司的核算机制是怎样的。然后他需要根据自己的能力来规划所负责店铺的销售额和利润目标，说明如何完成目标销售额和创造多少利润，并制订整年的规划和每个月的执行计划。

等他做完方案后，我会把上面这张表格给他看，让他自己去选择接受哪一个档次的任务。公司所开底薪是由店长能做多少销售额决定的。除了底薪和绩效工资，店长重要的收入来源还有每月纯利提成和年底纯利分红。

## 2. 绩效考核标准

### （1）店铺有效销售额达成率

假设某店长想要1万元的薪资，如果他能规划出合理的方案，并证明自己能够完成相应的销售额目标，那么公司可以给他6000元底薪加4000元绩效，当他完成不了销售额目标时，他的绩效工资就会受到影响。

比如店长规划的月销售额目标是100万元，最后只完成了10万元，这项考核的权重占绩效的30%，那在有效销售额达成率这项中，他拿到的绩效工资＝总绩效工资×30%×店铺有效销售额达成率，也就是4000元×30%×（10/100）=120元。如果店长规划得特别好，但实际完成率很差，他最后也是拿不到多少钱的；如果他实际做到了500万元的销售额，那么他的有效销售额达成率就是500%，对应的绩效工资便会翻5倍。

### （2）本月的利润是否为正

店铺只要挣钱了，哪怕是微盈利，公司都需要全额发放这部分的绩效工资。对店长来说，他能创造10万元的利润，是不会只创造1万元的，因为他的提成是按照纯利比例来算的，利润越高，他的收入就会更高。当利润为负值时，这项绩效工资就是0。如果有些店铺基础比较好，也可以制定利润目标，考核利润达成率。总之，考核机制要灵活多变，不要生搬硬套。

### （3）店长每周培训运营1次，一月4次

在北京求职的运营非常多，但是真正适合自己公司的并不多，所以我们会通过店长带运营的师徒制模式进行内部培养。如果店长的培训任务没有执行到位，将会被扣除对应部分25%的绩效工资（整个绩效工资×20%×25%），这部分权重占比是比较高的，达到20%，仅次于销售额和利润的权重值。培训的方向会有市场分析、直通车、搜索等。师父为什么愿意把自己的强项全部交给徒弟呢？这个在后文会重

点讲解。

### （4）是否产生重大失误

这么多年操作下来，我们还没有遇到会有店长恶意让店铺降权扣分的情况，把这点写进去主要也是为了让他们引起重视，不要出现什么失误，但它的权重占比只有10%。如果出现降权，会扣除50%对应部分的绩效工资（整个绩效工资×10%×50%），出现扣分也一样。

### （5）日报、周报达成率

我现在要求店长在每天早上9点50分之前，把今天要完成的工作全部以文字的形式发给我。好记性不如烂笔头，将每日待办的事项记录下来，可以随时对照检查，避免出现遗漏。我从来不要求他们加班，但是所有运营店长在离开公司前，要把没有完成的事先列出来发给我，没想到这反而促使他们经常主动加班。

1天需要写两次日报，早晚各1次，每周五写1次周报，如果1个月总共需要写60次日报、周报，那日报（周报）达成率=提交日报（周报）次数/60。

## 四、师徒培养机制

### 1.师徒培养机制的目的

（1）建立店长培养池，以解决招聘难的问题，重点培养运营并从中选出合适的人才提升为店长，为公司快速扩张奠定基础。

（2）培养公司管理型人才，避免公司在快速扩张过程中出现管理弱化的问题。

### 2.成为师父的前提条件

（1）职位必须是店长，运营是没有这个资格的。

（2）店长需要先完成自己年度规划的销售额和利润目标。

（3）在自己店铺内，店长已经有正在培养的运营人员。

（4）店长要做出圈地的可落地规划方案。

圈地的定义：一个师父可以有多个徒弟，他带的所有徒弟就是他的圈地。这个徒弟出师后，也可以申请成为师父，自己再带徒弟，同样他也会有自己的圈地。

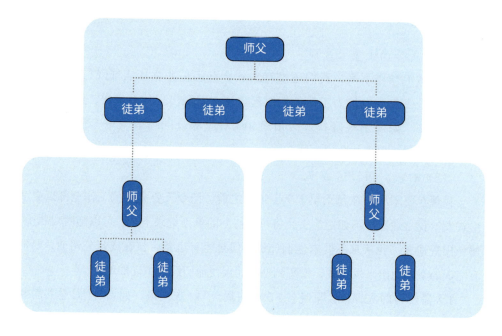

▲ 师徒制圈地模式

### 3. 师徒制执行标准

师父带徒弟的周期是1年，分为前6个月和后6个月。

（1）前6个月

店长具备成为师父的资格后，需要从自己负责的店铺里挑选运营并进行面试，然后在6个月内把徒弟带到具备做店长的资质。徒弟的考核周期是6个月时间，如果师父很用心去带，考核周期到了还是不能出师，徒弟就会被淘汰。徒弟出师后才会拥有他自己的店铺，然后师父帮助徒弟规划出他所负责的店铺至少6个月的可落地执行计划，包括但不仅限于细分到每个月的销售额、利润和产品推进方案。如果方案是不可落地的，就会被公司打回并告知他不通过的原因，直到方案通过后，徒弟才可以操作自己的店铺。

（2）后6个月

在徒弟开店后6个月内，徒弟需按师父的要求与安排及时准确地完成各项工作，这个时候徒弟的考核标准同店长考核标准一样，因为徒弟的身份已经是店长了。

师父和徒弟的店铺利润是绑定的，师父需要承担徒弟店铺的亏损。虽然在做规划方案的时候不会出现亏损，但是在推进过程中是有可能产生的。公司会把这6个月内，徒弟店铺利润总和的10%奖励给师父，这样师父在这6个月内会比较用心带徒弟。徒弟在此期间只享有3%店铺月纯利润提成以及2%店铺年底纯利分红，这个比例要比店长独立负责店铺的时候低。

### （3）1年后

在推进到1年后，师父同徒弟店铺的盈亏永久绑定。师父永久享受徒弟店铺2%的纯利润提成，但如果后期徒弟店铺出现负利润，则徒弟店铺2%的负利润会在结算工资的时候从师父那里扣除。一个师父可有多个徒弟，绑定多个徒弟的店铺，但是徒孙的店铺就跟师父无关了。在此期间对于徒弟的考核机制和其他店长一样，是底薪+绩效+5%（月纯利提成）+2%年终店铺纯利分红。

我们公司之前没有运营，都是一个店长负责一个或多个店铺，推进这套机制后，现在公司已经培养了18位运营，有6位从运营成长为店长，公司内部培养的店长会非常认同公司的体系。在这种师徒制的体系下，前6个月，店长是愿意带多个徒弟的，因为徒弟可以负责店长店铺的单品，算是免费劳动力。后6个月徒弟有自己的店铺后，师父可以拿到徒弟店铺的分红，1年后师父是和徒弟店铺的收益永久绑定的。

我们公司的师徒机制和店长考核机制实施了9个月后，公司利润已经翻了一番。

## 五、体系优势

### 1. 满足四个目的

#### （1）目标明确

这种考核机制兼顾了销售额和利润，销售额只对应店长的底薪，利润才决定店长的全年收入。

#### （2）多劳多得

这种考核机制不会设置店长的收入上限，其实公司更希望店长能一个月挣100万元，这样他为公司产生的纯利润可能是几百万元。

#### （3）激发内驱动力

这种考核机制下，店长的想法会和老板保持一致，那就是多创造销售额和利润，只有这样，他才会有更多的收益，项目也会更容易推进。

（4）满足公司人才培养，通过师徒制复制人才

## 2.员工参与制定绩效考核

我在制定绩效考核的时候，会和员工沟通，了解他们想要什么样的考核，让他们有参与感，这样制定出来的绩效考核他们会100%认同。

## 3.考核、收入、运营成本公开透明

每个店铺的利润销售额都会由财务统计后发到我这边，我会转发到群里，如果店长有疑问可以找财务核查。

## 4.解决推广预算的分歧

以前我们公司给店长设置的推广费是销售额的15%，超过就扣对应绩效。可是打款的时候，有些阶段的推广投入的确是需要超出这个比例的，而有些阶段不怎么投入也能产生利润。采用这种考核机制后，公司就不会束缚店长的推广预算了，如果方案评估通过，他想要投入100万元也可以。

## 5.人人是老板

在公司搭建的这个体系下，你的能力越大，就可以赚更多的钱。于是在人人都努力增加自己收入的同时，公司的收益也随之提升了，这就形成了双赢的局面。

我认为机制不是生搬硬套的，适合自己团队的才是最好的，大家可以根据自己公司的实际情况对考核机制做相应调整，建立适合自己公司的机制。

# 第三节　客服绩效考核与高效管理

聚草堂 / 王陈

**■ 作者介绍**

王陈，聚草堂核心圈子会员，8年电商老兵，所运营的天猫店铺长年处于行业Top5，公司的经营业务包括线上和线下，覆盖多渠道，包括淘宝、天猫、京东、拼多多、考拉、唯品会和跨境。公司在客服方面摸索出了一套有效的玩法，客服转化率等重要指标能超过同行平均30%。

## 一、什么是客服

百度百科把客服定义为"为顾客提供相关服务的人员"，然而，我们常常会发现，不少客服提供服务的方式很机械，缺乏灵活性和人性化。比如，当顾客咨询衣服尺码时，客服直接发尺码表让顾客自己选，完全没有考虑到因为每个人身材不同导致参考尺码不同的问题。

在我看来，能让顾客心服口服购买产品，并且还能让其产生复购意向的人才叫客服。我们做的是保健食品类目，来咨询的顾客里其实有很多人并不清楚自己要买哪款，如果客服售前服务做得不够细致，就可能出现一系列售后问题。

## 二、客服的意义

客服不能只是简单地接单，还跟很多岗位都有关联。

### 1. 客服和产品的设计有关

以前聚草堂电商圈子里有位做宠物饲料类目的群友分享过一则故事。有次，他们的客服收到了"狗狗在吃完狗粮后肠胃会不舒服"的顾客反馈，于是该群友的团队马上设计出一款调理宠物肠胃的产品，出乎意料的是，很多人的狗狗都出现过这种状况，这款产品直接卖爆了。如果没有客服从与消费者的日常沟通交流中发现这类问题，就不会有这个爆款的诞生。

### 2. 客服和首页、详情页有关

产品的首页、详情页、直通车推广图，这些都可以从客服这里获取素材。因为客服是接触顾客的第一人，相对也更了解顾客，依据这些素材做出的首页、详情页、产品的点击率、转化率也会相对更高。以前我们团队有一款改善睡眠的产品，顾客反馈主图太亮，于是我们把整个产品的主图、详情页、推广图等颜色整体调暗，对比发现调整完的产品点击率和转化率都比之前提高了很多。

### 3. 客服和老客复购有关

我们团队在做老客关系维护时讨论过一个问题：老客微信是加到客服私人微信维护比较好，还是加到公司微信维护比较好？自然是前者的维护效果更好，但如果客服离职也会造成顾客微信的流失。经过讨论，我们团队最终仍然决定采用前者——加到客服私人微信里维护，因为我们的目的是老客户维护和复购，只要能更高效地达到目的，顾客微信加到哪一方关系不大。

### 4. 客服和商品权重有关

假如我们和竞争对手商品类似、访客相同，但客服转化率高于竞争对手，那么商品权重也会高于竞争对手。很多公司客服地位卑微的原因在于，客服只会机械地提供服务，如果客服带有运营思维，那地位会不亚于推广。

## 三、客服的"三驾马车"

针对如何培养客服，我们公司主要通过筛选、培训和激励三个步骤。

### 1. 筛选

在招聘筛选前，要明确两个核心点：我们需要什么样的客服？客服需要具备怎样的技能和素养？

以前我们人事在面试客服时，会问面试者"一分钟能打多少个字，之前有没有做过和客服相关的工作"，若面试者一分钟打字速度低于60字就直接淘汰，没有做过客服相关工作的则延后考虑。其实，对于客服的评定，不能按照这种最浅显的标准。客服需要兼备技能和素养两个条件，技能是指有一定的倾听能力、沟通能力、谈判技巧、良好的语言表达能力、敏锐的观察力和洞察力等；素养是指良好的自制力、勇于承担责任、能够承受压力、宽容他人，以及热情、主动、积极等。我们在面试客服时，会出一份带有技能和素养的测评卷让面试者评价自己是一个怎样的人。

我们曾经遇到过一个顾客反映商品包装有破损，于是客服尝试在旺旺上向顾客致歉、进行电话沟通，并承诺退回商品以及赔付5元钱，但顾客均不接受，最后当客服表示可以赔付20元时，顾客欣然接受。所以，当客服具备一定的观察力和洞察力时，他就能觉察到顾客是怎样的人，了解顾客性格才能更高效、更完善地解决问题。素养方面的能力体现为：当客服遇到售后问题时，能否妥善解决、是否敢于承担责任等。现在很多公司会设单独的售后客服，所以会存在客服之间互相推卸责任的情况。比如，当顾客购买的商品遇到问题来咨询客服时，客服A会直接转给售后客服B，这时顾客又需要把问题重述一遍，这样就大量消耗了消费者的耐心以及消费者对我们的好感。所以，客服拥有敢于承担问题的品质，能提升顾客对店铺的好感度、信任度。

## 2. 培训

由于客服行业的门槛比较低，所以客服的流动性也会非常大，有次我们面试了10个人，其中有4个曾经在同一家公司工作。我们公司的客服都是经过层层筛选的。首先，面试是第一道门槛，通过面试的人员需要在入职期间接受15 ～ 30天的培训，培训结束会淘汰20% ～ 30%，只留下拥有较多技能和较好素养的人，他们还将继续经历面谈和考试环节，在这一环节也会淘汰一部分人，最终留下来的才可以顺利进入公司。此外我们每个月都有培训、考试，没能通过的将自动淘汰，所以最终留下来的都是精英。

我是做客服出身的，有切身感受过当客服心情不好时，他一整天接单都会不在状态，转化率也容易受到影响。所以客服的心情很重要，我们必须保证通过层层筛选招进来的客服，每天都拥有好心情。

### 3. 激励

有人说"游戏可以创造满意的工作"，可是为什么既花钱又得不到实际利益的游戏会有这么多人喜欢？

#### （1）目的

我平时喜欢玩《王者荣耀》，这款游戏的最终目的是推塔，但很多人却在游戏中沉迷于拿人头，到最后我们人头领先对方，却还是输了，输掉游戏的原因就在于有些玩家目标不明确。在客服的目标管理上也同样体现了这个道理，很多客服主管会在考核中设置非常多的指标，考核转化率、客单价、客件数等，这就导致了他所管理的客服对考核一头雾水，抓不到重点，最后哪个考核占比多，他们就专攻哪个，其他指标直接放弃。

#### （2）规则

游戏会通过各种规则和重重障碍激起大家的胜负欲，虽然在游戏中玩家并不容易获胜，但在玩的过程中游戏会时不时赠送装备，给玩家制造"下次一定能赢"的错觉。这种机制将玩家持续地牵绊在游戏中，让他们每天都想再尝试一次。我们在客服管理工作中，同样可以设置很多玩法，让员工了解规则，不断尝试，释放创造力，培养思维能力，并在最后让员工获利。以前有个商家跟我提到，他们团队做项目时，在前期往往都很亢奋，可是再过一阵团队士气就会开始减弱，到最后几乎没有人对这个项目有信心。我们分析造成这种情况的原因就在于，团队成员在付出努力后没有获得想要的东西。我们公司有一个评价奖励体系，以前团队中大部分客服每天的好评人数只有十几人，而其中某个客服的好评人数能达到五六十人，于是我们每天在工作群里公开奖励该客服。当团队其他员工看到这样的奖励力度，动力自然就上来了，到了第二个月，我们客服的好评数基本都在200人以上。

#### （3）反馈

每局游戏都有反馈。现在职场上的年轻人，尤其是95后都喜欢得到别人的正向反馈。所以我们要多多夸赞、鼓励我们的员工，让他们觉得自己被肯定、被重视。

#### （4）自愿参与

对待游戏，我们可以抱着想玩就玩，想退出就退出的态度，但工作与游戏是截然相反的，工作是不想参加时也得参加。很多时候我们跟员工开会，当老板或者领导提出一个比较好的建议时，下面总是一片沉默，员工心里想的是这个建议与自己无关，只想早点结束会议，所以我们需要想办法让员工自愿参与到工作中。

# 四、激励客服小技巧

## 1. 加强员工自愿参与程度

### （1）定目标

我们公司的每个客服都需要知道店铺一年、一个月、一周，甚至细分到每一天的销售目标，每位员工都要参与进来。在定目标时我们需要注意目标的明确性、简单性，目标太多容易让人抓不准方向。百度、华为等企业都在使用的OKR目标管理方法里也提到过：只有目标明确，团队才能方向一致，形成更强的合力。

客服每个月都需要给自己定一个目标，该目标还需要通过主管的审核。主管可以激励、鞭策员工，保证员工的目标有一定的高度，不能出现本身转化率已经能达到50%，所定的目标却只有51%的情况。每个人的目标形式可以多样化，但总目标必须一致。因为每个人都会有偏向性，所以大家可以因人而异，制定差异化的小目标。比如，对于转化率较低的员工可以制定提高转化率的目标，对于回复时长较长的员工可以制定缩短回复时长的目标，只要完成目标就可以拿到额外的金钱奖励。

在每月初，我们都会准备充足的现金放在办公室，每位员工可以根据自己所定的目标提前拿到激励奖金，可以拿5000元甚至10000元。如若完不成目标，就得把钱退回。通过这样自我鞭策的方法，我们发现退回的钱越来越少，就像我们跟消费者在沟通时说"用不完或者吃不完的商品可以退货"，但大部分情况下顾客是不会退的。同样的原理，拿到手的现金大家只会想尽办法留住。

### （2）对赌

我们团队有位业绩一直垫底的客服，在找他谈话时，我们打赌只要他当月排名前进8位，团队就奖励他至少1000元，若他做不到，则由他请团队喝奶茶。在那个月，我每天都有跟进该客服的工作情况，结果不出所料，他达到了目标，所以对赌也是一种不错的激励客服的手段。

### （3）PK

我们会给团队进步最快的客服，奖励15%的高额提成。通过团队之间不断地PK，我们发现客服整体水平有所提升，团队动力也有所加强。

## 2. 三层过滤法，提升客服转化率

做店铺想要的无非是销售额和利润。店铺的流失人群可以分为以下几类：

咨询完客服后没有达成成交的、成交后退款的、没有通过客服推荐的、静默下单但客件数比较低的、下单后未付款的。

假设客服转化率为50%，那流失率也是50%，针对流失的人群，我们会设立"专人跟单"岗位来跟踪流失的订单。客服没有转化成功的单子交给"专人跟单"人员，由"专人跟单"成交的订单提成也属于该岗位人员。"专人跟单"人员会比客服更加努力促进订单成交。例如，对于新客存在的订单顾虑，他们会一直与顾客保持沟通，尽量打消顾客顾虑；对于老客，会采用打电话等方式，给予他们一定的优惠力度来促成订单成交。通过"专人跟单"后订单转化率可以增加10%～20%。若"专人跟单"后还出现订单流失的情况，我们会将流失的订单再持续跟进一周，新的一周内，转化率又会提升5%，这些转化率数据都是依据我们公司实操经验所得出的。

这时候有人说，如果我店铺一天也就接待100个顾客，还有必要专门成立一个"专人跟单"岗位吗？其实我们设立这个岗位最主要的目的在于，让客服产生危机感，你没办法转化的单子可能就会被"专人跟单"人员抢走。但如果店铺一天接待的顾客比这更少，比如只有20位，那完全没有必要设立这个岗位，大家根据自己店铺实际情况来调整每个岗位、每种玩法。

▲ 三层过滤法

### 3. 客服龙虾榜

客服龙虾榜是把优秀的客服比作龙，能力较低的比作虾米。我们每月会把优秀团队的销售额、照片、队名、优秀个人照片以及团队倒数3名的名字进行公布，以此让大家保持荣誉感和羞耻心。这个玩法对95后尤为管用，因为95后的员工似乎更关注个人及团队荣誉感。

## 4. 挑选客服组长

我们会从客服中挑选出较优秀的3名来担任客服组长，这样公司的上下级观念就不会那么强。客服组长如同战队队长，指挥大家奋斗的方向，以及负责更新团队人员、监督培养员工、查看客服与消费者的聊天记录、统计数据、反馈问题。同时我们公司是不管做好做差都会有相应奖励的，这种奖励体系能形成良好的循环，哪怕做得差，员工也愿意被管束、愿意接受后续的惩罚。此外，我们有一个原则：一个客服主管最多只能管7个人，超过7个人的队伍就需要重新规划、整合。虽然一个主管带领更多队员会比较省钱，但效率远没有把人分开管理来得高。

## 5. 选取客服团队 PK

我们公司客服团队分3个组，每天下午各组派出1名队员参加PK，PK内容可以是聊天记录、评价内容、快捷短语编辑、搭配销售等。例如，每个团队挑选当天与顾客沟通得最顺畅的一段聊天记录进行PK。评价内容的PK方式也是同理，我们店铺的评价内容大部分是由客服来完成的，因为只有客服才了解消费者真正的需求，并且能收到消费者的反馈内容，当客服面对消费者咨询的时候，能更全面地解决消费者问题。快捷短语编辑的PK规则是使用了这个快捷短语之后，转化率增加了多少；搭配销售的PK同样也是制定1个任务，看哪个团队完成度更高。所有PK内容都是由我们全体客服一同评定的，每次PK的第1名可以当场获得1个奖励红包，所在团队也可以获取1个积分。

## 6. 客服每月成绩单

客服每个月都需要根据自己的表现和任务完成情况来填写一份成绩单，这个过程可以让每个人充分思考、了解自己的情况。成绩单内容包含每位员工的组员、组名、口号、销售目标、转化率目标、其他情况完成度以及团队评语。我们每个月会进行一次小组PK，每个小组自己设计独特的队形，拍摄一张照片，并把照片和口号都打印出来贴在公司墙上。小组每3个月重新组合一次，这样做的目的在于让大家互相熟悉。

我们还发现，由于每个组长的性格不同，他所适合带领的组员也会不同。有些人他能带好，但换一种性格的人进入他的团队，他们的配合就不一定顺利。所以组长可以不断调整队员，直到组成最合适的队伍。

### 7. 上台分享与 PPT 检讨

我们公司每个月会邀请两名数据最好的客服，在月底的会议上分享自己的成功秘籍，数据最差的两名客服则需要写 PPT 进行自我检讨。由于每个人都不想写 PPT，所以他们会不断努力提升自己的工作能力，员工之间的差距也随之渐渐缩小。

### 8. 接受惩罚

每月数据最差的 3 名客服将接受惩罚，我们会在下个月将他们的流量下降一档，流量下降就会导致当月接不到足够的客户，如果客服还想保持现有工资水平、稳定提成，就只能把时间放在提升转化率和客单价上面。

### 9. 评价的奖励与惩罚

我们会对顾客点名好评的客服给予奖励，一个好评奖励 10 元钱。这种奖励方式能很好地激发客服对工作的热情，工作有了热情，服务自然就能提升，顾客的购物体验也就更加愉快，转化率也能相应提高，并且顾客对某个客服印象深刻也能加强对店铺的黏性。对于客服服务问题导致的差评，我们的做法是：第一次罚 100 元，第二次罚 200 元，第三次罚 500 元，第四次直接开除，如果情节特别严重的，在第一次收到差评时就予以开除。

### 10. 售后奖励，让售后成为乐趣

我们店铺简单的售后问题都是由客服解决的，虽然客服非常反感售后问题，但我们设置了每解决一个问题奖励 5 元的规则，一定程度上也能调动他们的积极性。当客服在解决售后问题时受到了顾客的语言攻击，也可以拿到一定金钱补偿。针对顾客申请退款类的售后问题，如果客服可以让顾客取消退款，则会得到额外的金钱奖励。

### 11. 淘汰

对于团队考核连续 3 个月垫底的员工，我们会考虑直接劝退。

## 五、绩效如何制定

我们公司的薪资构成为基础工资＋提成，绩效是包含在提成中的。很多公司在

设立考核指标时，会考核 UV 价值、转化率、客单价、销售额等很多指标。其实，绩效不用设置得太过复杂，太复杂容易让员工抓不住重点。我们以前不仅考核上述这些，还考核平均响应时间、首次响应时间、问答比等，但这一系列考核方式对客服的激励效果却非常差。现在我们只考核转化率和销售额两个指标，转化率需要建立在一定的销售额基础上，转化率不同，提成也会不同。如，转化率在 48% 以下的，拿 0.8% 的提成；转化率达到 49%，拿 0.85% 的提成，以此类推。同时，销售额每个月必须达到一定的基础销量目标，如果达不到就没有提成，只能拿基础工资。这样也能避免出现客服一天只接待 10 个人，但转化率达到 70% 的情况。

我们知道客服销售额 = 转化率 × 客单价 × 接单人数，由于我们公司不提倡加班，所以员工每天工作时间只有固定 8 小时，这也就意味着客服每天的接待人数有限，想要提升销售额就只有从转化率和客单价入手。转化率和客单价可以从多个方面来提升，例如，想要提升转化率，客服就需要在顾客的黄金 10 秒内及时回复；想要提高客单价，客服就需要懂得挖掘顾客痛点，因为只有抓住顾客痛点，才能了解顾客需求，从而推荐更多的商品来提高客单价。

我认为做绩效的目的有两点：第一，让员工完成目标，督促员工提高转化率；第二，激励员工。通过绩效告诉员工，用什么方式可以拿更多的提成。我们公司的提成是没有上限的，做得好的客服一个月拿 3 万元工资也合情合理。所以绩效旨在激励员工，引导员工达成我们的目的。我们可以集中通过一个点来一一分解、对应绩效指标，例如把转化率、客单价等分散到销售额中去。我一直很佩服赤兔公司，他们公司绩效考核的实施效果非常显著。在他们公司有一块大屏幕，屏幕上实时滚动每位客服在这个时间点获得了多少绩效奖励，这种激励方式的效果非常好。

## 六、回归到出发点——服务

在产品相似的情况下，服务才是根本。没有服务意识的客服叫客户机器人，有服务意识的才能叫客户运营，所以我们公司计划让所有客服都转型成为客户运营。让客服作为店铺的员工和让他管理一家店铺，效果是截然不同的。如果你是老板，一天花 5000 元在直通车上心里肯定会焦虑，但如果你只是店铺车手，那 5000 元在你眼里也许根本算不了什么。同理，当客服成为了店铺的客户运营，当有客户进来询单，他会不顾一切地去留住客户、服务好客户，以达到提高转化率的目的。

在服务中，我们需要注意站在顾客的角度思考问题，了解消费者需求、抓住痛点。如果消费者需要的东西我们店铺没有，也可以推荐他去其他店铺购买。我们之后还计划在店铺挂一个牌子，上面写着"谨慎"二字，以此劝导消费者理性消费，按需购买。因为我们通过测试后发现，在劝导顾客按需购买后，他们反而会买得更多。之前有顾客来咨询产品，客服建议只买三四件就足够了，顾客本答应按我们推荐的件数购买，但第二天下单的数量却远远超过4件。我们在日常生活中也深有体会，在商场购物时，如果身后有导购跟着、不断进行推销，就会让顾客感到烦躁，所以我们在提供服务时务必站在顾客的角度，为顾客考虑，让客户对我们产生信任，从而促成交易。在强调服务的同时，也需要注意限制我们分配给客服的顾客人数，否则人数一多，客服就没法细致地服务好每位顾客。

客服在服务过程中也是如此，当有顾客来询单时，客服直接甩上一张优惠券未免显得太过冷漠且目的明显。我们面对前来询单的客户，需要做的是推荐最适合他们的产品，这样顾客会非常感激我们，从而提高对店铺的印象分。当顾客对店铺有了一定信任度，就可以把顾客加到微信中进行维护，通过微信维护的顾客回购率会非常高。我们行业的平均转化率在30% ~ 50%左右，当客服专注于服务后，转化率更是提升了6%，目前我们店铺转化率最高可以达到60%。所以当我们回归到服务时，服务创造的价值远比以卖货为目的高得多。

3

电商公司
文化建设

# 第一节　让一切回归到最初

*聚草堂 / 王海山*

**■ 作者介绍**

　　王海山，聚草堂核心圈子会员，从传统电商起步，到创立山氏沙发品牌，从初步拓展跨境做到销售额上亿。思想有深度，且为人谦逊，在企业经营和管理上颇有经验和心得。由于很多电商群友都受他思想的启发和影响，所以称呼他为"海山师傅"。

## 一、管理思维和经营思维的区别

　　这些年我在管理企业的过程中，一直在思考什么是管理思维，管理到底是在管什么。其实，管理管的是企业的下限，是"不准迟到""不准早退"等一个个规章制度，管大家不应该做的事，管人性恶的一面。管理思维一般是自上而下、带有压迫或强制性质的思维。

　　而经营思维更多关注的是企业的上限。例如，如何提升企业上限，如何培养员工，如何开发人性善的一面，这是一种自下而上的提升，是企业每个人都需要具备的思维。

　　经营思维和管理思维是存在着矛盾的，经营思维不是用来学，而是用来修的。如果把经营思维当作一种知识来学习，尤其是带着固有的管理思维来学习经营思维，那将一无所获。因为经营思维触及价值观、思维方式和心灵体系，除非通过提升心性水平和改变思维的方式来"修"经营思维，不然无论头脑中装了多少新知识，都不能称为"修"。

　　之前我们去聚草堂群友极致大哥的公司交流学习，当一哥郎[1]谈论起阿米巴如何有效时，极致却说了稻盛和夫很多问题，一哥郎听完立马怀疑人生了，他研究稻盛

---

1　一哥郎：聚草堂核心圈子会员，保罗电商创始人，旅行箱类目长年稳居天猫Top1。

和夫一年多，突然间遭到反驳让他困惑不已，于是来问我的看法。我告诉他，你不用看得那么复杂，每一个理论或者每门学问都有它的价值，我们只要取其中有用的部分就可以了，不然脑子里装再多的东西，到最后都是互相打架，是用不好的。

## 二、经营企业主要是经营人心

"企业的第一活力引擎，不是人才，不是技术，也不是战略，而是企业家精神，经营企业的本质，就是经营人心"。这句话来源于松下幸之助。如何用企业家精神来经营人心，这点很关键。

聚草堂电商圈子中不乏企业经营得特别出色的群友，但我们自己在企业中是以什么样的形象存在、传达何种精神，以及我们自己所做的事对员工会产生哪些影响。这些，都值得我们深入思考。

昨天我们在聚草堂微信群里聊到何彬的运营总监，说强将手下无弱兵，也是同样的道理。作为企业家、领导人，你是什么样的状态，和你最亲近的那些下属就是什么样的状态，他们的思维方式也会与你无限接近。有时候，我们会发现当自己懒散时，员工也很难做到勤奋，只是跟你相比他看上去更勤奋些罢了。所以，老板需要向员工展现出企业家或领头人勤奋的精神，企业可以建立若干个"勤奋"标签，再通过这些标签去影响员工，最后用一些本质的东西来经营企业的人心。

那么，哪些是本质的东西？

我在这些年经营企业的过程中领悟到，只要是长期经营某个东西，无论是爱情也好，或是家庭、企业、客户等，背后其实都是在经营人。

我经常会去寺庙做义工，做义工是拿不到钱的，甚至我还会捐钱。在这个过程中我发现，无论是单纯来做义工的人，还是本就在寺中的僧人，即便他们没有任何报酬，大家也都会尽全力、发自内心地做事。我在家里基本是不干活的，但进入寺庙，就会自然而然投入到劳动中。劳动时我一直在思考，为什么大家会在没有任何回报的条件下，依然尽全力干活。我觉得其中的原因就在于，人一旦拥有信仰，就可以重塑对整个世界的看法，走向真正正确的道路，并且常常充满喜悦。在这样的状态中，我们能做很多事情。

有句话说"人的内心充满至深至纯的幸福感，不是在满足自我的时候，而是在满足他人的时候"，也就是稻盛说的"利他"。把这个观念运用到团队中也一样。可能在以前，银行卡余额充足就能让我们开心，固定资产逐步增加也是让我们开心的事情，但慢慢我们会发现，团队有了成长成为了最令我们开心、满足的事情。团队中每个人收入的提升，价值观迈向更高一层以及他们在社会上受到别人对他们的敬仰，这些东西的增加才是我们所满足的。在对待客户方面也是如此，当我们的方案对他们真正有用并让他们从中获益时，我们才会真正地感到满足。

一个人的力量十分有限，因此在经营企业的过程中要有意识地培养一个又一个"自己的分身"，并且引导每一个员工都带着"老板的意识"进行工作。这就是经营人心的核心。

### 三、经营人心的好处

经营人心，我们需要从每一个细节出发，触及员工的内心深处。

企业经营人心的好处在于，全员自发，文化驱动，老板解放，企业重生。其中，"老板解放，企业重生"是让我触动比较大的8个字。

从5年前第一次听到这8个字时，我就一直在思考，老板解放，企业重生，怎么解放？如何重生？在半年之后，我尝试慢慢放手企业经营管理。放手之后，整个企业的确发生了质的变化，我们当年的销售额直接从2个亿增长到了6个多亿，并且我自己也很轻松，真正得到了解放。那年我去了很多地方，看了很多国外的市场。也就是那一年，我们在美国的家具卖场和一些商超里，发现了他们有70%左右的家具出自我们产业带。然后我们自驾跑了美国很多州，考察他们的仓库、物流体系等，觉得我们也有这个能力干好，于是回来后就布局了跨境。

4年多的时间，我们跨境电商从0发展到了上亿的规模，我觉得这是"老板解放，企业重生"给我带来的。如果没有"解放"，我不可能有空闲去到美国以及欧洲、非洲这些地区游学，更不可能在溜达一圈后发现跨境电商的机会。那时候跨境电商的势头还不是那么强劲，国内大部分电商企业都还没有开始接触跨境业务，只是在深圳有些玩得比较早的企业。这场"解放"看似是旅游，但其实我们每到一个地方，都会去考察当地的家具市场，看他们的家具是什么样的风格，价格体系如何，我们是否有优势切入。

总之，企业重生的根本就在于老板解放之后，能去发现更多外部市场的机会，并带领企业抓住这些机会。

## 四、经营人心的道和术

我把经营人心的道与术总结为一个字——善。善有两层含义，一为本心，二为掌控。本心为道，掌控为术。初心、利他、换位思考皆为善，一切方法、技巧成于善。

### 1. 落实经营中道和术

我们通常说，经营者本身需要有真知灼见，饱含朴素的仁爱与利他之心，将自身的价值观作为企业家精神传播开来。这句话看似很好理解，但想真正领悟并落实到企业中，很难有具体的方法。

我列举几个点，大家可以根据自己公司的实际情况自行调整。

（1）把周围所有人都视为自己最重要的人，包括上司、下属、客户、供应商，甚至是打扫卫生的阿姨，都值得我们重视，因为他们给我们带来的东西是最纯正的。一个正向、简单的人，你怎么对待他们，他们就会怎么对待你。

（2）除去最基础的日常工作，还要时时思考如何让对方收获感动与喜悦。我们需要先从自身做起，再努力成为别人的榜样。我经常和团队的人开玩笑说，我又要出去和聚草堂的兄弟们游山玩水了。团队的伙伴们都不相信，他们觉得我出去肯定有事，但我和聚草堂的群友们去西双版纳就是纯粹的"学习一天，玩两天"。大家一定没有体验过和这些群友们一起背着水枪在马路上冲锋陷阵的那种刺激，这种游玩是释放情感很好的方式，有助于后面两天的交流更加深入。第一天的纯学习过后，大家可能只是简单地把知识装进大脑里，还没有真正地消化、理解。但在后面两天中，我们去逛景点、穿越原始森林，大家时不时在游玩之余彼此交流探讨，这时才真正得到了最大化的收获。所以我们不一定要用老派的方式去学习，可以多尝试游学这种新鲜又有效的形式。

（3）让所有的员工都对数字敏感，用数字体现工作成果。利用数字，我们不仅可以看到最直观的结果、提高工作效率，还可以通过数据来反馈很多问题，例如公司的经营问题，当我们拿到公司财报时，就可以通过财报看出公司在哪些地方存有不足。

在企业经营过程中，我们还可以利用玻璃式经营法则，让企业所有的经营状况都像玻璃一样清澈可见，不用藏着掖着。具体表现为公开经营状况、经营目标、经营技术。我认为构成一个企业最关键的因素是人，给予人足够的尊重与信任，充分调动人的因素，企业就会充满生机与活力。我们做B端时，跟顾家家居的合作也是非常直接。我们把管理成本、研发成本、购买成本和最后呈现利润都摆在明面上，从来不会对成本做伪造，再向客户给出高报价。企业在经营过程中有很多东西都可以通过作弊提高三五个点的利润，但我们从没有这样做过。

因此，合理的报价和坦诚相待的精神让我们"收割"了很多客户。包括对待员工、经营整个团队时，所有的成本我都会公布出来，不用我算，你们算，我只要结果就可以了。玻璃式的经营法则可以让大家互相充满信任，企业充满信任后整体就会积极向上，充满正能量，从而做一些正向的事。

## 2. 经营中的授权和责任

经营之术另一方面在于授权和责任，如何做到授权和责任？我认为有以下三点：

（1）发愿很重要。在公司经营中，我会时常反思自己的工作是否对社会有益，能否满足消费者的需求，让他们感到喜悦。

（2）开通纳言渠道，了解公司真实的运作情况以及下属的想法。在我们公司，如果有员工提供了比较好的纳言，我们会给予高额奖励。例如，我们采纳了一位生产部门基础工人提出的建议，这个建议让我们本月在整个生产环节中节约了8万元，那这8万元将奖励给工人。换而言之，我们会把纳言当月产生的所有效益奖励给纳言提供者。

（3）不间断地进行引导式提问，直到员工的回答与公司理念相符为止，员工就会开始自发地站在公司的角度去思考问题。以前公司开会的时候，我会比较强势，所有思维都是我引着走，大家按照我的思维去做。现在我们公司采用的是述职的方式，或者让员工先说，说完我再用引导式的问句带着他们去找到答案，而不是直接给答案。这种方式能引导员工运用自己的逻辑思维、站在公司角度去思考问题，这样得出的答案他们会更容易接受。

## 3. 拉近与员工的关系

拉近与员工的关系可以通过读书会、述职会、篮球队、父母养老金终身制、留守员工一对一拜年等方式。

其中，读书会的创意来源于一次游学。之前聚草堂电商圈子组织到罗总公司游学，在现场，群友们聊起读书会，说这个模式很好，可以让公司变成一个学习型组织。那次游学结束之后，我回到公司也成立了读书会。我们规定所有人要在每天凌晨2点钟前分享当天的读书心得，如果没有阅读或者读完不分享，就需要发20元红包。这笔钱我们会拿来买书，公司也因此多了大约7000册丛书。在分享中，我们会慢慢地发现，那些最勤于读书、学习的人，往往也是最积极向上的，并且是中层以上员工。

## 4.经营之术中的思考

"深沉厚重，是第一等资质，磊落豪雄，是第二等资质，聪明才辩，是第三等资质。"这是明代思想家吕新吾说过的话。

我认为人最重要的资质就是简单和沉着稳重。资质不是轻易就能历练出来的，它源自我们发心之后布施、持戒、精进、忍辱、禅定、参悟。

总而言之，在企业经营过程中最核心的点还是要保持本心。随着所面临的环境越来越复杂，我们内心也会变得越来越复杂，甚至丢失了本真。所以有些时候，我们确实需要去寺庙参悟，让心灵得到净化。

静而后能安，安而后能虑，虑而后能得。我觉得很多人都需要一个能静心的环境，人只有静下来才能真正深度、理性地进行思考。当我们看透所有问题的本质时，就能化繁为简、返璞归真，拥有无穷的力量。简单的力量是无穷的！

# 问与答

» **提问 1:**

玻璃式的管理方式，只针对中高层，还是说对基层也是同样公开？

» **海山解答:**

基层我们也公开，但对基层不会公开较深层面的东西。其实基层更想了解的是类似于供货价的设置依据，关于这些方面的我们都会告诉他们。

» **提问 2:**

我现在比较苦恼的是授权的问题。完全授权其实很难，我在对接下属、授权的过程中会很痛苦。我想问一下在你从绝对掌管到放权的这个过程中，是怎么说服自己的？还有员工授权周期问题，当周期过长，效果不明显的时候，我老是想插手，并且我在跟员工沟通的时候，会发现我们两个明显会有很大的思想差距。

» **海山解答:**

我决定授权的时候就想明白了一件事，作为管理者或作为老板，眼睛一定要能容得进沙子，员工能给你赚5万元，你就要接受人家可能会亏5000元或者浪费5000元。把心态调平之后，我们对待员工就不会那么苛刻。有的时候当我们作为老板做错事时，我们会原谅自己，但当犯错的是我们的员工，我们为什么不能原谅他们呢？

我姐就是一个典型的例子，她企业做得很大，但发货这一块她绝对一手抓，有的时候甚至亲自发货到凌晨。我问她为什么不招一个专职发货的员工，她说担心发错货，一发错就会损失好几十万元。我反问她，你发错过吗？她说，她也发错过，所以尽量自己来发货，以减少发错。后来，她听从了我的建议，把发货交给专职人员，试了一段时间后，犯错率反而比她之前更低。因为这些发货的员工是专业做这份工作的，我们作为老板，专业性可能只是他们的一半，甚至一半都没有。

作为老板或者管理层，我们真正要做的是定好条条框框和规矩。例如，员工第一次犯错会有什么惩罚，第二次犯错会有什么惩罚。另外，如果授权给某个员工，我们需要给这位员工一定的成长时间。在这个成长周期里，员工所有的功劳都归他，他所犯的所有错误由我们来买单。我们需要给员工信心，在他的成长周期里他所产生的负面结果，需要我们帮他转化为正面的，不然在前期授权时他会畏首畏尾不敢去开展。

关于授权周期，其实前几天大家也有聊过这个话题，如果一个项目老板是从头到尾参与的，那中途去掺和一下是没有问题的，因为你知道事情的来龙去脉。但是如果一个项目你没有从头看到尾，中间突然插手进去给一个指令，那这个项目失败的概率反而会变高。因为项目中的来龙去脉、那些微小的事件我们并不清楚，我们只是站在某个点上看到了问题发生。所以，当我们与员工去谈问题的时候，你关注的和他关注的并不是同一个东西，在思维上面就会有很多矛盾和碰撞。这个时候你不理解他，他也不理解你，就会造成一个恶性循环，所以，我建议当我们真正打算授权给别人时，就要完全信任别人。

当然，在授权之前，我们首先要确定的是，我们选择授权的这个人，不是他能力有多强，而是他的思维和价值观能跟你保持同频。有了同频的思维和价值观，我们就大胆地放手让员工去做，中间不要有任何怀疑。如果在过程中产生了偏差，并且你觉得这个偏差可能会造成不好的影响时，我们可以采用引导的方式与员工去谈，而不是用指令式的，因为用指令式交流，可能会让我们与员工之间产生隔阂。

» **提问 3：**

我想问两个问题，第一个是，创业这么多年，这一路走过来风风雨雨，你认为自己做过最对、最重要的事情或者决定是什么？第二个是你们公司核心层有没有什么激励措施，比如股权或者分红？

» **海山解答：**

我创业这些年来，自认为做过最重要的事就是简单地相信团队。我们公司是按照事业部制划分的，有自己的直播事业部、国内电商品牌分销事业部、跨境电商事业部。每一个项目的成功，我认为第一在于选对了人，第二就是简单地相信我的员工能干好，第三是无论对错，我陪他一起干。所以我们中高层离职率几乎是零，这么多年大家一起风风雨雨走过来，如果说我真的做对了什么，我觉得是我擅长选择风口，把风口的消息带回来，再简单地相信我的团队能干好。

第二个问题，关于中高层的股权激励。我们总公司是山氏股份，由我和我老婆共股。总公司下面的每一个事业部，都按照分公司来设计，也就是事业部全部独立注册公司，由事业部的负责人作为法人。我们基本上会把事业部的负责人直接拉到注册股，但这个注册股跟总公司没有太大关系。

我们公司项目合伙人在前期是没有注册股的，只有分红。对于项目合伙人的激励分两个阶段。第一阶段是实际所得，第二阶段是给予合伙人注册股。在一阶段，我们给合伙人再多股权都没用，因为人家只会看到手的钱。所以我们在最开始的前3年采用的方式是，每个季度给合伙人返现，例如我们抖音新项目，合伙人每个月能拿到20万元～30万元的回报，并且每个月都给他结算。而不像有些公司，有一半的钱可能押半年，到第二年7月份才发。我们也会考虑在第一阶段合伙人拿太多的钱会不会有其他想法，针对这个问题，我们采用的方式是，我带你赚钱，我也会带你花钱，而且会花到更有价值的地方去。

合伙人的第二个阶段，在他成为合伙人3年后，为了确保中高层的稳定性，我们会让这个合伙人和事业部合伙人一起注册公司，并让他分到注册股。他来经营项目，我来赋能。像我们跨境事业部，虽然现在一年做十来个亿，但我每年到跨境事业部的次数不过10次，也就一个月一次的月度会议会去参加。在事业部合伙人能独立玩转整个项目时，我就基本放手了。但在财报方面我会盯得比较紧，因为财务需要综合调度，所以没有让各个事业部单独设立财务，财务由我们财务中心独自管控。

# 第二节　提升心性，拓展经营

*聚草堂 / 罗昌辉*

---

**■ 作者介绍**

　　罗昌辉，聚草堂核心圈子会员，深耕保健品行业20余年，行业TOP商家。近些年，非常重视企业文化建设，亲身实践并沉淀了一套独特的企业经营管理方法论，公司的企业文化和管理制度给聚草堂的其他商家带来了一定的启发。

---

　　我是2012年进入电商行业的，虽然对技术不是很懂，但在经营管理上还是有些心得的。在我看来，企业在整个经营的过程中一定要思考到底什么是根、什么是术以及什么是道。以往的竞争来自产品、供应链、技术和团队，大家在不同的维度都有自己擅长的地方，但今天的竞争已不再是一个点的竞争，而是面与面之间综合的竞争。那么综合竞争力的根在哪里？我认为更多的是在经营者的内心。作为经营者时常要思考，我们到底有什么样的格局和气量才可以让自己的事业做得更大，以及我们能否明确如今在做的事业的意义是什么。

## 一、野蛮生长期

　　1995年我进入保健品行业，2006年做到了高管，后来和朋友合伙创业，在杭州做一个线下品牌的总代将近3年。在这3年里我学到的东西比前面十几年的职业生涯里学到的还要多，创业确实会让人产生很大的变化。

　　2008年下半年，我跟父亲一起待了半年，这算是我人生中最快乐的半年，但2009年我父亲回老家后病情加重，离开了我。那时候我开始重新思考，我们这么多年在外漂泊、背井离乡打拼到底是为了什么？人生到底要什么？当我们失去一些东西的时候，才知道它的珍贵，比如健康。在想通了这一点之后，2009年我回到南京开始再次创业。

虽然早年做线下代理时学了很多管理制度，但在公司的初创阶段这些都用不上，因为我们做的都是些很琐碎的事。不过在这个过程中我也明白了，对于初创公司而言，活着比什么都重要，否则就算业绩做得再好，可能也只是昙花一现。

在公司的野蛮生长期，随着销售额不断增长，即使我们没有规章制度，没有企业文化，也依然能够干起来，因为在公司起步阶段只要大家埋头在同一个点上发力，就会有所突破。

在公司起步阶段，我的目标就是多赚钱，总想着如何降低成本，却没有考虑到员工收入的增长，并且我们在招聘的时候更看重能力，而不看他们的品行、德行，结果发现企业很难有长远的发展，因为员工流失得太快了。现在回想起来那个时候做事比较"务实"，也比较傲慢，没有感恩和反省之心，学习力不足，格局非常小。

## 二、快速发展期

2014～2015年公司进入了快速发展期，慢慢地，我发现了管理制度的重要性，2016～2017年我们开始了组织架构建设，在线下建立了四级的管理层级制度。以前公司是扁平化的管理，团队人少，老板可以直接管理所有业务人员，但后来整个江苏的线下市场基本上都由我们负责，我一个人管理不过来，这时候就需要层级化管理。管理层级刚出来的时候实际上需要投入更多，也是从这个时期开始我们实施绩效管理，核心高管逐步参与到公司的股份经营，大家一起建立并完善管理制度。

### 1. 跟品牌方学到了什么

在和品牌方合作的过程中我学到了很多，比如品牌方的品牌理念、运营推广的手段等，这都让我们受益匪浅。

#### （1）高目标

这几年我们发展得这么快的原因是，慢下来就满足不了来自品牌方高目标的要求。在品牌方给我们定高目标的时候，我们往往是被目标带着往前奔跑的，前几年我们100%～200%的增长，都是源于品牌方对目标明确而坚定的信念。整个过程大家可以想象，当我们被目标带着走的时候，整个团队、组织架构和系统都会按照品牌方的要求来配置，所以在追求高目标的过程中我们也收获了很多。

### （2）重视现金流

我一直很羡慕许多线上的代理商们，他们可能不知道线下的生意有多难做。当时我们是做传统的线下生意，把货卖给药店再由药店卖给消费者，很多代理商的货发出去却收不到钱，所谓的盈利都只是账面上的盈利，现金流很差，所以线下代理商是非常痛苦的。同时药店本身的压力非常大，盈利空间很小，一个连锁药店的净利润才3%～5%，所以药店也会想办法压供应商的货款来保证自己现金流的周转，这样的经营状况可以说是恶性循环。

现金流对于线下和线上来说都非常重要，稻盛哲学"会计七原则"里的第一条就强调了经营者要关注现金流。

### （3）提供平台

在建立层级化管理的过程中，我们提供了很多平台和机会来帮助员工成长，如果有朝一日在物质上满足不了员工了，还可以通过成就感留住他们。一个企业能留住员工的原因，我认为一定是要不断地给他提供平台，让他不断地成长晋升，将公司建立成平台型的公司，这样公司的员工才不会有太大的流失。

我们要满足员工的发展，要让员工能看得到明确的晋升通道。此外还要让他们清晰公司的股份分红机制，我们公司的所有项目合伙人都有分红，财务成本都会对他们公开，公开程度需要做到像玻璃般透明。

## 2. 用人心得和留人心得

### （1）用人心得

大家都知道《西游记》里的唐僧团队，每个人都有一些缺点，但最后也能成功取经。在企业里用人也一样，企业里的每个个体不一定都很优秀，每个人都有缺点，很多人都是"草根"，但是通过大家的互相帮助、优化组合和努力拼搏，一样可以成为优秀的团队。

### （2）留人心得

企业留住员工可以从两个方面着手，其一是物质方面，如薪资、福利、奖金、分红、股份等；其二是精神方面，如平台、氛围、晋升通道、愿景、个人实现等。在早期我们企业考虑的是通过满足员工的收入让大家留下来，但马斯洛需求理论里提到需求的最高境界是自我实现，员工到了一定阶段之后更需要的是成就感。在我看来精神层面的东西会变得越来越重要，老板达到了一定的层面之后，钱对他来说只是数字，他更多想的是如何让跟随他的人有平台或机会，去成就更多的人。企业不是为了一个人而活，我们更要关注每个员工以及其背后的家庭。

### 3. 加强职能部门的风控管理

我们公司经常会查漏补缺，比如检查财务部门、行政人事部门和销售部门的风险控制是否有漏洞，一旦发现公司有漏洞，我就会及时召开会议。快速发展的公司就像是一艘快速行驶的船，如果底下突然有个洞，船可能不会马上下沉，因为业绩的增长往往会掩盖管理的缺陷，但如果业绩停下来，那么管理的缺陷就会随之暴露。

我们需要加强各个板块的问题排查，只要发现问题，就马上解决。很多人在经营状况好的时候不谈管理，但高效的管理对经营一定是有帮助的。经营和管理分别代表企业的方向和方法，经营方向意味着要做正确的事，管理方法意味着要把事做正确。

### 4. 快速发展带来的问题

我们在公司快速发展的过程中发现了很多问题，比如销售压力越来越大，工作越来越繁重；团队越来越不好带，人员流失严重，尤其是高管离任；销售额的增长很难匹配员工收入的增长；员工抱怨，团队负能量越来越多；老板很难再承载财富的增长，出现众多风险和不确定性；员工认为企业发展得再好也与我无关等。

在中国有句古话讲叫"行有不得，反求诸己"，当我们发现问题之后，往往会向外求，很少去找自己的原因，在我看来想要解决问题，老板一定要反省自己身上是否有原因。我看到过很多例子，每当公司业绩下滑得厉害时，问题的根源往往出在老板自己身上。

### 5. 快速发展的反思

#### （1）公司里老板和团队没有或不明确目标，员工没有归属感

不管是做代理还是做自主品牌，我们都要明确为什么要做这件事，我们的初衷和目标是什么，如果没有明确的信念和目标作支撑，那在遇到困难的时候团队很容易变得消极。

#### （2）狼性文化背后的思考

谈到狼性文化时大家想得更多的是团队合作，遇到困难彼此协助、一起拼搏，但我认为还需要思考一点：公司是否有家文化，以及有没有给足员工关怀、温暖和

归属感。

华为企业文化的核心就是狼性文化，叫作"以奋斗者为本"，这句话肯定是对的，但是企业里面每一个奋斗者所奋斗出来的成果不一定直观，也不一定能够量化。我认为"以奋斗者为本"应该找到一个平衡点，首先要以人为本，面对所有员工，从良知出发去善待他们，保障好员工最基本的需求，之后再去考虑以奋斗者为本，这两者要相结合。

在这两者结合的过程中我们往往很难做到平衡，容易走极端，一种极端是将狼性文化做到极致，也就是物竞天择，适者生存；另一种极端就是佛系，公司所有的福利都很好，因此，人在这个过程中会变得懒惰、没有了拼劲。这两种情况都是极端，我们应该找到一个相对比较好的平衡点，调整到最适合自己公司的状态。

### （3）厚德才可载物，老板德行的提升是当务之急

这句话听起来有点迷信，但这两年我对这句话特别有感触。2018年我们公司经历了很大的变故，线下出台了一条政策规定所有药店都不能再卖保健品，一下子整个南京的市场就都没法卖我们的产品了，公司没有销售收入，同时我的身体也出了些问题。我们的电商业绩在上半年都保持平稳发展，到了7月份突然下滑，虽然我们业绩比去年多做了一个亿，但利润总体却和去年持平，并没有呈现正比的增长。我对产生这些问题的原因思考了很久，后来我在想，一定是技术方面出问题了吗？一定是团队哪里做得不到位吗？其实不然，可能与老板自身德行和管理问题有关，德不配位，财必失位。

上天其实很公平，每个人的财富都是圈好了的，你可以带动多少人，老天就给你多少分配权，马云可以带动这么大的经济体，上天就一定会给他足够的财富权。今天我们所看到的企业和企业的差距，其实是人和人的差距，说到底还是心性、格局的差距，其背后的根源在于德行。

我们常常认为自己对员工很好，员工应该要学会感恩，如果员工做得不好，就会对他们有抱怨之心，我们总是会想别人的错误，而从来不反省自己，做事利己，不够利他。在公司早期野蛮生长时，我们的企业文化尚未建立，总是去生搬硬套各种管理制度，导致员工毫无归属感，人才流失严重。

# 三、拓展经营期

## 1. 企业文化的建立

2016年我们开始建立自己的企业文化，那时候我参加了很多培训，希望能找到帮助企业长远发展的核心精神动力，以下是我们公司总结出来的六条企业文化经验。

### （1）立足健康产业领域

我从1995年开始进入这个行业的，已经在这个行业深耕了20多年，完全是立足于健康行业。在我看来博大才能精深，只有在行业里做大做透了，对销售的产品才会更有底气和信心。

### （2）以为客户提供优质的产品和服务为荣

对于我们所销售产品的产品力与服务，我们要有足够的底气和信心，如果员工不能以为客户提供优质的产品和服务为荣，那么他们跟客户交流就会没底气。

### （3）快乐地做自己最擅长的事并把它做到极致

这一条非常重要，什么情况之下人们做事情效率最高、效果最好，我认为首先要喜欢这件事，如果一个人不愿意或者不喜欢自己的工作，那么他是不快乐的，对待工作他也不可能有兴趣或有灵感。其次是要擅长，擅长指的是对于工作，他需要知道为什么去做以及如何能够做好。最后是要做到极致，也就是完美主义，我们经常说认真能把事情做对，而用心能把事情做好。

### （4）让我们团队成员及家人做到物心双幸福

2017年时我们想让所有的团队成员和家人得到更优质的生活，当时想的是多给点钱，后来发现应该要让他们感到物质内心双幸福，因为真正的幸福一定是内心感到幸福、在物质和精神上达到平衡。

### （5）成为领域内公认的做得最好、最专业的服务商

### （6）为人类的健康做出贡献

这个想法，前两年我是不敢提的，我们所做的这些事真的有那么高大上吗？后来我觉得一定要把它说出来，我们必须发自内心地为人类健康做贡献，一定要明确我们今天卖的所有产品会给用户的身体健康带来帮助。有这样的产品作为企业的支撑，企业会更有力量；员工看到这么大的使命，也会更有敬畏之心。当企业的每个阶段都有使命时，人的信念、凝聚力会更强。

## 2. 企业精神的建立

我认为对企业而言，有四点精神非常重要。

### （1）孝义

百善孝为先，一个人如果对自己父母、兄弟姐妹都不好，他怎么可能关爱同事和下属、忠诚于公司，所以我们一定要建立孝义这个根。孝义之根有了，企业之树才会枝繁叶茂，如果没有这个根，后面很多的东西就很难做到。

### （2）善学

一个人如果不愿意学习、改变，那就不会有成长，所以一定要善学。我们会打造学习氛围，帮助大家不断地学习，在这种氛围下，团队才会有更多的分享和收获。

### （3）坚毅

在企业发展的路上，最难的就是持之以恒。企业的发展不可能顺风顺水，一定会在某个阶段碰到一些坎坷，这个时候团队成员的意志坚毅就显得格外重要，它决定了企业到底是垂直攀登，还是妥协退后。当方向正确时，面对生理和心理巨大的挑战，目标能否达成的关键在于意志是否足够坚毅。

这几年里每一年我都会完成一次极限挑战，比如2014年，带着两个儿子从天津骑车1100千米回南京，在这个过程当中我深刻地体会到了什么叫坚毅。其实我第一天就想过放弃，因为太痛苦了，全身肌肉都酸胀，就连车坐垫都坐不上去，三角形的坐垫坐上去就疼。但是一想到我带他们出来挑战了，无论如何都不能丢这个脸，于是坚持了7天，1100千米，我居然骑下来了！原本我以为骑行的过程会风光无限，但其实根本就没心情看，完全不想讲话，全程就只是低着头骑行。

在骑行过程中我一直在思考：无论是做企业也好，做事情也罢，最大的挑战是能否保持坚毅，很多人都是死在太阳升起的前一夜。在挑战的过程中我感受到人是如此渺小，广阔的地方就只能看到白云蓝天和飞着的鸟，这种情况下心是很容易静下来的。极限运动对人的生理、心理影响都非常大，像今年发生的一些事，如果换做以前，我可能觉得天都要塌下来了，但是现在我的思路还是清晰的，我知道目前所做的是正确的事，这时候就该坚持，如果没有这种坚毅的信念，那么在思考战略方向的时候很有可能会在判断上出现失误。

### （4）争先

争先是每个公司都必须要有的文化，如果团队没有想做第一的思想，那就很难做到很大的规模，当然日本有很多的百年企业他们未必想要做得很大，他们更希望做得长久，这是另外一种维度。在如今的电商行业，如果做不到第一，那属于你的市场份额就没有了，这就是中国电商市场的残酷性。

我们公司推行企业文化管理，提出了遵章守纪、恪尽职守、优胜劣汰、奖惩分明等理念和原则，虽然这些管理原则未必都能完全做到，但每个人都要清楚。

①遵章守纪是管理之本，无规矩不能成方圆，这对销售人员来说是挑战；

②恪尽职守是做事原则，没有理由，也没有借口；

③优胜劣汰是用人之本，任人唯贤，论能排辈；

④奖惩分明是激励措施，善必扬，恶必惩，激发大家的进取心和企图心。

### 3. 稻盛哲学

我们已经认识到了企业文化的重要性，但依然不清楚如何让企业文化落地，在2016年7月份，机缘巧合之下我非常幸运地接触到了盛和塾，正式成为了一名塾生。盛和塾是稻盛老先生创办的非营利性公益组织，旨在教会企业经营者如何提升心性、拓展经营，其中包括哲学和实学两部分，实学部分大家耳熟能详的有阿米巴、会计七原则、经营十二条这些理念。

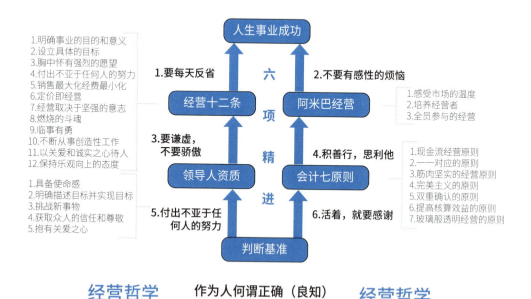

▲ 稻盛哲学

在盛和塾的学习让我收获了不少，比如稻盛经营的三个层次，第一层次是经营哲学，包括敬天爱人和利他思想；第二层次是经营理念，包括六项精进和经营十二条；第三层次是经营方法，包括阿米巴和幸福企业。

### (1) 成功方程式

稻盛和夫说，有没有一种方法，能够使只具备中等能力的人，也可以取得伟大的成就？通过切身的经验，他得出了这个成功方程式：

"人生·工作结果=思维方式×热情×能力"。

我们知道热情与能力的取值范围是 0 ~ 100，没有负数，唯独思维方式有正也有负，这三者的数值相乘，得出来的就是人生和工作的结果。其中思维方式非常关键，思维方式有两个层面，一个是人生的价值观和世界观，另一个是经营层面。

人生的价值观和世界观，代表了你是正能量的还是负能量的，同一件事情用不同的思维方式来思考，结果完全不一样。比如之前的魏则西事件，他生病求医时由于百度展示的虚假搜索信息而耽误病情，最后酿成悲剧，这件事给百度带来了很大的影响。百度的员工们基本都来自211、985这类高校，员工们不可谓能力不强，不可谓热情不高，就算晚上11点钟走在百度大楼下面，也能看到灯火通明。这些员工付出了不亚于任何人的努力，然而结果不仅由热情和能力决定，更由思维方式决定。他们的搜索排名逻辑是谁给钱多，谁就竞标在最前面，所以排名靠前的医院都由莆田系占领，他们的绩效考核导向是谁给钱最多就让谁上，他们没有想过人的生命只有一次，而这就是价值观的问题。在价值观等思维方式为负的时候，人的热情越高，能力越强，带来的灾难反而越大。

经营层面的思维方式也至关重要，如果在2012年我没有进入电商行业，仍然留在传统领域，那么我看到的就还是线下的经营方式，也不会有今天的成就。我们那时候是被品牌方逼着做电商的，我用了10年的时间才把线下做到7000万元的规模，而在电商行业，虽然在2012 ~ 2014年我们在起步阶段盈利较少，但2014 ~ 2018年我们的销售额从几百万元涨到了3亿元。所以，这就是思维方式改变所带来的好处。

以上方程式是稻盛老先生通过切身经历总结出来的，老先生也是一个很平凡的人，早年升学失利，身体也不好，求职时屡屡不顺，最后在一个很小的濒临破产的企业里工作……我相信在能力和热情方面有不少人会比他突出，但是为什么他能有如此高的成就，在我看来是因为他在价值观和经营思维两方面都有着非常独到的地方。

稻盛的经营哲学体系分为经营哲学和经营实学两大类，其中经营哲学包括经营十二条和领导人资质两方面。

**（2）稻盛经营十二条**

①明确事业的目的和意义；

②设立具体的目标；

③胸中怀有强烈的愿望；

④付出不亚于任何人的努力；

⑤销售最大化经费最小化；

⑥定价即经营；

⑦经营取决于坚强的意志；

⑧燃烧的斗魂；

⑨临事有勇；

⑩不断从事创造性工作；

⑪以关爱和诚实之心待人；

⑫保持乐观向上的态度。

我们经营企业时最重要的是第一条——明确做这件事情的意义和目的，做事情之前先想明白目的，再设定目标，最后还要有像渗透到血液里一样强烈的愿望。这些虽然看上去和经营一点关系都没有，大多数都是在说心性、努力和意志，但其实非常重要。

**（3）领导人的五条资质**

①具备使命感；

②明确描述目标并实现目标；

③挑战新事物；

④获取众人的信任和尊敬；

⑤抱有关爱之心。

作为领导一定要具有格局、气量和使命感，强烈的使命感能让他的事业做得更大。同样，领导人要能明确描述目标并实现目标，要有挑战新事物的决心和勇气，要能获得整个团队的信任和尊敬，更要对团队抱有关爱之心。

**（4）六项精进**

①付出不亚于任何人的努力；

②要谦虚，不要骄傲；

③要每天反省；

④活着，就要感谢；

⑤积善行，思利他；

⑥不要有感性的烦恼。

"六项精进"的智慧源自佛家中的六度，这六条其实和毛主席的一些思想也有异曲同工之处，比如"要谦虚，不要骄傲"，对应了毛主席的"谦虚使人进步，骄傲使人落后"；"要每天反省"，对应了毛主席的"批评与自我批评"；"积善行，思利他"，对应了毛主席的"全心全意为人民服务"；"不要有感性的烦恼"，对应了毛主席的"要有革命乐观主义精神"……还有"付出不亚于任何人的努力"，"活着就要感谢"，这些点都需要落地实施，它们能帮助我们推动人生的事业走向成功。

其实我最开始接触盛和塾的时候并没有太多深刻的体会，直到我参加了六项精进研讨会，当初我是一个人去的，上完课后受益匪浅，所以又安排了两个高管参加，之后我们公司有70余人都参加了这个课程。"六项精进"课程不同于一些心灵鸡汤式的励志成功学，它能真正让我们完全进入一种新的思考状态，作为领导我们会思考如何做好企业，如何对待我们的员工；作为员工会思考应该如何理解公司、感恩公司。这样，双方都有了改变。

之后，我让所有员工都参加了六项精进的培训，并建立了学习交流群，大家一起写下自己的感悟。在这个过程中很多人都流过泪，你能感受到他们很多变化是发自内心的。有一个员工还为此专门给我写了封信，他本来离开了公司，后来又回来了，信里他说非常感谢公司给他这次机会，这次来之不易的机会他会好好把握，努力做得更好，不会让我失望，也希望我继续鞭策他。其实在看到员工发自内心地转变之后，你会觉得他们非常可爱，同时作为领导我们也会反省自己，看看自己是否有哪方面没做到位。

员工参加完培训后，他们会每天坚持诵读企业文化并打卡，直到现在。诵读的内容分为三个部分，第一部分是企业使命，第二部分是六项精进培训的全篇大纲，第三部分是《大学》的大纲。到晚上会有打卡，大家按模板把每天的工作内容和反省写好并发出来，我会带头打卡，如果我自己做不到，也没办法要求别人做到，己所不欲，勿施于人。只有自己做到，才可以去要求员工，正己化人，率先垂范，作为领导人这是非常重要的。

## 4. 企业文化如何落地？

企业要建立文化体系，由老板影响员工变成文化影响员工。起初公司就几个人，大家都能看得到老板是什么样的，但是等公司做大之后，不可能每个人都认识老板，所以此时用文化来影响员工就变得至关重要。

我看过很多公司会把企业文化贴在墙上，贴得很漂亮，但却没有落地，也不知道如何落地。在企业文化落地和员工管理方面，我们公司有个高管就做得很好，之前他参加浙江中信的游学活动时，看到这家企业完全践行着稻盛哲学的理念，旨在打造幸福企业的文化，这一点让他感悟颇深。回来之后，他就把打造幸福企业的八大模块运用到我们公司了，想要通过这些让员工感受到公司的温暖。

### （1）人文关怀

打造幸福企业首先需要人文关怀，我们公司精神文化第一点是孝义。游学回来我做的第一件事，就是给所有员工的父母200元的孝金，此外在员工生日那天，再加200元给他们的父母，并且会让主管打电话给他们的父母进行问候和祝福，感谢他们培育出优秀的儿女。这样做的目的在我看来是厚德载物，是在厚我们的德。孝自己的父母是小孝，孝员工的父母是中孝，孝天下父母是大孝。孝即德，这方面的支出，对小公司来说，可能花费比较少，但我们公司200余人，这笔费用一年要50多万。即使是这样，我也觉得值，毕竟这也算是在弘扬中华传统文化。

我们会给员工发放节日礼品，所有员工都交五险一金，结婚生子公司会统一送礼金，还会有一年一次的体检、年度旅游，夏天每人补贴200元高温费，此外，每月会有空巴[1]，团队通过聚餐喝酒来交流等。大家如果后续要安排这些人文关怀活动，我可以根据自己的实际情况，做到循序渐进、细水长流。

我们公司最近搬新地址了，所以公司可以给大家提供更多健康方面的服务，比如有新建设的健身房、茶吧、乒乓球室。从明年开始公司会为员工每天提供一顿免费的午餐，原来有一些福利我们是和业绩挂钩的，现在团队每个人都可以享受。

公司的各项关怀活动如果都让人事行政来做，他们会很累，所以我们组建了一支志工团队，每位志工主导一个模块，再由人事安排去落实活动。这些志工都是经过精心挑选和考察才确定的，每一位志工都必须是怀着一颗炙热的心、愿意去做这些事的人。志工的意义在于引领全员开创幸福企业，其实在做完这些事情之后，志

---

1　空巴：该词来源于日语，本意类似"喝酒的聚会"，用于企业中可理解为是一种"酒话会"。

工自己的信心会有很大的提升，在传递温暖的同时也温暖着自己，所谓爱出者爱返，福往者福来。

### （2）人文记录

我认为人文关怀活动是需要被记录下来的，所以每次都会拍照留存。我一直想把这些象征着企业文化的活动记录和公司的销售状况，以及一些优质的文章整理成期刊，给员工们看，这对公司而言十分有意义。

### （3）绿色环保

我们公司非常重视环保，原来公司垃圾很多，后来我要求公司不允许有垃圾桶，全部撤掉，由于扔垃圾不方便，公司的垃圾减少了很多。同样因为大家点外卖会产生大量白色垃圾，出于这个原因我们公司有了自己的食堂。之前我们的办公室很乱，有很多用不上的东西，后来我把桌面的物品摆放要求，电脑桌的摆放方式统一之后，情况就好转很多。

我们会议室很多，对会议室的使用也有一定要求，3 ~ 6人只能使用洽谈室，6 ~ 12人只能使用小会议室，12人以上才可以使用大会议室。办公室和会议室里的灯和空调也会有特定的开关要求，这也是在践行阿米巴里的"销售最大化，费用最小化"的原则。

我认为要想做好一家企业，必须要建立一些标准，这样等到企业做大的那天就不会出现太多问题。

### （4）健康促进

我们公司一直重视健康方面，要为人类的健康做出贡献，首先要为员工的健康做出贡献。我们公司每年会安排员工体检，还会举办健身房运动、各种球赛、眼保健操和徒步等活动，我们一直很提倡徒步运动，员工每完成一次，公司就会捐100元给慈善机构。

### （5）成长精进

我们倡导每天在钉钉早读分享，分享学习的内容包括樊登读书、混沌大学、定位系列书等。公司的员工大部分是90后、95后，我们很难真正用规章制度约束到他们，但是当你把他们的心打开，让他们感受到公司的温暖时，他们就会慢慢地融入进团队，一起通过学习来提升心性。现在每天中午我都会看到他们在学习，公司的学习氛围就这样被带动起来了。

**（6）敦伦尽份**

这句话的意思是要尽职尽责，我们公司准备了意见箱，会认真对待员工提出的每个意见或建议，并且不管最后有没有改善，我们都会给予回复。

**（7）慈善公益**

我们公司会组织一些慈善公益活动，例如去福利院定期看望感恩户（感恩户在慈济里面就是贫困户），当我们看见他们的苦，就能见苦知福，知福惜福，也就能够造福。在这个过程中我很感恩，他们自己的苦难牺牲让我们看到了人间各种苦相，这是我们平常见不到、想象不到的。今天的沿海地区非常发达，很难想象沿海地区还有这么贫困的家庭，还有这么多家庭中唯一的电器只是一盏灯。上次我们有两个代表去看望感恩户，他们都哭了，见苦知福，从而对所拥有的一切怀揣着感恩之心。

## 四、总结

### 1. 企业经营四句话

（1）用规矩管理企业；

（2）用舍得经营企业；

（3）用忠孝仁礼培养团队；

（4）把企业办成家和学校。

用经营的四句话来说，2014 ~ 2015年我们用规矩管理企业，2016年我们用舍得经营企业，让全体员工在收入这方面充分享受公司成长带来的成果，用忠孝仁礼培养团队，把企业办成家和学校，这样就算有一天他们离开公司了，也会一直记得我们公司，这些对他们是最大的成就。

### 2. 经营目标"四三三"组合

（1）四种人：自燃型、可燃型、不燃型、阻燃型；

（2）三座山：紫金山、泰山、珠穆朗玛峰；

（3）三种状态：散漫状态、工作状态、训练状态。

在工作中有四种人，一种是自燃型的，工作时他们是主动燃烧、充满热情的；一种是可燃型的，受环境影响他们也可以燃烧起来；还有一种是不燃型的，不管怎样他们都无动于衷；最后一种是阻燃型的，充满了负能量，他们会阻碍到其他人。

企业的三座山是指有三种目标，对于企业来说，重要的是我们的目标到底在哪里，我们要爬哪座山，每个人心中的山高度不一样，这就决定了企业与企业的差距，以及人与人的差距。在日本有些企业的企业文化里，未必大家都要爬珠穆朗玛峰，甚至未必都要爬泰山，他们更希望自己能活得快乐。这些企业往往做得都不大，几乎都是一家家传下来的，他们的匠心精神，以及对事业产品的专注是值得我们学习的。但如果想要坚持做好一家企业，就一定要树立高目标，这个目标决定了企业能走多远。

其实大多数人是想爬珠穆朗玛峰的，但需要提前考虑清楚，登顶珠峰需要什么样的人，需要什么状态。如果是散漫状态、休闲状态，可能就如同某些百年企业一样只在一个点上专注于产品和服务，这样的状态是无法攀登珠峰的，但是如果想爬珠穆朗玛峰，企业就需要时刻保持在训练状态，就像备战的运动员一样，不仅动作要做到标准化，装备也需要标准化，同时具备高度信念，这样才有机会问鼎珠峰！

以上组合，决定了企业和企业的差距，人和人的差距。

## 3. 人心凝聚，永远是企业经营的第一要素

率领一个团队取得成功，归根结底只能依靠人心，因为比人心更可取、更确凿的东西并不存在。企业最难的是心与心之间的交流和连接，只有把员工当亲人，员工才会把心交给公司，把公司当作家。生命的价值不在于你赚多少钱，而在于你能让多少人体会到做人的乐趣和意义，能让多少人的梦想之花激情绽放。8年来是员工成就了我，如果没有他们的辛苦付出，公司就不可能有今天的成就，从现在开始，为了我的伙伴们，我必须坚强地走下去，努力实现他们每个人的梦想。

在我看来，现在大家做电商，更多地是关注经营技巧，但我希望大家也能静下心来考虑如何让企业走得更远，如何给更多人带来成就感，如何承担更多的责任。我相信只要大家做到了这些，就能在电商之路上越走越远、越走越好，祝福大家！

## 问与答

» **提问 1：**

我们团队比较年轻，我也想把稻盛哲学运用到公司里，但觉得在领悟和执行上会很难，担心他们不吃这套，觉得我在洗脑，怎么去真正践行稻盛哲学呢？

» **罗总解答：**

这个过程最难的点在于让所有员工都这样做，这是自上而下的一个过程，首先领导应该率先去做，再去影响高管团队，让高管团队先有这样的认知，先改变，然后再去影响他们的团队。整个过程不能急于求成，要一点点地去推进，先易后难，比如"六项精进"的课程可以让部分高管先学习，学完以后将收获的内容分享给大家，先易后难，自上而下。

» **提问 2：**

稻盛哲学里说的团队，应该是所有老板都想要的团队，但是太难了，很多人都望而却步。聚草堂让我觉得最好的地方是，你认为做不到的事情，他们让你看到了别人正在做，这个是参加聚草堂非常大的收获。贵公司对于人文关怀比较重视，做得也非常具体，并且不是纯福利型公司，也有对员工的鞭策和要求。

在执行过程中，对于不燃型、阻燃型的员工，应该怎么处理？公司坚持这么做时，是否有员工因此离开公司？如何去对待不一样的声音？

» **罗总解答：**

企业里对于后退的员工该怎么办，我觉得在公司的管理中既要有菩萨心肠，也要有霹雳手段。如果只有菩萨心肠，就会变成佛系的企业，对于员工要求高没有错，如果他做不到或和公司价值不匹配，让他离开也没问题。我们并没有能力去拯救全世界，我们能做到的是让留下来跟随我们的人成长、成功，这才是核心。

对于基层员工到中层到高管，我认为不同的层面有不同的要求。对于基层员工一定是以物质为主，20%让他们在心性上跟着走，80%让他们在收入上提升、满足。越往上走对于员工心性部分的要求越高，他的心性决定了他能和企业走多远，因为对于收入这块他不会有太大的要求了。

所以我觉得要在以人为本和以奋斗者为本中找到一个平衡点，没有对错也没有标准答案。从内心来讲希望每个人都能好，去帮助他，但当他影响整个团队时，他被淘汰是自然规律，也符合市场的规律。

# 第三节　小须鲸的"海贼王"团队文化解读和构建

聚草堂/张诗光

### ■ 作者介绍

张诗光，聚草堂核心圈子会员，智能家居类目亿级操盘手，10年电商运营、经营管理经验。他专注于亿级团队的发展和效益最大化，主导搭建的人才培训体系和团队管理培训体系，完成了团队从无到有、从高到低的进化。

## 一、"海贼王"团队文化的元素应用

在不少电商朋友眼中，我们"小须鲸"是一家以"海贼王"文化为核心、酒文化氛围浓厚、充满正能量、团队人才流失率极低、7年专注智能指纹锁、在行业中小有名气的电商公司。

我们公司目前主营智能锁类目和线下智能家居，合作的品牌主要是国内一线的电子消费品牌。团队人员构成基本上都是90后，其中93后、95后占了60%以上，这也是我们团队为什么会强调一些"玩"文化的原因，因为年轻人居多。假如我们是在10年前，以"亮剑精神""狼性文化"去打造团队文化或许没错，但现在团队的构成不同，文化的底蕴也同样发生了变化。

小须鲸的创始人沙克是一个90后创业者，同时也是著名动漫《海贼王》的忠实粉丝，对《海贼王》的核心精神有一些自己的理解，他的花名是香克斯。在这部动漫里，每个人都有各自的特点和需求，他们为了实现各自的梦想聚集在一起，为同一个目标而奋斗，相互信任。

《海贼王》的主角叫路飞，一开始我认为他挺傻的，但随着他的故事线逐步展开、团队开始壮大，我对他也产生了改观。第一个进入主人公路飞团队的人物叫索隆，他的梦想是成为世界一流的剑客，但他知道想要实现自己的梦想，就必须像路飞一样去拿新航海的地图，在那个地方磨炼，他才能够实现自己的梦想。换而言之，虽然他们梦想不同，但目标是一样的。

加入小须鲸团队的人，或许有的是希望自己可以逆袭，有的是为了过更美好的生活，总之大家的梦想不一样，但目标是一致的——把公司做得越来越强，赚更多的钱，给家人带来更好的生活。所以，我们需要知道每位员工有什么样的需求，了解他背后的梦想，这样才能更好地一起完成公司的目标。

我们公司之前的价值观相对比较复杂，后来发现年轻人不愿意过多地理解这些东西，于是我们就把这些价值观简化为6个字——"修己、感恩、利他"。不管是对外还是对内，我们的经营目标是希望成为国内最具价值的智能家居运营商，也希望成为智能家居的解决方案提供商。上一个5年计划，我们完成得还不错，成为了一个优秀的运营商，也得到了很多大品牌的关注。5G时代的到来给智能家居提供了非常好的机会，所以我们第二个5年计划是希望成为一个优秀的智能家居解决方案提供商。

### 1. "海贼王"花名制

在小须鲸，每个伙伴入职后的第一件事就是要给自己起一个花名。每位小伙伴从《海贼王》这部动漫的人物中，挑选气质、风格、特点、形态等可能与自己相近的人物，成为他的花名，公司所有人对他的认识也从此刻开始。以我自己为例，我在公司的花名叫雷利，我是小须鲸的008号员工，后来也成为了公司的合伙人之一。当时进入公司挑选花名的时候，由于我是公司里面年纪最大的（1985年），而且又自认为自己能力还算比较出众，所以就百度了"《海贼王》中最强的10个人物"，在里面我瞬间就被一个老头子吸引了，这个老头子能力出众、具有特别强大的气场和霸王色，我觉得我非常适合这个角色，于是"雷利"这个人物名字，就成为了我的花名。

我们公司里有一位伙伴对吃有一定的研究，平时也喜欢自己折腾一桌菜，于是《海贼王》中符合厨师特点的著名人物"山治"就成了他的花名。后来，他老婆也进入了我们公司，《海贼王》中"山治"的老婆"布琳"，就成为了她的花名。

花名可以弱化资历、职位、年龄等差别，将所有人拉到一个相对亲近的距离，也可以避免某某总、某某哥之类的称呼泛滥。还符合我们公司以年轻人居多的特点。目前《海贼王》中的人物名字超过1000个，所以短期内，我们公司的发展完全能适应得了花名制度。

## 2. "海贼王"船号文化

小须鲸公司在过去的几年中，主要以代理品牌为主，每个代理的品牌，我们会成立一个项目部，这个项目部中，包含运营总监、天猫店长、京东店长、设计师、客服组长、客服等不同岗位的成员。

我们对项目部的称呼，采用的是船号的叫法。比如，小米生态链的一个项目，我们叫作"北斗星号"；国内TOP品牌智能锁的代理项目，我们叫"雷德号"；华为生态链的一个项目，我们叫作"阳光号"……这些船号基本上是来自《海贼王》中的海贼船号名称，而项目的总负责人也就是运营总监，在小须鲸内部统一叫作"船长"。

通过一个个特点鲜明的船号，能够较好地凝聚起船号的精气神和战斗力，船号的集体荣誉感也会在一开始得到建立。甚至有些项目成员还会给自己的船号设计LOGO（大部分是沿用《海贼王》海盗船中的对应船号标识），这些LOGO还可以广泛地应用在PPT等领域，并且作为一个类似阿米巴的组织，可以较好地树立船号领头人，也就是"船长"的威信，建立成为船长的荣誉感，让很多优秀的运营，树立"成为船长"的目标。所以，采用船号的项目部形式可以说是一箭多雕。

## 3. "海贼王"战役模式

我们在日常工作中，通常会以《海贼王》中的战役名称或类似名称作为某个事件或工作的行动代号。这么做的好处在于，第一，可以体现这件事的重要性；第二，便于简单地总结表达起来较为复杂和周期长的事件；第三，有利于凝聚人心，共同突破；第四，对于某些重要事件有一定的延续性。

比如2021年2月份，我们刚开始的一个项目，正好遇到开年，我们就把这个叫作新世界航线计划；"6·18"年中大促我们叫作登陆红土计划；"双11"称为顶上战争；到了月末冲刺就叫独立日。除此之外，我们在2020年春季新冠肺炎疫情复工后，面临较为明显的危机，在月销量已经掉到很低的情况下，为了快速恢复店铺和链接的元气，组织了为期一个月的"春雷"行动，确定了核心目标，凝聚了团队精气神，也顺利渡过了难关。

## 4. "海贼王"荣誉墙

"海贼王"荣誉勋章墙是用于表彰对公司的某个时间点或者某个事件有一定贡

献的伙伴，给予他们勋章奖励并且公示出来。每个月我们都会执行一整套用于评定的勋章规则，比如团队小伙伴参与了小须鲸学院的分享，就可以获得一枚勋章；出谋划策做一些有价值的事情，也可以获得一些勋章。荣誉勋章等级分为青铜、白银、黄金、铂金、钻石和王者，具体获得勋章的方式和勋章用途在后文激励中会展开说明。另外，为了让公司的环境充满航海的氛围感，办公室里会放一些跟《海贼王》元素有关的东西，比如船帆、锚、奖杯等。

## 二、小须鲸团队组织架构构建

### 1. 小须鲸团队组织架构

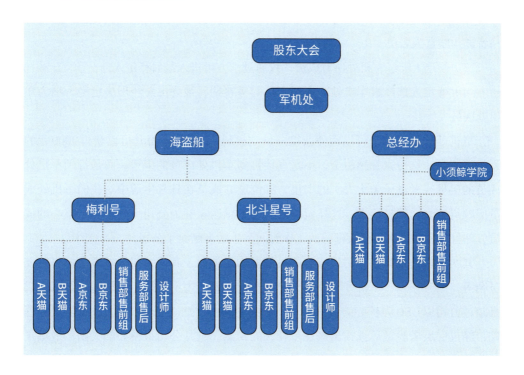

▲　小须鲸团队组织架构

上图是我们公司的组织架构图。股东大会由创始人和股东组成，在非常关键的时候，决策公司事务。公司日常运营中的事务主要由总经办和海盗船两个组织负责，衔接这两个板块的组织是军机处。

总经办下面有财务部、商品部、服务部、内容运营部、法律顾问以及小须鲸学院。海盗船是事业部，现在有梅利号和北斗星号两艘海盗船，它们下面有负责店铺的店长和运营，有销售部的售前客服，有服务部的售后客服，还有一些设计师。（注释：本文分享于2020年。截至2022年6月，小须鲸已有5个船号，分属两个大海盗团分别管理。同时，销售客服独立成为一个单独的销售服务中心，不再由直属船号管辖。）

## 2. 小须鲸核心中枢——军机处

我们公司有一个比较特别的组织——军机处，军机处的小伙伴必须符合以下要求：

（1）主管级别以上、入职半年以上、情商测试120（申请基本门槛）。

（2）申请者需对军机处考核标准进行自评，并由军机处内部成员评定，达到合格者进入候选人名单。

（3）候选人需经军机处所有成员一致通过，方可进入最后待定人选。

（4）待定人选经过军机处为期两个月的考察期，最终由总经理决定是否纳为军机处成员。

军机处的每位员工可以额外获得一份"福利"，即每人每月可以获得3000元的家眷感谢金。这份家眷感谢金，不是直接打到军机处成员的卡里，而是打到军机处成员的父母或者妻子（丈夫）的卡里，哪位家庭成员在日常生活中对我们军机处成员照顾得较多，就打给谁。这样做的目的在于感谢家眷为公司贡献了一个核心的成员，并且这个成员将自己大部分的工作时间和生活奉献给了公司。

其实军机处是我们公司最核心的决策机构，类似于其他公司的董事会、决策委员会等。但有一点，军机处不等同于股东成员会议，也不等同于公司主管团队，它是经过公司以CEO为核心的两三个人，根据责任、贡献、格局、权力、价值观等基础，经过层层考验最后选拔出来逐步壮大的团队。它是公司最核心的大脑、最端正的价值观践行者。我们可以根据公司现状和规模来决定符合条件的成员，军机处成员建议在3～9人之间，不宜超过10人。

以下是我针对军机处的考核细则的简单解释：

（1）自评和其他军机处成员的平均评分必须达到24分方可进入军机处（评分人数较多的时候可以去掉一个最高分和一个最低分），低于24分不录取（宁缺毋滥原则）。

（2）每个项目，必须先得到低分项，才能考虑是否满足高分项。比如，某位小伙伴在团队协作项目中，必须先得到"决策前发表建设性意见，充分参与团队讨论。决策后不论个人是否有异议，在言行上完全予以支持"这个2分项，才能考虑这个人是否能得到"善于和不同类型的同事合作，不将个人喜好带入工作，充分体现'对事不对人'的基本原则"这个3分项。如果有的人符合3分，但是不符合2分，最终我们也不能给他打3分。

（3）考核项更重要的作用是鞭策大家努力提升自己，大部分项目大家达不到5分是很正常的，我们可以把5分项，作为我们的终极目标。

（4）初期的军机处成员，可以由CEO制定标准，自己给他们打分。挑选2～3个种子选手，并做好基本的宣传、思想、责任传达等工作，之后再拓展军机处成员的数量。

### 3. 小须鲸学院的工作构成

2017年，我刚进入公司的时候建立了一个学习分享群，把平时觉得优质的文章或者对大家有帮助的内容发到群里一起分享（我不想放到公司的大群，因为很容易就石沉大海）。后来，随着越来越多的人进群，大家反而开始忽视群里分享的内容。于是，为了进一步完善公司的学习氛围，我们成立了小须鲸学院。

想要参加小须鲸学院是需要提前报名的，我们需要团队小伙伴提交PPT、Word、Excel形式的简历并说明申请理由，简历由负责小须鲸学院的同事审核。小须鲸学院会定期组织一些活动，比如早上八点半到九点的早读会。我们也会利用晚上的时间，把樊登读书会里一些不错的文章或内容，在会议室里面投影出来，让内部成员一起学习与分享。

我们每个月还会有3～4次的内部培训，这些培训基本是围绕员工的成长需求设计。比如我们的一位销售部同事计划想往运营助理方向发展，由此我们想到如果销售人员具备一定运营思维，那在销售方面肯定可以提升业绩。于是我们邀请了运营开课，向销售部的同事讲授如何运用运营思维来提高销售业绩。再比如，如果运营需要提升视觉审美，我们也会邀请资深设计师进行分享，帮助运营提高审美能力，这也算是无形当中让运营学习一些跟视觉有关的课程。

在这种互帮互助、相互学习的环境下，很多同事学习完外部知识后，都会回来重新梳理和应用，再把这些课程分享给其他小伙伴。

## 4. 小须鲸的日常团建

我们公司会学习稻盛和夫阿米巴里的空巴文化（可以理解为喝酒形式的聚会），并将其做成我们其中的一个团建项目。在举行空巴聚餐时，我们不会单纯地喝酒，而是在喝酒的时候聊一些事情，工作也好，吐槽也好，有些小伙伴还会选择拥抱来加深感情，化解内部矛盾。

另外，我们还有一些日常的团建项目，比如户外拓展训练。公司会组团去某个地方待上两天，安排一些团队合作的游戏让大家放松一下；还有文体运动，我们每个星期二和星期四都会一起打篮球，增强身体素质。

## 5. 小须鲸关于考勤转惩罚的玩法

**关于跑步抵考勤扣款活动（不含请假扣款）：**

1. 以每3千米为结算单位；每天限跑6千米，超出6千米不算入跑步活动范围内。
2. 月考勤扣款200元以下，跑步6千米，可分2次跑完；
   月考勤扣款200元—400元以内，跑步12千米，可分4次跑完；
   月考勤扣款400元—600元以内，跑步24千米，可分8次跑完；
   月考勤扣款600元—800元以内，跑步36千米，可分12次跑完；
   月考勤扣款800元—1000元以内，跑步48千米，可分16次跑完；
   月考勤扣款1000元—1500元以内，跑步60千米，可分20次跑完；
   月考勤扣款1500元以上，跑步60千米，另罚款500元。
3. 月考勤罚款600元以上，除需跑步外，另扣罚款的1/3作为警戒。
4. 上班时间不允许跑步，月底结算次数，完成者，考勤不扣款；未完成者，按扣款总额×（剩余跑步千米数/应跑千米数）进行扣款。

*备注：打篮球、打羽毛球、踢足球、夜跑等场景根据实际情况抵扣3~6千米*

▲ 跑步抵考勤扣款活动

很多公司在考勤方面会有多种奖惩，惩罚大多数都以罚钱为主，但我们公司则是以运动为主。如果这个月某位小伙伴的考勤是扣款200元，那就需要在公司跑步机上跑6千米，这6千米可以分两次完成，也可以一次跑完。如果被扣600元，就需要跑36千米。同理，这36千米可以分12次跑完，每次不低于3千米。有些同事不爱跑步，我们就把打篮球、打羽毛球、踢足球、夜跑也都纳入惩罚体系，比如打一场2个小时的篮球可以抵扣6千米的惩罚。但后来我们发现有些人考勤实在太糟糕，仅仅用运动的方式完全不够抵扣，所以罚款600元以上的小伙伴除了跑步之外，我们还罚他1/3的钱作为警戒。另外，公司还规定工作期间不允许跑步，跑步千米数在月底结清，完成者考勤不扣款；未完成者按扣款总额×（剩余跑步千米数/应跑千米数）进行扣款。

### 6. 小须鲸关于选人用人

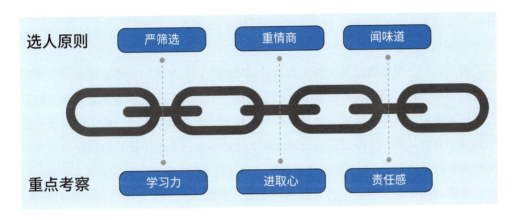

▲　小须鲸选人原则

我们的选人用人会遵循以下几个原则。

（1）严筛选

我们在招聘运营和客服时，发现单一招聘渠道已经满足不了我们的需求了，所以除了本地的人才网之外，我们还会去boss直聘、58同城等平台招聘。

寻找优秀人才的第一步是对人才有一个具体的"人群画像"。在招聘这方面，我们会罗列出每个岗位所需要的特征，比如招聘运营，我们必须想清楚我们需要的人才是什么年龄段、学历、户籍、有无工作经验，曾经做过哪些项目等信息，再去筛选简历，基本上筛选20份简历才会留下一份符合我们要求的。符合要求的简历会由总经理或者用人岗位的核心负责人亲自过目，当他们认为这个简历可行时，接下来就由人事与求职者微信私聊，如果人事也觉得这个人不错，才会安排他来公司面试。近期，通过这种模式，我们约了6个人来公司面试，最后成功录取了4个人，部门主管都反馈这批进来的新同事非常不错。然而，事实上在招聘这4个人之前，我们实际上已经筛选排除了一百多份简历，这就是我们的严筛选。

### （2）重情商

我们发现所有成功的人都有一个特点，他们往往具备高情商，我们在面试的过程中也非常重视情商这块。有些人懂得如何与人交谈，我们沟通起来就会比较舒服，这类人是我们比较喜欢的；但有些人在沟通方面比较死板，我们就不太喜欢，想要融入我们公司团队的人，必须具备一定的情商。为此，我们在面试的时候，通常都会让面试者做一次情商测试，通过情商测试题或许我们不能真正地筛选出高情商的人（因为有些高智商的人，他知道情商测试题中哪个答案回答的得分更高，而因此并没有按照真实情况作答），但至少可以排除情商低的人。

### （3）闻味道

曾经我们公司招聘过只工作了两周就离职的人，后来我们得知，这两个人在面试过程中都有一个面试官不想录取他们。虽然一个人离职的背后原因有很多，但是公司还是决定，当多个面试官参与面试时，任意一个人觉得面试对象不合适就一律不录取。有时其中一位面试官不认可求职者也许不是因为他不优秀，而是他的气质可能和我们公司不符。所以我们需要闻味道来确定这个人是否能和我们玩在一起。

所谓的闻味道是指我们公司会由一个人来判断，这个人适不适合与我们共事。我们公司任何一位员工入职至少会经过三位面试官的面试，第一位是负责招聘的HR，第二位是该岗位的直属领导，比如主管，第三位是该岗位总监或者公司军机处成员。我们的面试分为两轮，第一轮是HR面试，第二轮才是主管和总监面试。其中总监的角色就是用来闻味道的，总监是每个公司最核心的骨干，他们非常了解公司价值观和理念，通过总监与求职者的交谈，就能推断出这个人在我们公司是否会"水土不服"，如果觉得面试者不太适合与我们共事，那就pass。这个做法类似于阿里的政委，他们在面试中不和求职者谈工作、谈考核，而是带求职者在公司走一圈，介绍阿里的各种历史，再一起吃个午饭就能判断出这个人适不适合我们公司。

### （4）重点考察方向

在面试过程当中，我们还会重点考察求职者的学习力、进取心和责任感。

①学习力

对我们公司来说，一个人的学习力很重要。因为我们智能门锁类目在当地没有同行，如果没有持续的学习力，那可能就永远停留在利用人工干预来提高销量这一层面，更别提通过创新来做好类目了。

②沟通力

我对沟通力的理解是，沟通不仅仅是与人交流的能力，还包括写作能力。前段时间我们运营总监决定，之后招聘来的店长需要有一定的文字功底，因为平时工作中写文案、梳理详情页、写话术和撰写计划书的时候，都会涉及文笔。如果一个人的文字表达能力不行，我们就会慎重招用。

③思考力

对于想加入我们公司的应聘者，我们不强求他必须具备深度思考的能力，但至少需要有基础的思考能力。比如，我们在面试运营时，会问对方之前是做什么类目的，假如对方回答鞋子类目，我们会接着询问，你认为冬天哪一款鞋子比较好卖？若对方说，冬天加绒加厚的鞋子比较好卖，我听到这个回答，就能察觉到该面试者不具备深度思考的能力，因为所有人都知道冬天加绒加厚的鞋子好卖，我想听到的回答是对方告诉我更具象化的东西，比如怎样加绒加厚才能好卖，哪个城市、哪个省份、哪个地区更喜欢加绒加厚的鞋子。通过一个简单的问题就能判断出一个人是否具备思考能力，而思考能力的强弱决定了他能触及多高的天花板。

以上便是我们构建的选人标准，这些标准可以帮助我们提高选人的准确率。

### 7. 小须鲸"海贼王"团队人员流失率低的核心密码

小须鲸团队目前的成员超过了100人，100人的团队说大不大说小不小，但在这7年里，要做到员工流失率不到10%，也是件不容易的事情。我总结了自己这些年的经验，把团队建设经验梳理成以下两条线。

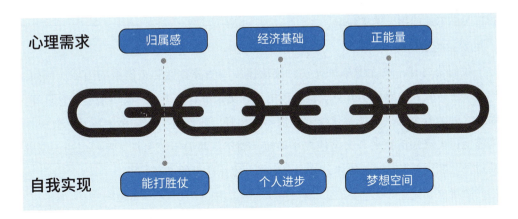

▲ 小须鲸团队经营的两个核心

我认为在任何团队经营中，都必须满足员工两个核心，一是心理需求，二是自我实现。

团队经营中的第一条线是"心理需求"，心理需求分为归属感、经济基础和正能量。

### (1) 归属感

我对团队中归属感的理解是尊重团队、为团队骄傲、同事之间在生活中也能玩到一块去。

如果某位员工在工作中非常出色，但每次下班就直接回家，跟同事基本没有交际往来，这样的员工就是对公司缺乏归属感。假如公司中的女孩子会一起去逛街，就说明她们互相之间有归属感。虽然我们不提倡把公司当作家，但如果愿意让同事参与我们的生活，就是对公司有归属感最好的表现形式。

下面是我们公司一直在践行且可以帮助建立归属感的五种方法。

①公益活动

目前我们公司有一个小须鲸公益基金会，公司会以每年10万元、每个月2000元的形式向基金会派发基金，只要员工在公司工作满一年，即可享受以每月20元会员费加入基金会的资格。加入公益基金会的员工，在职期间本人或者直系亲属患上重大疾病的，公益基金会都会全力提供帮助。

另外，我们公司还会呼吁员工一起做公益性活动。本着弘扬正能量、奉献爱心、济困助学的精神，基金会开展了针对环卫工人的"微笑早餐"行动、对贫困学生的公益助学、对偏远地区学童的体育用品捐赠，以及对消防救助站卫士的慰问等多种形式的公益活动。这些公益活动，基本上都是由小须鲸最基层的员工发起和参与，并且我们不求回报、不求扬名。

②正能量播报

我们公司有一块大屏幕每天实时滚动播放一些公益性和正能量的内容。例如，神舟十三号载人飞船成功升空、世界读书日、父亲节、"5·12"汶川地震纪念日等。除此之外，若今天是某位小伙伴入职周年纪念日，我们也会在屏幕上滚动播放庆贺内容，让大家知道原来今天是他在小须鲸一周年、两周年纪念日。我们想让大家感受到公司是一个有温度的集体，公司会记得大家在这里的点滴。

③玩在一起

我们公司会思考、琢磨现在的年轻人有哪些兴趣爱好。比如，前段时间公司年轻人喜欢玩"吃鸡游戏"，我们就组织吃鸡游戏比赛，后来大家又喜欢玩王者荣耀，我们就连续举办了三届王者荣耀比赛。我们组织这些活动的核心目的在于，让大家感受到在公司除了工作，还会有一些其他事情能让大家觉得很舒服，让大家体会到我们公司有着与其他公司不同的地方。也许在一些大城市，有很多公司会组织类似的员工活动，但对于福建泉州这样的二线城市来说，我们的做法在当地所有公司中是拔新领异的。

④团队骄傲

我们需要不断找到一些让大家一致认为团队很牛的地方，并且在内部宣传。比如，我们会不断宣传"我们公司是全国智能门锁经销商第一"，久而久之，员工就会发自内心地对公司感到骄傲。同时，当一些电商商家，甚至是智能门锁同行到我们公司拜访、交流时，也会由衷地感叹我们公司确实很厉害，并且对我们团队不断表示认可、喜欢甚至是羡慕。我们也会让公司同事们都知道这些事，小伙伴们会从中感受到团队的优秀。最近，在和聚草堂一位做人字拖类目的群友聊天时，我也建议他可以向员工不断灌输"我们公司是全国做国潮人字拖第一的团队"这个理念。这样，只要来了新员工，他们就会意识到原来自己进入的是一个这样的顶级团队！

我们需要不断地提升员工对于公司的自豪感，并且认同我们团队就是在整个行业中有引领作用。试想，谁不希望自己迈向优秀的行列、与优秀的人共舞呢？

⑤生活中的集体活动

生活中的集体活动是指，在一些集体活动中让员工们玩到一块，让大家感受到另一层面的情感。比如在我们公司，如果某位店长今天结婚，我们除了一些必要值班的岗位，其他大部分同事都会一起参加婚宴，并且公司还会组织一些人员帮忙张罗婚庆事项，如提供婚车等。也就是在生活当中，我们并不只局限于同事这层关系，还会像朋友一样相处。其实很多时候我们都能感受到，在行走江湖的过程当中，不只需要职业的发展，更需要你来我往的人情世故。

（2）经济基础

经济基础用最浅显的方式来理解，就是让员工感受到待在这个团队确实能赚钱。横向对比，让员工感受到他比同行收入更可观；纵向对比，让员工感受到他比同龄人更具有竞争力。尤其是对于一些刚毕业的年轻人来说，也许他的同学在泉州一个月薪资达到5000元已经很可观了，但我们公司的员工，月薪资可以达到7000元或8000元，甚至是更高的收入，我们要让员工感受到在我们公司可以拥有经济上的优越感。

我们公司在分钱机制这一块非常讲究,分钱不能阳光普照,而要倾斜向那些做出了成绩的人,这些做出成绩的人是可以带动其他员工积极性的。因为我们无法确保所有人的收入都非常可观,所以在这个时候就有两件事情值得我们思考。

第一,我们是否能保证公司20%骨干的薪资待遇优于同行,满足他们对金钱的需求。在内部团队中我们经常提到一句话,"管理的核心就是管理人心、管理人性",而人性最基础的需求就是生理需求、安全需求,我们是无法违背人性的,所以需要在这些方面给我们的员工提供一定的安全感。"管理就是管人",也就是通过管人去管事,它的核心在于通过其他人去拿结果,而这个"人"就是20%的骨干。前段时间看到一句话,"如果一家公司连20%的骨干都流失了,那一定是老板的问题,老板要负绝对的责任。"有些公司一边不断招人,一边又留不住人,其核心就在于没有做好这20%骨干的管理工作。

第二,我们能否花较小的代价,让大部分人感受到我们公司有优于其他公司的福利。我们无法做到给每个人涨薪10%,但是可以给员工提供一些福利,比如给每位员工安排一次全面的体检。虽然只是一个简单的体检,我们也需要用心去做。之前我们想过,直接找一家有权威性、大健康类的体检机构,但这样的体检机构做出来的项目数据可能不是非常全面,所以我们还是决定去正规、公办的大医院。经过货比三家,我们最终选择了本市最好的公立医院。得益于这次集体体检,多位同事和家属查出了类似恶性肿瘤的疾病,并且得到了及时的治疗。这件事让我们感到非常欣慰,因为小须鲸在高速发展的同时,也做着一些功德无量的事情。

### (3) 正能量

我们要让员工们感受到小须鲸是一家具有正能量的公司,我对正能量的含义总结为三个点:爱国爱家、诚信正直、有情有义。换句话说,要让员工感受到我们是一家爱国爱家、诚信正直、有情有义的公司。把这三点落实到具体的事务可以是做公益活动。比如,我们在公司附近会放一个冷饮柜,所有外卖小哥、快递小哥、环卫工人等都可以来免费领取冷饮柜中的矿泉水、菊花茶等。一个冷饮柜一个月的成本支出也就1000元~2000元,但是能让这些人感受到的关怀却是无价的。之前我们公司HR还提出"微笑早餐"活动,在每天早上5~6点,组织几位同事给附近的环卫工人送早餐。

曾经有人建议我们在做公益活动时,可以穿一件印有我们公司的名字的马甲,但我们拒绝了。因为我们做这些公益活动的目的不是为了宣传公司，而是真切地觉得做这些事情有意义，并且我们所做的所有公益也没有非常高大上，大家应该发自内心把它当作一件平常事看待，去传递正能量。

团队经营中的第二条线是"自我实现"，自我实现有三个核心点，分别是能打胜仗、个人进步和梦想空间。

### （1）能打胜仗

一个人若想在公司得到自我实现，就必须让他感受打胜仗的快乐。所以对刚加入公司的新人，我们会尽可能安排他们到能打胜仗的团队中，因为和一支这样的团队共事，不仅可以让新人得到一些打胜仗的方法论，还可以享受打胜仗带来的快乐，尤其是打胜仗带来的高绩效。除此之外，安排新人在能打胜仗的团队中，他们会更勇于表达自己的想法、观点，能更好地帮助他们成长、激发他们的活力，让新人快速融入集体。

### （2）个人进步

个人进步是指让个人在业务领域的内外都有进步的空间，个人进步我们将分为以下四点来实现。

①公司鼓励中层多出去学习

今年我们公司做得最多的一件事就是鼓励公司中层多出去学习，以前基本是核心管理层（老板、股东、总监）出去学习，但今年我们会鼓励店长、运营、设计师、客服主管、客服组长等出去学习交流。相信大家都有体会，我们自己在外面辛辛苦苦学到的东西再传授给他们，和让他们出去自己学习收获的效果大有不同。

中层管理者可能经常会面临在外学习完之后收获却不大的问题。对于这个问题，我们认为任何学习都需要一个过程，我们不能抱有太功利的想法，不要怀着"今天派一个店长出去学习，他一定要带着满满当当的收获回来"这种心态，但是出去学习的中层管理者也不能完全没有收获，为了解决这个问题，我们公司采取了一些方法。比如，我们派某个店长去参加聚草堂的学习课程时，首先在课程费、差旅费上，公司和个人各承担一半。在店长学习完回来之后，需要将学习成果复盘分享，若学习成果在公司内部一致认为合格了，公司就会报销剩余一半的课程费，但另一半的差旅费是需要店长个人承担的。这样做的目的在于公司给店长提供了一个学习的平台和机会，店长个人付出一部分金钱能让他更好地珍惜这个机会。通过这种方法我们也可以判断哪些人比较好学，哪些人的自我驱动能力较强。

②多从复盘过程中提升个人业务能力

我们公司基本上每个月都会做活动复盘。比如，在38女王节、55大促、6·18活动之后，我们会把所有客服进行分组，每个小组定一个统一时间做PPT进行复盘，每一次复盘计划都需要有一定的数据支撑，通过复盘可以反思我在这次大促活动中收获了什么、有什么不足、下次该如何做得更好等，所以每次复盘都是一次自我提升和成长的机会。

③小须鲸学院的学习

小须鲸学院的学习让每个小伙伴都能在工作之余真正感受到在公司的成长和进步，而不是只把自己当成公司的一位普通的员工，朝九晚五、做一天和尚撞一天钟。为团队的伙伴搭建良好的学习平台，不仅能提高团队的整体素质，更能提升他们的归属感。

④高频的内部分享和学习

我们公司会经常组织内部分享与学习，分享内容可以是沟通、运营、视觉、管理等各方面的知识。我们发现这种通过分享学习的方式，可以让知识的输出反向促进知识的输入。比如，我们的分享者并不是专业的讲师，也许很难将一个知识点非常深入地表达清楚，所以他在演讲分享前会去研究那些擅长演讲的人，学习他们在演讲过程中的语音语调、手势动作，而这些正是自我逐步提升的过程。

### （3）梦想空间

梦想空间是指我们需要激发员工自驱力，帮助他们规划在团队的未来。很多老板会认为我的员工完全没有自驱力，但事实上出现这样的情况在于，老板没有帮助员工规划他的未来。以我自身来举例，我在小须鲸服务5年了，前段时间荣升为副总，小须鲸的创始人沙克在此之前常常会和我沟通，告诉我成为副总后，需要承担更多的责任，以及对团队的促进作用。同样，面对店长，沙克也会在平常不断告诉他，你需要做好有一天升为总监的准备。总之，我们需要给每一个核心的骨干，提供一个梦想空间，去激发他们的自驱力。

也许大家会觉得梦想空间只是老板的套路，但在公司发展过程中，确实需要这个做法。我们不能一开始在员工入职时就告诉他，你有能力，你是未来的副总，如果一开始就给员工定太高的职位，会导致后续没有发展空间。所以，我们需要做的是在员工成长的过程中，循序渐进地激励他。这种方式，可以让高管永远能保持驱动力。给核心管理层规划升职空间只是一个开始，我们的最终目的是让他们持续产生自我奋斗的价值和动力，来保持持续的热情。

这就是我们管理高层人才的核心，给予对方梦想空间，并且这个梦想是一定能够实现的，久而久之大家就会相信公司确实能够帮助我们实现梦想。

## 三、小须鲸团队的福利设定和激励制度

### 1. 小须鲸团队福利

#### （1）加班福利

我们公司的考勤时间有一个弹性空间，如果员工加班时长超过3个小时，第二天就可以延后一个小时上班；如果加班时长超过6个小时，第二天则可以延后两个小时上班。

#### （2）入职福利

员工正式入职后享有社保、年度体检、年底十三薪、每个季度的大团建、多于同行的法定节假日、年末假期以及外省人员的返乡假期。可能有人会认为这些福利都是最基本的，但是在我们泉州，给全体员工买社保的电商公司可能不超过5%。

#### （3）工龄1年以上福利

①购车补贴

凡购买首辆车的员工，凭车辆购置手续证明或行驶证复印件向财务部申请登记备案，可享受一次性购车补贴——1个月的保底薪资。

②购房补贴

凡购买首套房屋的员工，凭房屋购置手续证明或购房合同复印件向财务部申请登记备案，自购房月份起，专员级别员工每月补贴1000元，合计补贴6个月；主管以上级别每月补贴1000元，合计补贴12个月。

③蜜月基金

凡新婚的员工，凭结婚证复印件向财务部申请登记备案，专员级别一次性补贴蜜月基金3000元，主管及以上级别一次性补贴蜜月基金6000元。

#### （4）奋斗者福利

关于奋斗者福利，我们会采用无息贷款与对赌协议的玩法。

无息贷款是指，假如某个店长计划买辆车，首付10万元，但是他只有5万元存款，这时就可以向公司申请5万元的无息贷款。这笔贷款可以分成12期或24期，从

他每个月的工资里面扣除。另外还有对赌协议，如果该店长今年的业绩完成率是100%，公司就可以把这5万元无息贷款全额免除，并退还已经抵掉的金额。如果业绩完成率是90%以上，贷款则可以减免一半。除此之外，我们也可以按净利润来进行对赌，比如某位小伙伴可以帮公司赚100万元，那这5万元的无息贷款也可以不用偿还。对赌协议可以根据公司不同情况进行设计，老板和员工都可以提出自己的想法，只要双方达成一致就可以。但我们需要注意，享受奋斗者福利的员工需要有相应的条件，比如工龄满2年，并且在公司有一定的职位要求。

### 2. 小须鲸勋章激励制度

勋章激励制度是按照一定的等级划分出不同勋章，不是直接奖励金钱却胜过金钱。

**此勋章执行规范如下：**

（1）公司设立荣誉勋章墙及船员名单；（2）获取勋章后，总经办将勋章贴于船员名下。

青铜勋章：评定人：水手长/船长/院长；每5枚青铜勋章可以兑换1枚白银勋章；价值50元
白银勋章：评定人：船长/院长/团长；每5枚白银勋章可以兑换1枚黄金勋章；价值300元
黄金勋章：评定人：团长；评定维度：重大贡献值；每3枚黄金勋章可以兑换1枚铂金勋章；价值2000元
铂金勋章：每3枚铂金勋章可以兑换1枚钻石勋章；价值8000元
钻石勋章：每2枚钻石勋章可以兑换1枚王者勋章；价值28888元
王者勋章：价值66666元；有效期：永久（可提现或转为公司股份）

备注：除了王者勋章，其他勋章有效期2年。

▲ 小须鲸勋章激励制度

▲ 小须鲸悬赏榜

2018年的时候，我们内部在思考，如何才能给予团队小伙伴一定的激励，并且这个激励又不落俗套，后来受到某个启发，就诞生了目前在我们公司内部影响很大的勋章激励制度。

勋章我们按照重要程度，依次分为：青铜、白银、黄金、铂金、钻石、王者。每个级别的勋章有对应的价值，所有获得勋章的小伙伴，可以在每年的3月份选择是否将自己的勋章兑换成现金。如果兑换，则其勋章将清零，如果不兑换，可以累积到第二年兑换，有效期一共2年。

那么，哪些人可以获得勋章呢？

（1）每个月公司内部的各船号、销售中心、总经办等部门会有对应的名额，由部门主管推荐获得白银勋章的人选给人事，人事在每月月初公布。名额分配的基本逻辑为，10个人以下部门的勋章名额是1枚，10个人以上部门的勋章名额是2枚，部门人数较少的最低勋章数名额是1枚。

公司除了会公布勋章获得者，还会制作海报在大屏幕上轮播，让勋章获得者有荣誉感，能感受到公司对他的认可。

（2）在公司内部积极参与团队分享，或者对某个事件有明显贡献的员工，视情况而定给予青铜或者白银勋章。

（3）每个季度公司会向所有人开放意见箱，收集各位小伙伴对公司的建议，对于好的建议，我们会给予青铜勋章奖励，对于附带较好解决方案的，会给予白银勋章。

（4）对于某个事件有特殊贡献的，会由总经办颁发黄金勋章。

如何获得更高级别的勋章呢？

青铜、白银、黄金勋章，是公司可以颁发的最高级别勋章，如果想获得更高级别的勋章，就需要用升级方案了。比如，5枚白银勋章可以兑换1枚黄金勋章，3枚黄金勋章可以兑换1枚铂金勋章，以此类推。我们会把所有船员的名字排到勋章墙上。勋章按等级分为：青铜、白银、黄金、铂金、钻石和王者。每个人可能因为各种原因获得勋章，从而通过勋章墙也可以一目了然地知道目前每个同事在日常工作中的贡献度。

通过奖励勋章，公司可以以"最小"的代价起到最大的激励效果，勋章所代表的荣誉感远比勋章本身的金钱价值更高。虽然有时候员工获得的仅仅是价值50元的青铜勋章，但是大家在意的并不是这枚勋章所代表的金钱，而是对其工作的巨大认可。

### 3. 小须鲸中层管理团队股权激励制度

我们针对公司中层管理的股权激励方案包括股本构成、退出机制和股权周期，中层管理包括销售主管、核心店长和核心运营。

#### （1）股本构成

假设我们公司估值1000万元，那么认购1%就是10万元。中层管理者认购股份可以打折，比如打6折就可以通过6万元认购1%的股权分红，12万元认购2%的股权分红，但最多也只能认购2%的股权分红。

股权分红需要员工拿钱给公司，公司在年底发放对应比例的分红，发放时间持续5年。5年后，公司会把本金全部还给员工，所以这是一件稳赚不赔的生意。相当于员工借一部分钱给公司，作为给员工的回报和激励，公司每年给予员工一定比例的分红。这里需要注意，员工只是获得了分红权，当时6万元认购的股份不管5年后公司估值多少，员工都只能拿回属于他的本金6万元。

#### （2）退出机制

当员工有大额资金需求的时候，可以向公司申请提前拿回本金，同时公司也仍然会给予员工分红。比如，员工已经享受了2年分红，现在打算买房，于是向公司申请拿回原来的12万元。公司会将这笔钱归还员工，并且继续按照2%的比例给员工分红，因为公司的目的并不是为了赚员工的钱。

#### （3）股权周期

5年股权到期之后，公司会重新估值。假如这时候公司估值变成了3000万元，那么员工想认购1%的股权就需要花18万元了。到期后，股权周期也将调整为三年。

我们公司的投资回报率非常高，并且员工自己不用承担风险，中层管理者这两年拿到的分红，基本上已经回本80%了。这其实是一种利益的分配方式，为了让更多的中层骨干和公司一起齐心地做事业。

当然，随着时间的推移和公司股权激励政策的变化，公司依然会根据内部调整在不损害原有参与者利益的基础上，改变股权激励政策，以达到经营和分配机制的协调性。

## 四、小须鲸经营方法论和岗位 KPI 设定

我们公司的经营观是努力工作，快乐"装逼"。我是80后，可能思想比较老化、严谨一点，所以我负责抓前半句——努力工作，总经理沙克则负责抓后半句，他会在微信朋友圈发一些有"装逼成分"的内容，但实际上我们目的不是单纯为了装逼，一方面我们希望我们的合作商感受到这个团队确实挺牛的，另一方面同行看到后也会更愿意跟我们交朋友，我们也希望在未来和他们有一些资源互换或交流，最怕的就是我们在一个犄角旮旯的地方闭门造车。

### 1. KPI 设定思路

我们KPI设定的思路有几个原则：第一，尽可能简化；第二，对大家有一定的提升；第三，关键人物通过KPI制度可以获得一些利益。

#### （1）销售客服 KPI

**单月提成：**
第一档：团队指标完成率低于80%：提成个人销售额0.8%；绩效奖金20%
第二档：团队指标完成率在80%~100%：提成个人销售额0.8%；绩效奖金100%
第三档：团队指标完成率高于100%：提成个人销售额0.8%；绩效奖金150%

**年终奖金：**
个人年度销售总金额的0.4%

**绩效奖金标准：**
二级水手及以下，绩效奖金为1000元/月；一级水手及以上，绩效奖金为2000元/月

▲ 销售客服 KPI

我们公司是做智能锁类目的，所以销售的套数会作为团队目标，以团队的目标完成率来设定他们的绩效奖金比例。公司原本个人销售额提成是按1.2%发，但考虑到年轻人经常"月光"，所以我们每月只发0.8%销售额提成，剩余0.4%的提成放在年底发放。

#### （2）店长 KPI

我们对店长的考核是比较简单粗暴的，如果团队指标完成率是80%，那他的提成是销售额的0.5%、毛利额的2.5%；完成率在80% ~ 100%之间，毛利额提成会翻一倍；如果完成率在100%以上，那毛利额提成会再翻一倍。

单月提成：
第一档：团队指标完成率低于80%：提成销售额0.5%；提成毛利额2.5%
第二档：团队指标完成率在80%~100%：提成销售额1%；提成毛利额5%
第三档：团队指标完成率高于100%：提成销售额2%；提成毛利额10%

年终奖金：
店铺净利润10%分红；季度公开，年度结算

▲ 店长 KPI

当然我们也发现一些弊端，第一档、第二档、第三档之间的毛利额提成都是翻倍的，这种诱惑力容易让大家出现一些情绪波动。比如某位员工的指标完成率可能差一点就到100%或80%的时候，他会很沮丧。所以我们计划把差距拉小一点，不要出现完成率仅差一个档次，员工的提成就少一半的情况。

（3）服务及后勤岗位 KPI

这几类岗位的月度绩效奖金基数从1000元～2000元不等，根据岗位设定单独考核项目，每月将进行项目打分，员工到手绩效奖金=绩效奖金基数 × 分数 ×1%。

（4）美工绩效考核标准

▼ 美工绩效考核标准

| 序号 | 考核指标 | 指标定义 | 标准 | 分值 | 权重 | 数据 | 得分 | 绩效得分 | 简单介绍 |
|---|---|---|---|---|---|---|---|---|---|
| 1 | 主图、直通车图点击率 | 点击量／展现量 | a>4% | 100 | 30% | 3.29% | 80 | 24 | 决定了同等位置的情况下，进店的客户量多少、单个访客费用高低的最重要指标 |
| | | | 3.5%<a≤4% | 90 | | | | | |
| | | | 3.2%<a≤3.5% | 80 | | | | | |
| | | | 1%<a≤3.2% | 60 | | | | | |
| 2 | 咨询率 | 咨询人数／访客数 | b>5% | 100 | 15% | 3.21% | 40 | 6 | 页面引导客户产生咨询欲望:询单人数／商品访客数 |
| | | | 4%<b≤5% | 80 | | | | | |
| | | | 3.5%<b≤4% | 60 | | | | | |
| | | | 2.8%<b≤3.5% | 40 | | | | | |
| 3 | 收藏加购率 | （收藏＋加购数量）／访客数 | c>10% | 100 | 15% | 11.24% | 100 | 15 | 页面引导顾客积极收藏加购查询路径:流量看板-访问商品 |
| | | | 9.5%<c≤10% | 80 | | | | | |
| | | | 8.5%<c≤9.5% | 60 | | | | | |
| | | | 6%<c≤8.5% | 40 | | | | | |
| 4 | 全盘指标完成率 | 完成套数／目标套数 | d>95% | 100 | 20% | 41% | 40 | 8 | 全盘完成情况 |
| | | | 75%<d≤95% | 80 | | | | | |
| | | | 60%<d≤75% | 60 | | | | | |
| | | | 40%<d≤60% | 40 | | | | | |
| 5 | 日常表现 | 除设计以外，其他与工作相关的表现 | 店长、主管打分 | 100 | 20% | 90 | 80 | 16 | 其他方面的日常表现 |
| | | | | 80 | | | | | |
| | | | | 60 | | | | | |
| | | | | 0 | | | | | |

我相信每个公司都有自己的考核方式，这些指标在不同的公司也会有不同的权重，比如收藏加购率在很多公司占15%的权重算很低，但15%的权重非常适合我们公司，所以大家可以根据自己公司不同的情况来调整各个考核指标之间的权重。如果某员工最终考核得70分，绩效奖金基数是1000元，那么这个月最终到手绩效奖金就是1000×70×1%=700元；如果绩效奖金基数是2000元，那到手绩效奖金就是1400元。

### 2. 小须鲸的经营方法论

#### （1）每日运营报表

我们要求运营每天制作运营日报表，一个运营负责一个店铺，报表主要用于统计店铺的基本数据，具体表现为把店铺每日的销售额成本、流量、转化率、运费、扣点、推广费全部统计出来，并计算毛利润。

#### （2）每日销售日报表

销售人员需要每天晚上12点钟把所有的销售数据统计出来，比如今天接待了多少客人，成交了多少客户，再把统计出来的数据发送到微信群，公司会有特定的人员统计每个店铺的询单量、询单转化率、指纹锁的售卖数量，以及统计距离这个月的指标完成率还差多少。这样无形当中会激励员工们至少冲着80%的完成率去奋斗，并且在任何时候都清楚地知道自己跟目标的差距，有问题就可以及时调整。

#### （3）每日工作日报与周报

运营和设计师岗位，我们要求每日提交工作日报。以前我们只要求做工作月报，每个人把未来30天内要完成的工作排出来。工作月报的优势在于能够提高管理层的工作规划能力，但是它没办法解决工作效率的问题。我看不到每个店长和设计师的工作完成情况，还得经常去问他们今天做了哪些事、计划做哪些事。

所以我们现在会要求他们做工作日报。每天下班之前，他们要把当天的具体工作（特别是重点工作）一一罗列出来，并将明天计划要做的工作，按照重要性或时间顺序罗列出来，同时对工作进行预估，计划用多少时间去完成各项工作。这样上级管理者会清楚他们今天做了什么，明天计划做什么。

通过工作日报，管理者能及时发现员工的每日工作问题，并且马上跟他沟通明天的工作重点，或者调整工作的先后顺序。我们对每天计划的工作量有明确要求，事情不能太少，否则工作量会出现问题；事情也不能太多，过多的工作量很容易让员工出现拖延现象。很多时候，一些运营或者关键岗位的同事，他们的时间观念偏弱，经常把工作时间排得太闲或者太满。

我们将工作日报和工作周报进行结合之后，发现运营的工作效率提高了很多，杜绝了大家不知道下一阶段干什么，不知道明天要做什么的情况。比如，我们通过周报规划出10月份要做的事情，这样就非常有利于备战"双11"。

以上就是我们在内部管理上的一些方法论。

希望《小须鲸的"海贼王"团队文化解读和构建》能对大家有所启发。每年小须鲸团队的激励方案和方法论都会不断地进行更新迭代，但是核心的思想不会改变，也就是坚持在"海贼王"团队精神的基础上，带领各位伙伴发展生产、实现共同富裕，在这个过程中大家按劳分配、各取所需，我们坚定地维护奋斗者的利益，为团队健康、持续地发展而努力。

# 第四节　打造企业文化可能是 ROI[1] 最高的事

聚草堂 / 许娟琼

■ **作者介绍**

许娟琼，聚草堂核心圈子会员，也叫Grace，她有着丰富的人力资源和企业经营管理经验，管理着700余人的电商团队。这几年，随着企业规模的不断扩大，一路解决了很多管理问题，最终形成了一套有特色的经营管理模式和企业文化体系。

在电商公司建设企业文化时，大家往往会有下面这些疑问：

相对于阿里、华为这些大企业来说，电商行业几乎都是小企业，小企业建设企业文化到底有什么实质性的好处？建设企业文化究竟是由下至上，还是由上至下？团队到了什么规模适合开始建设企业文化？如何通过企业文化，留住有才华的人，避免让公司成为运营大学？

在我看来，聚草堂各种分享活动的意义在于信息的传达，想要靠仅仅两个小时的分享或者是一两篇文章来把企业文化讲透，那是不可能的，所以我更希望我的分享能带给大家一些想法或思路。

如果站在员工的角度去看有些公司的企业文化，大家很可能会觉得这些内容很官话、不切实际。但是在不同的企业待了这么多年之后，我觉得企业文化是一件很务实的事情，它并不务虚，对于这个认知，可以先从我和企业文化的故事开始聊起。

2010年我第一次接触企业文化，当时看到相关的横幅挂在公司墙上，内心并没有多大的感觉；第二次接触是在2014年，这家公司发了一本很厚的书，但我完全没有翻过，根本就不知道那书是讲什么的，现在回过头去看才知道是关于企业文化

---

1　ROI：投资回报率（ROI）是指通过投资返回的价值，即企业从一项投资活动中得到的经济回报。

的；第三次近距离接触，是因为公司的创始人看到其他公司都挂了高大上的企业文化横幅，所以他也组织大家挂了类似的横幅；第四次切身接触到是因为公司里有一位中层管理者离职，离职的真实原因是他觉得公司没有企业文化，员工们没有较好的沟通平台，沟通内耗很大……就这样我对企业文化的认知一步步清晰起来，并在这几年的践行中有了一些自己的感悟，但当时我的认知并没有体系化，真正蜕变是在今年，前几年都是量变，今年则是质变。

质变的原因一方面是前几年的摸索，另一方面是有两位比较专业的员工加入到了我们公司。一位是博士毕业的人力资源总监，他的人力资源理论基础很好；另一位是曾在华为任职11年的中层管理者，让我有机会见识到华为的企业文化建设。由此，我才敢说我相对体系化地了解了企业文化。

## 一、企业文化是什么

有人说企业文化就是企业的核心价值观，事实上企业文化和企业核心价值观并不完全相等，但它们有着非常大的关联。

企业文化＝企业愿景＋企业使命＋企业核心价值观，二者之间是包含关系，企业文化翻译成大白话就是：一个企业想完成什么样的事业，想找一群什么样的人，约定什么样的做事原则。

大家可以先剥离掉老板的身份，如果你既是老板又在管理公司，那么说明公司的所有权人同时又是经营权人。所有权人可以更换，比如公司拉风投时可能某个投资公司会成为公司的新股东，或者拉合伙人进来时所有权人的状态也会改变；而经营权人就更加可以变动了，公司在不同阶段要求有不同能力、不同经验的经营权人。

所有人都应该明白，企业是一个独立的个体，我们要关注的是企业本身的发展：它想要完成什么事业，想要走到什么地方去，想要找一群什么样的人，这群人遵循什么样的做事原则，这才是企业文化的内涵。

## 二、如何确定企业愿景和使命

### 1. 企业愿景和企业使命的定义

企业愿景和企业使命由公司的股东以及掌握公司发展方向的话语权人决定，这是自上而下的事情。

企业愿景回答了企业未来的目标应该是什么，企业的愿景需要经过思考和研究才能确定。有些企业在刚开始发展时就思考得很清楚，比如三只松鼠和花西子，但是实际上很多公司都没有想过这个问题，有些公司最初创立的原因仅仅是老板本人想实现财富自由。

企业使命回答了企业应该承担什么责任、扮演何种角色，事实上企业使命是企业存在的目的和理由。企业应该想清楚"我从哪里来，我要去哪里"这两个问题，这样才能更好地了解公司的企业愿景和企业使命。

### （1）企业从哪里来

我们可以从企业的优势和劣势出发来回答"企业从哪里来"这个问题，从而找准企业的定位。比如我们公司的优势是运营很强，他们很熟悉消费者；劣势是供应链弱，资金和背景不够雄厚，每个公司对于这个问题的回答都是不一样的。除了分析企业的优势和劣势，还可以分析行业情况。众所周知，整个电商大环境的竞争非常惨烈，但也有无限的机会，当大家深入到每个细分行业时，就要针对自己的行业类目来具体分析行业情况了。

### （2）企业要去哪里

关于企业要去哪里，大家可以从以下几个维度分析：

①企业的行业地位；

②企业的品牌定位；

③企业的核心竞争力。

通过分析企业的行业地位和品牌定位，可以确定公司未来几年所在类目的目标或者行业目标，通过分析企业的核心竞争力可以找到公司的发力重点和实现目标的方法途径。

### （3）企业愿景是什么

企业的愿景需要经过思考和研究才能回答，拿我们公司来举例，我们公司的主品牌是万火，那么企业的长期愿景到底是"万家灯火·家"还是"万家灯火·灯"。其实在我们公司内部，这两种理念一直都还在博弈。如果是"万家灯火·家"，那公司的产品范围会非常广，定位类似于线上的名创优品；而如果是"万家灯火·灯"，那公司的对标对象肯定是目前灯具市场上的领头羊。

企业的中期愿景指的是公司未来5～10年的目标，公司需要在5年内稳步实现销售额和利润的持续增长，同时要花更多的时间和精力构建公司的核心竞争力。核心竞争力主要包括产品和人才两方面，它需要经过长时间的培养、搭建才能形成，这种核心竞争力的壁垒很高，一旦形成就很难被模仿超越。核心竞争力可以让公司更加值钱，对公司来说，赚钱是短期收益，而值钱是长期的无形资产。很多时候投资方评判公司是否值得投资，不是看销售额，而是看公司的无形资产，比如企业在顾客心中的定位等。

我们公司的中期愿景是5～10年内成功上市，长期愿景是公司存活50年，成为持续为客户创造价值的企业。

### （4）企业使命是什么

企业使命代表着企业未来要承担的责任，以及要扮演的角色，它包括对客户、员工、股东这三者的责任和使命。对于客户而言，我们的企业使命是希望为顾客的家提供更多丰富多彩的东西；对于员工而言，我们的企业使命是打造让职场人通过奋斗就能得到回报的职场平台；对于股东而言，我们的企业使命是希望有短期和长期的盈利。可能有些企业会选择前期亏损，但最终的目的还是盈利。

### 2. 愿景和使命对小企业的意义

企业愿景和企业使命有助于打造出有梦想、有责任感的团队，它们的存在可以避免企业出现小富即安、后续发展无力的情况。尤其是在电商行业，很多电商公司能够给予部分职场人比较高的回报，这就很容易导致部分员工赚到钱之后满足于现状、止步不前。此时如果公司有明确的企业使命感，就能够持续地助力于公司的发展。

企业愿景和使命就好比一颗种子，如果我们种下的是小草的种子，那么无论怎样浇水施肥，它长大后最多也只是一棵长得不错的小草而已；但是如果种下的是参天大树的种子，用同样的精力去呵护它，这颗种子即使最终没有长成参天大树，也一定会比一棵小草高大得多。

## 三、如何确定企业的核心价值观

### 1. 企业核心价值观的目的和意义

（1）企业核心价值观能确定选人和用人的价值观标准，帮助公司找到一群志同道合的人。

（2）企业核心价值观能确定企业的做事原则、解决协作分歧、提高协作效率，帮助企业打造"1+1>2"的团队。

（3）企业核心价值观能提升员工的归属感，增强员工的稳定性。

一般员工觉得累有三种情况：

①工作很累，但心不累；

②工作很累，心也很累；

③工作不累，但心很累。

导致员工离职的主要原因一般是心累，而不是工作累。如果一起工作的同事和自己不是同道中人，做事的方式不同、追求的东西也不同，那么员工就会无法融入团队，从而会有心累的感觉。只有通过企业核心价值观把志同道合的人聚在一起，团队里的人才会有更强的归属感，员工的稳定性也会更强。

对于公司而言，拥有一帮志同道合的人，拥有大家认同的做事原则，不管公司规模的大小，意义都是相同的，不同的只是难度。想要搭建公司的核心价值观，大企业人多，很难统一大家的思想，而小企业有着天然的优势，所以在公司规模小的时候开始搭建核心价值观，就能达到事半功倍的效果。

## 2. 志同道合的定义

志同道合的意思其实就是价值观一致，价值观一致不等于性格、脾气、爱好一致。在我看来，有着相同价值观的人，或许外向、或许内敛、或许偏感性、或许偏理性、或许脾气温和、或许脾气大一点、或许各自擅长的领域不同。在具体问题的探讨过程当中，可能会意见相左，也可能会激烈争论，但这一切的差异和冲突，志同道合的人都可以互相包容，求同存异地寻找到协作方式。

我们在选择志同道合的团队伙伴时，需要注意一点：千万不要有价值观上的优越感。我们真正想要做的是找到相同价值观的人，而不是想要去评价甚至试图改变他人的价值观。比如有些人在职场上的追求不高，他更多地是把重心放在家庭上，那只能说明大家的价值观不同，所选择的人生道路也不同。

非同道中人，我们不认为他们是不对的，也不认为我们的价值观是优于他们的，只是认为他们不适合与我们共同奋战，奔向我们想去的未来。我们不会将价值观与法律准则混为一谈，他可能是个遵纪守法的好人，但他未必是我们在寻找的志同道合之人。

### 3. 如何确定核心价值观

（1）我们可以根据公司的现状与未来目标之间的差距，确定所需要的核心价值观和团队伙伴。比如海底捞需要的是执行力强并且勤劳的人，谷歌需要的是有创新精神和好奇心的人。公司的企业愿景不同，需要的团队伙伴类型也就不同。

（2）通过自下而上的形式确定公司的核心价值观，我们可以让团队核心成员探讨以下问题：

①想跟什么样的人共同战斗；

②希望大家遵循什么样的做事原则。

在探讨这些问题的过程中，核心成员们能提炼出团队更需要什么样的人，以及什么样的特质和价值观对团队来说更重要。

（3）通过自上而下的形式确定公司的核心价值观，作为老板或企业的经营权人，我们可以先从自身出发来确定核心价值观，如果有些要求连自己都做不到，就不必确定为核心价值观了。

在以上三个环节中重复出现的关键词，就可以提炼出来作为公司核心价值观的雏形，后续再慢慢补充和完善。

### 4. 案例分析

#### （1）阿里巴巴的核心价值观

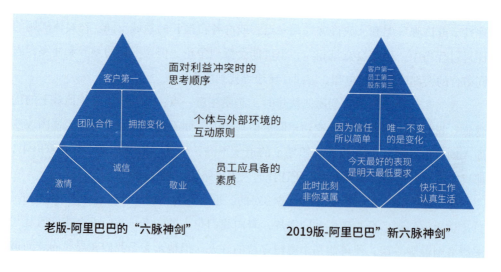

▲ 阿里巴巴的核心价值观

大家可以参考阿里巴巴的核心价值观，这个核心价值观包括了三个重要部分。

①明确了阿里在面对利益冲突时的使命优先级：客户第一、员工第二、股东第三；

②个体和外部环境的互动原则：团队合作和拥抱变化；

③员工应该具备的素质：激情、诚信、敬业。

此外，阿里在2019年添加了"因为信任，所以简单"这一条价值观，可以从中看出来它的"野心"更大了，它想要在偌大的阿里巴巴里建立纯粹的文化，让交易成本趋近于零，想要实现这一点难度非常大。

### （2）华为核心价值观

▲ 华为核心价值观

在我看来，华为的企业文化非常强大，他们是国内企业文化做得最好的企业之一。华为的核心价值观包括四个部分：以客户为中心、以奋斗者为本、坚持自我批判、长期艰苦奋斗，而这四个部分正好是华为狼性文化的来源。

### （3）成长文化

我们公司的核心价值观里有一条是成长文化，其内涵是持续学习、开放进取。在电商领域如果你不成长，可能连活着的机会都没有，所以不断成长是必须要坚持的事情。我们公司的人力资源建设重点是落在双赢上，而不是只注重对公司有用的东西，这样的"成长"才能植入他们心里。对于员工而言，不断成长，他们才能遇见更优秀的自己，也才能让未来的自己更有选择权。对职场人来说，这是真正有意义的东西，付出更多就意味着收获会更多。

①成长秘诀一：自我批判、自我反省，是快速成长的必备品质；

②成长秘诀二：快速成长的人，往往是极致做好每一件小事的人；

③成长秘诀三：愿意分享知识和经验的人，永远是收获成长最多的人；

④成长秘诀四：向优秀者学习，向先行者请教，是成长的"捷径"。

## 四、打造企业文化可能是 ROI 最高的事

▲ 客观存在的事物与集体想象的虚拟现实

以上两组词，大家可以思考每组词的共同点以及两组词之间的区别。

第一组词是客观存在的事物，即使有一天人类全部消失了，这些事物也依然存在。

第二组词是集体想象的虚拟现实，如果有一天所有人不相信这些东西，那它们就不存在了。比如宗教，一旦没有人相信，它就将不复存在。公司也一样，一旦哪天所有人都不相信它了，那公司也就不存在了。

尤瓦尔·赫拉利在《人类简史》里说道："无论是现代国家、中世纪的教堂、古老的城市，或者古老的部落，任何大规模人类合作的根基，都在于某种只存在于集体想象中的虚构故事。"

人类的认知革命，让人类从普通动物角色跃居成为食物链顶端，其中最主要的原因是人类会讲虚拟的故事。比如河边有一只狮子，这是客观的事实，这个事实能用动物界的语言去传达。但只有人可以将事实传达成故事，并且让其他人相信：那狮子是我们部落的守护神。目前只有人类的语言能承载这种功能——编撰一个让集体都相信的事情，即使这个事情并不存在。因为这一点，人类不断地发展，从部落到村落、从城邦到国家、再到现在全球化的合作。

如果一家公司的大部分人，都相信志同道合的战友，大家能遵循着一定的做事准则，那么就可以引领公司去到想去的地方。如果一个团队不仅能承担起使命，还

会认为整个奋斗的过程是无比有成就感、无比自豪的，那么这种团队的能量不可估量，因为信念的力量，是超乎想象的。

信念的重要性不言而喻，因为相信才成就了人类的今天，如果公司能打造这种"相信"，那将是一件非常了不起的事情。当整个团队都是志同道合的人，并且所有人都相信自己身上背负着公司的使命和愿景时，即使公司在管理上有一些小瑕疵，也能被"相信"的力量弥补。

在我看来，中国共产党是文化建设的一流高手，在解放战争时期，共产党能够击败国民党的主要原因，在于他们的文化非常厉害。众所周知，解放战争初期国共两党的力量悬殊，无论是军事力量，还是官兵人数，国民党都有着巨大的优势，但这些物质上的力量终究敌不过文化上的力量。

中国共产党的文化建设为党带来了强有力的力量，它的愿景是建立无产阶级专政，最终打造出符合共产主义的、所有人都能富裕的社会；它的使命是耕者有其田，人人有田种，这是国民党实现不了的事情；它的核心价值观是为人民服务。正是因为共产党把所有民众心中的"相信"建立起来了，实现了民心所向，所以最后它成功了。

## 五、企业文化如何从墙上走下来

在确定好公司的愿景、使命和核心价值观之后，很多公司会将它们做成横幅挂到墙上，之后就止步于此了。其实不然，挂到墙上仅仅是建设企业文化的开始，对于公司而言，最重要的是让企业文化从墙上走下来。

### 1. 企业文化应该贯穿于企业的人力资源制度中

企业文化不是宣传出来的，而是做出来的。企业文化有着明确的载体，并且应该贯穿于企业的人力资源制度中。

（1）人力资源选人与用人板块：选择志同道合的人

公司的选人包括人才招聘和人才引入，用人包括人才晋升和内部调岗。

大家在招聘时往往会重点关注能力，而不重视志同道合，如果团队在招聘环节都没有把握好志同道合这项要求，那么公司的企业文化永远只能挂在墙上。

公司的选人标准包括四个维度，这四个维度的重要性是层层递进的，这样的选人标准适用于所有核心员工。

①最底层的标准是道德品质，这是选人的底线。

②第二层标准是核心价值观和使命感，这点大部分企业都会忽略。关于核心价值观和使命感有两点要求：对全部员工的要求是践行并传承公司的核心价值观；对管理者的要求是充满热忱和使命感。比如那些聪明但是没有太多进取心的人，就不宜放到核心岗位。

③第三层标准是绩效，我们选人时不能只要求是同道中人，还需要应聘者有持续的高绩效。持续的高绩效说明了他不仅能干，还能干出好的结果。

④第四层是能力和经验的考量，能力和经验是支撑持续高绩效的关键因素。

▼ 选人标准的四个维度

| 关键成功要素 | 能力和经验 | 支撑持续高绩效的关键行为，如成功实践 |
| --- | --- | --- |
| 分水岭 | 绩效 | 基于结果的持续高绩效 |
| 基础 | 核心价值观和使命感 | 践行并传承核心价值观——全员<br>对事业充满热忱和使命感——管理者 |
| 底线 | 品德 | 道德操守 |

想要落实企业的核心价值观，就一定要让公司的核心员工先践行这些核心价值观，以身作则。核心员工指的是从基层到中层、再到高层的那些关键员工，其中包括公司的经营权人。当公司确定一项核心价值观时，如果连经营者、管理者都做不到，那么这项价值观就只能是一纸空文。

我曾经工作过的两家公司都倡导过节约用纸，第一家公司的行政部出台了节约用纸的公告，然而直到我离开那家公司，我都没见到过几个节约用纸的人；第二家公司是把"节约用纸、绿色环保"这句口号贴在打印机的旁边，大家确实都很节约，后来经过分析发现，主要原因在于管理者始终关注着这件事。如果报销单用的不是环保纸，而是用干净的白纸，那财务主管就会直接把报销单打回来，不予报销，更不用说公司的领导了，我从他那里第一次学会节约用纸的打印方法——用一页A4纸打四页的内容。当领导全部践行这项价值观之后，下属也会效仿，从而整个团队都能落实到位，所以企业文化落实的关键就在于核心员工以身作则。

我们公司的企业文化里还有一条是贡献文化，即做出贡献、创造价值，它的关键词是纯粹。我们会关注员工在个人业务成果、人才培养、文化践行这三个维度的贡献，如果某些员工连这三个维度的贡献都不达标，那就说明他所做的是无效的职业行为。

关于贡献文化，这里涉及了文化雷区。当公司在划分志同道合的人时，其实就排斥了另一部分人。我们的文化雷区分为两种：其一是用人的雷区，其二是晋升的雷区，关键在于办公室政治。

▼ 文化雷区

| 文化核心内涵点 | 文化雷区（用人）<br>踩踏用人雷区者，不予录用或不予转正，<br>已转正的，经培训仍无法纠正者，纳入年度淘汰名单 | 文化雷区（晋升）<br>踩踏晋升雷区者，不予晋升 |
|---|---|---|
| 贡献，是衡量员工价值的唯一标准<br><br>要明确每个组织和个人价值贡献的目标<br><br>一件事情是否有贡献，就看是否产生了业务成果贡献、人才培养贡献、文化建设贡献 | 个人的价值贡献，无论是在业务成果贡献、人才培养贡献、文化建设贡献上都一直达不到组织要求的目标。<br>搞办公室政治的管理者：<br>①不以贡献作为标准去评估团队成员，而以是否听话、是否迎合自己作为用人标准，管理中以个人喜爱偏好去衡量和分配管理资源；<br>②不以达成贡献目标来做事，拉帮结派，站队做事。事情如何做，不是取决于目标和贡献，而是取决于站在哪边，取决于对自己或自己的小团体是否有利。 | 个人的业务成果贡献、文化践行贡献不达标者。<br>迎合办公室政治的非管理者：为了个人利益花心思迎合上级，不干实事的人。 |

踩踏用人雷区者将不予录用或不予转正，对于已经转正的员工，如果经过培训仍无法纠正，会被纳入到年度的淘汰名单中；踩踏晋升雷区者，将不予晋升，但公司不会主动淘汰他。我们公司非常忌讳办公室政治，当公司达到一定的规模之后，一旦发现管理层中有人玩办公室政治，必须予以淘汰，否则会带来很大的副作用。

办公室政治的定义有以下两点：

①不以贡献作为标准评估公司职员，而以是否听话、是否迎合自己作为用人标准，也就是管理者以个人喜好或偏好来衡量和分配管理资源。

②不以达成贡献目标来做事，反而拉帮结派，站队做事。做事的方式不是取决于团队的目标和贡献，而是取决于站在哪边，取决于对自己或对自己的小团体是否有利。

当公司的规模不断地扩大，老板和员工的距离会越来越远，老板在每位员工身上能看到的东西也越来越少，所以公司需要通过这些标准去评估和考核所有的员工。

**（2）人力资源培训板块：能力培训是宣导企业文化最自然的方式**

一提到企业文化，很多员工就会很反感，尤其是年轻的一代，他们觉得公司是想给大家洗脑，这是很多公司在建设企业文化的过程中会遇到的现实问题。在我看来，企业对于核心价值观的要求背后隐藏的是对于能力的要求，宣导企业文化其实并不能只讲一些高大上的东西，而应该附加于能力培训之上，能力培训是宣导企业文化最自然的方式。

比如有些公司的核心企业文化是极致文化，要求员工超越自我、追求卓越。如果像这样表达，那么很多员工都会排斥这种文化，但如果把我们对他的要求改为能力培训，员工就会觉得公司很好、很关心自己的成长。

那公司如何实现极致文化、需要逐步提升员工哪些能力呢？可以分为四步：

①制定目标的能力

一个人能把事情做到极致，是因为他懂得制定目标，在起跑的时候，他就清楚自己要跑去哪，这就叫以终为始。不是所有岗位都像运营一样有销售额、有利润、有很明确的结果。事实上每家公司都有大量的岗位是中间过程，很多人每天在工作，但他却不明白自己做事的目的是什么，此时拥有制定极致目标的能力就显得非常重要了，公司可以多开展"制定极致目标"的能力培训。

②坚定目标的能力

仅仅有制定目标的能力还不能达到极致的要求，公司还需要培养员工的目标感，保证他们在过程中不会因为困难而放弃目标，也不会因为其他的疑虑而偏离目标，这就需要员工拥有坚定目标的能力。

③分解目标的能力以及预估困难的能力

公司需要员工有计划能力、分析能力和对象思维能力，这些都能增加到公司的文化培训中。

④执行力

最后想要实现目标，员工需要有足够的行动力和找方法的能力，也就是要有执行力。

对于员工来说，自我能力的提升往往都很实在，而企业文化往往都很虚，就像悬浮在空中一样。如果公司只和员工谈虚的，那么大部分人都会很排斥，所以我认为，公司可以通过能力培训来承载企业文化培训。

(3) 人力资源薪酬板块：志同道合且有高绩效的人应该获得更丰厚的报酬

那些与我们志同道合并且有着持续高绩效的人应该获得更丰厚的报酬，这很重要。公司不能一味地要求员工变得更好，但又不给实际好处，对人才的鼓励要落到实处，所以公司要有完善的薪酬制度和晋升通道。

## 2. 公司核心成员在以身作则的同时，持续"唠叨"

除了用完善的人力资源制度来承载企业文化，公司的核心成员还必须要以身作则，在以身作则的同时，大家需要保证将企业文化常挂在嘴边。千万不要小看持续"唠叨"的力量，当大家时常将公司的愿景、使命和价值观挂在嘴边时，说得多了自己也就认同了，慢慢地团队也会跟着认同，最终这些文化就会刻在团队的脑海中，并且能指引大家的行动。

对于落实企业文化而言，做很重要，说也同样重要。如果管理者只说不做，那他最终一定会被人讨厌；如果管理者只做不说，那么公司的企业文化将无法落地；如果管理者会做也会说，那这份影响力一定是double的。

### 3. 一些建议

（1）所有企业都有属于自己的风格，但这些风格并不一定都能被称为"文化"，我们需要逐一辨别。

（2）如果公司的高层不重视企业文化、不亲自挂帅，那么企业文化的落实效果会非常差。因为所有的人力资源制度、薪酬制度，以及用人选人的完善与实施都需要得到高层的支持。

（3）企业文化建设不像付费推广一样，能快速见效，需要有足够的耐心，一点一点累积。

（4）不同规模的企业建设企业文化的复杂程度：

①当企业人数在100～150人时，公司不一定需要体系化地打造企业文化，管理者可以在平时的选人、用人模块多留意、多唠叨，一般这样就能够建立起基本的企业文化。

②当企业人数超过150人时，公司就必须要着手打造企业文化了。如果没有企业文化作为支撑，管理的难度就会大很多，整个公司会变得越来越低效，人心也会变得不齐。

总而言之，大公司的企业文化建设工作可以尽可能早地开展，而打造企业文化很有可能就是ROI最高的事。

**问与答**

» **提问 1:**

企业文化最终的梳理是由老板还是人力资源来操作?

» **Grace 解答:**

我们公司是由我牵头,由人力资源来操作的,最后由最上层来决定,实现的路径是自下而上,梳理核心价值观的过程不能太随意,因为可能会淘汰掉一些人。除非公司很小,小到光靠老板的每天唠叨就能建立起基本的企业文化。如果公司的人员达到一定规模,我建议大家在人力资源的人才上投资大胆点,他们的价值很大,因为他们能把老板提供的想法体系化地做出来,最后交给老板审核。

» **提问 2:**

公司有200多人,有时候中高层的决定很难传达到基层,要怎么传达信息?

» **Grace 解答:**

当公司的规模越来越大时,信息的传达就会变难,我认为可以在平时的职能分工上进行优化,比如专门安排一个岗位负责信息的传达——他除了要做好本职工作,还要承担一些信息甄别、分类和传达的任务,根据实际情况选择用邮件或是钉钉群来传达消息。

» **提问 3:**

管理者的能力很不错,但是口头表达能力比较差,导致由他带领出来的基层团队比较弱,该如何解决?

» **Grace 解答:**

管理者需要具备一定的口头表达能力,但并不是要求他要有非常强的表达能力。要清楚一件事,我们在招聘和任命管理者时,并不是在招培训师，所以可能他的宣讲能力不如培训师，但只要他能在私底下把事情讲清楚，做到逻辑清晰就够了。

管理者所带的团队很弱，不仅仅是表达问题，很可能是管理能力出了问题。大家在选管理者时，往往会以业务能力为标准，安排能干的人做管理，但是业务能力和管理能力不一样。我见过很多管理者，个人的单打独斗能力很强，但管理能力其实很弱，因为单打独斗的话，他只需要管好自己，但是管理者的任务会更多。管理者除了需要带领团队制定目标，还要让团队认可目标，之后再根据目标进行分工，而双方的目标往往是对冲的，下面的人总是希望目标低一点，上面的人总是希望目标高一点。所以这个人要起到承上启下的作用，对管理者综合能力的要求要比其他专职的业务员的要求高更多。

你们公司在选择管理者时，可能只看到了他的业务能力，而忽略了他的管理能力，有一些管理能力是可以培养的，但还有一些是不可以培养的，比如口头表达能力是可以培养的，而领导力就很难培养，用人时需要做这两种能力的区分。

此外有些人本身就不喜欢管理别人，除非他能突破心理障碍，否则很难做好管理。

# 第五节　浅论企业之"魂"、"文化"和"战斗力"

*聚草堂 / 王海山*

**■ 作者介绍**

王海山，聚草堂核心圈子会员，从传统电商起步，到创立山氏沙发品牌，从初步拓展跨境做到销售额上亿。思想有深度，且为人谦逊，在企业经营和管理上颇有经验和心得。由于很多电商群友都受他思想的启发和影响，所以称呼他为"海山师傅"。

## 一、开篇

### 1. 文无第一，武无第二

文无第一，很难说哪家企业的企业文化是最好的，这次受聚草堂之邀来分享我对于企业文化的看法，如果各位有不同见解，希望之后有机会能一起探讨。

### 2. 实事虚做，虚事实做

第一次听到这句话，是在马爸爸的一次演讲当中，这么多年我们也一直在探讨这个问题。比如说实事虚做，到底该怎么虚？落到我们每个企业的实际情况中，业绩的提升是一个很务实的结果，那么当团队的业绩达不到标准或者遇到一些状况的时候，该如何激励团队呢？我会更多地去鼓舞团队的士气，并让团队分析问题，也会通过一些奖惩来改善团队的精神状态、提升战斗力。说到底，我们所做的这一切都不算很"实"的工作，是在通过"虚"的手段来辅助我们达到"实"的目的。实事虚做，以虚辅实。

### 3. 知弱者强，知小者大

在经营企业时大家常常会经历这样一个过程，从最开始的自信，到自强，然后慢慢过渡到自我矛盾、自我纠结，最后再到自我怀疑和自我否定，这样的过程就叫知弱。

在经营过程中我们会慢慢地察觉到自己的弱点，知弱，其实是变强的开始，这就是所谓的知弱者强，知小者大。经营者往往是从最开始的目空一切，到之后的体无完肤，再到最后的再次崛起，这也是我们经营十几年间的心路历程。

在我看来，经营企业的心路历程对我们文化的形成非常关键，所以开篇先介绍这三句话。

## 二、企业之"魂"篇

为了帮助大家更好地理解企业之"魂"，我先介绍一下亮剑精神。

"古代剑客们，在与对手狭路相逢时，无论对手有多么强大，就算对方是天下第一剑客，明知不敌也要亮出自己的宝剑，即使倒在对手的剑下也虽败犹荣，这就是亮剑精神。

"事实证明一支具有优良传统的部队，往往具有培养英雄的土壤，英雄或是优秀军人的出现，往往是由集体形式出现，而不是由个体形式出现。理由很简单，他们受到同样传统的影响，养成了同样的性格和气质。

"例如第二次世界大战时，苏联空军第16航空团，t39飞蛇战斗机大队，竟产生了20名获得苏联英雄称号的王牌飞行员。与此同时，苏联空军某支飞行中队，产生了21名获得苏联英雄称号的模范飞行员。

"任何一支部队都有自己的传统。传统是什么？传统是一种性格，是一种气质，这种传统和性格是由这支部队组建时首任军事首长的性格和气质决定的，他给这支部队注入了灵魂，从此不管岁月流逝，人员更迭，这支部队灵魂永在。

"同志们，这是什么？这就是我们的军魂。我们进行了22年的武装斗争，从弱小逐渐走向强大。我们靠的是什么？我们靠的就是这种军魂，我们靠的就是我们军队广大指战员的战斗意志。纵然是敌众我寡，纵然是身陷重围，但是我们敢于亮剑，我们敢于战斗到最后一个人。

"一句话，狭路相逢勇者胜，亮剑精神就是我们这支军队的军魂，剑锋传志，所向披靡！"

讲到这个就有点暴露年纪了，在《亮剑》里我提炼了三句精华。

第一句：首任军事首长的性格和气质决定了一支军队的性格和气质；

第二句：优秀军人会以集体形式出现，而不是以个体形式出现；

第三句：拥有培养英雄的土壤，才可以养成有同样性格和气质的军队。

### 1. 创始人与企业之魂的必然关系

为什么在介绍企业之魂的时候要先提到军魂？在我看来一支军队要想打胜仗，战术固然很重要，但军魂更重要。首任军事首长的气质和性格决定了一支军队的军魂，把军魂概念引入企业，我们可以讨论一下企业创始人和企业之魂之间的必然联系，如果说军队之魂来源于首任首长，那么企业之魂就来源于创始人和创始团队。

### 2. 创始人的德行是企业的灵魂

这句话可以用根性思维来理解，创始人的德行就是企业的根，根不好的企业很难有长远的发展，根向下扎得越深，企业的基础就越扎实。如果这个根后续不向下扎或者扎得不够实，就算当下枝繁叶茂，早晚有一天也会被连根拔起。对于企业来说，创始人的根性就是企业文化最重要的魂，它代表了企业的价值观。在座的各位有很多优秀的创始人，比如《草堂宝典IV》[1]第一页里的大雄，在他身上就能明显体现出他们企业对应的特质。

总而言之，一个企业能否活下去，能够走多远，关键在于企业主导者德行的好坏。

### 3. 创始人在三个阶段的思考

创始人可以经常问自己几个问题：企业的主导者到底是谁？创始人在初创期、发展期和成熟期三个阶段要有哪些思考？

我用人生三境界里面的几句话来分别概括这三个阶段，企业这三个阶段正好适配于现场处于不同阶段的企业创始人。大家的企业规模都不一样，所处的阶段也不一样，可以结合企业自身的情况来思考。

#### （1）第一阶段：看山是山，看水是水

对初创期的企业来说，看山是山，看水是水。这意味着创始人布置的任务要简单务实，设定的目标尽量单一清晰。这个时候你代表的就是你，想法很纯粹，所有行为的导向就是生存下去，不用考虑得太复杂。

---

1　《草堂宝典IV》：聚草堂电商发行的内部读物，包括电商公司的经营管理和运营实操干货。

（2）第二阶段：看山不是山，看水不是水

对于发展期的企业来说，看山不是山，看水不是水。这其实是一个认知提升的阶段，进入发展期，企业已经经历了很多，创始人会开始用质疑的眼光来看待各项事物，或者已经能够从不同的角度去分析各项事物了。这个时候你代表的不一定是你，你的某种属性已经和团队融合在一起了，个人和团队都有所成长。

（3）第三阶段：看山还是山，看水还是水

对于成熟期的企业来说，看山还是山，看水还是水。此时团队会有一种"历经千帆，归来仍是少年"的感觉，创始人达到了一个沉淀积累、返璞归真的状态。这个时候一切都可以是你，也都可以代表你。

举个简单的例子，在初创期，马云既是马云，同时他又代表着整个阿里巴巴，他的言论直接等同于阿里巴巴的立场和态度；后来随着蔡崇信、关民生等人的加入，公司也进入到了发展期，此时马云不一定代表着阿里巴巴，但是他的一些属性已经在阿里巴巴的团队里沉淀了，所以团队可以代表阿里巴巴，但马云不一定代表的是阿里巴巴；到最后的成熟期，马云已经成为了这个企业的 IP，此时不管是不是他所说的话，最终都代表着他。

在我看来，每一个有代表 IP 的企业，成熟期考验的都是创始人的状态，创始人哪一步踏错或者是德行出了问题，很多时候会直接影响到企业。就好比联想，以前一直是被不少人奉为神一般的存在，如今口碑尽失，沦为众人话柄。

### 4. 如何铸造正向的企业之"魂"

我和一哥郎经常探讨一句话：我是一切的根源。这里的"我"即我们自己，当企业发生状况或者遇到问题时要学会向内看，尤其是作为创始人，我们更要学会审视自己。

在我们公司，有一次 HR 和我说最近招的新员工表现不是特别好，他们被老员工带坏了，于是我反问她，我们企业最老的员工是谁？最老的员工就是老板我嘛，那就不是被别的老员工带坏了，是被我带坏了，是我在有些地方做得不到位。

提及这个点其实是想表达：在企业经营过程中如果出现状况，我们要及时回过头找到问题的根源，出了问题很可能是最开始的哪一点没做好。

### 5. 创始人的根性

创始人在寻找问题根源时一定要先思考以下四点。

（1）先把事情看透

对于要做的事情，先思考为什么要去做，看透做这件事情的目的。

大多数人在创业初期做事的目的都是解决生存问题，也就是赚钱。当钱进到口袋之后，我们就要思考接下来该做什么事，以及做这件事的目的。在企业一步步发展的过程中，创始人一定要在行动之前先看透做每件事的目的。

（2）由事看人

关于团队建设，我们可以通过一些事，去寻找一些人，再去组织这些人，由事来看人。

（3）看清利益结构

像曾国藩所说的："利可众不可独。"每个组织都要厘清自身的利益结构，做好利益分配。

（4）设计治理机制

四点当中最根本的绝对是第一条：先把事情看透。

## 6. 创始团队的根性

我用三个词来概括创始团队的根性：简易、变易和不易。

这三个词来自易经里的三个境界，"易经"一词翻译成英文则是"The book of changes"，即变化的哲学。

三个词和创业团队的三个阶段正好匹配：

初创期是简易，就是简单成大美；

发展期是变易，应时而进退，有时需要根据业务状况和市场状况去做一些调整；

成熟期是不易，就是回归到最初，对于企业来说此时意味着不变和初心。

## 7. 打造企业家精神

从军魂到企业之魂，我们最终要打造的是企业家精神。

说到企业家精神大家可能会想，企业要做到多大规模，创始人才能被称为企业家？为什么要打造企业家精神？

在座的各位或许会觉得我们就是开个公司、赚个钱，只是做了点小事而已，没必要上升到这些。但在我看来，企业家不能用其公司的规模来划分，就像今天在座的各位创始人，每个人在企业经营上都有值得我们学习的点，每个人看问题的深刻程度都不一样，我们不能仅仅凭他企业的规模大小、盈利情况来判定。所以，我们不要把企业家想得那么遥不可及，企业家其实可以是每位创始人。

至于为什么要打造企业家精神，这是因为我们每个人做企业都要有一定的企业家精神。一个企业想成功必须要有优秀的主导者，这里的主导者并不是常规意义上的召集者或者牵头者，而是具有企业家精神，能够深入思考、主持大局的人。

简单来说，企业家是事务上的组织者、业务上的筹划者，是精准的判断者、果断的决策者，他就是企业的领袖。而我们作为企业的创始人，所带领的不管是一支狼性之师也好，还是小规模的海军陆战队也罢，都要能做好那个"领头羊"。

总而言之，企业的创始人要不断地鞭策自己，不断提升认知，让自己做得更好，而不能做企业的天花板。

作为创始人，也就是企业之魂，我们要想清楚，自己出来学习的目的是不断让自己变得更好。就像我们来到聚草堂，也都是为了提高认知，实现自我提升。

我觉得聚草堂给我们每个人都带来了很多无法用语言描述的提升，这也是这么多年以来，聚草堂指哪我就打哪，聚草堂去哪我只要有时间就都会跟着一起去的原因。

## 三、企业之"文化"篇

### 1. 企业文化的本质

企业文化其实是企业所有人主观精神的创造性凝聚，分为以下三部分：

（1）企业文化，或称组织文化，是一个组织由其价值观、信念、仪式、符号、处事方式等组成的其特有的文化形象，简而言之，就是企业日常运行中所表现出来的各方各面。

（2）企业文化就是企业文化，它既不是企业管理活动，也不是企业经营决策。

（3）企业文化伴随着企业的发展而阶段性发展，它不是一成不变的。

没有完全一样的企业文化，这就好比我之前提到过的"魂"的问题，每个创始人的魂都不同，所以不同公司的企业文化一定也有所不同。就像中国的企业导入阿米巴，能有多少企业是可以百分之百拿过来直接用，而且还能用得好的呢？

在思考这个问题的时候，我们不要想那么复杂。文化其实是人的文化，中国五千年文化听起来很高大上，但这些文化其实都是由人创造的，同理企业文化也是人的文化。在研究企业文化时要从企业的人入手、从人的普遍性与特殊性入手，唯有从人出发、从人的生命活动出发，才能全面地理解人的本质。

很多人最不愿意研究的其实就是人，但想要研究企业文化，我觉得首先要把人研究清楚。

我认为，人具有三个基本的特征：物质性、社会性和知识性。

第一属性：物质性，也就是物欲。我们研究企业文化的目的，不是想通过洗脑让大家忘却物质的欲望。我认为企业文化首先要以满足人的物质需求为前提，并不是说搭建了企业文化，就可以少给钱，这是不可能的，企业文化是激发员工努力去得到更多，而不是让他们得到更少。

人的物质性作为第一属性，是最基本的。

第二属性：社会性，也就是情欲。满足这一属性的企业文化能更大限度地激发人，从而让团队更有血性。就像之前极致在分享里提到的段永平的那句话，"人性化的团队最终一定能战胜狼性化的团队。"这一点我非常认可，在我看来，企业文化就是用来激发人性的，所以我们千万不要回避人性，反而要去多探讨它。

第三属性：知识性，是关于灵性的部分。这一属性意味着人需要自我提升和价值体现，我们发现只要付出200%的努力，做事的状态就会完全不一样，就看企业文化能否激发出这个状态。

只有当我们了解清楚了人的三种属性，才能更好地去经营企业。

经营企业就是经营人心，研究企业文化其实就是研究人。

## 2. 关于源文化

不管是3个人的小组织还是3000人的大组织，任何一个多人组织在最开始都有自己的"原始土壤"，都有着源文化和原生态的气质。如果主导者是讲义气的，那么整个团队相对来说都会比较讲义气；如果主导者是温文尔雅的，那么团队整体气质也会相对更温文尔雅。

所以在我看来，培养企业文化的第一步不是搭建，而是梳理。我们要梳理出企业的源文化有哪些，再把它们提炼成一个个符号，最后把这些符号凝结到自己的企业文化当中。

首先我们要知道企业文化并不是非常高大上的东西，也不要把它想得很遥远。企业文化就是企业最初的气质，知道了这一点我们才能去培养企业文化。所谓知不透行不果，只有在了解清楚后才能做到知行合一。

### 3. 企业文化价值

关于企业文化，我们经常会讲到这三点：使命、愿景、价值观。大家可能会觉得这三块讲起来很务虚，听起来确实是偏虚，但是我们可以换个角度来思考：

将使命看成"我们有何价值"；

将愿景看成"我们将要去哪里"；

将企业价值观看成"我们如何去"。

从这三个角度出发了解使命、愿景和价值观，我们就能够问自己一些更实际的问题，比如我们有何价值？我们做企业、做商业活动或者去网上卖货，价值是怎么样的？我们将去向哪里？我们企业的最终归宿是什么？通过回答这些问题，我们能够更快地梳理清楚自己公司的企业文化。

### 4. 企业文化的三个层次

#### （1）外在感知层：统一符号

企业文化的三个层次中第一层次是外在感知层，这个是最容易实现的，因为只要花钱就能解决。大家能很快感知到的就是企业的统一符号，比如统一的制服，这个在生产型的企业经常能看到，电商型的企业可能不多。这些统一的制服、logo以及一些贴墙上的东西都是统一符号，尤其是贴墙上的标语，大家经常能看到。作为创始人，我们要关注这些标语它到底只是贴在了墙上还是印在了团队的心里。

#### （2）内在行为层：信念、价值观

第二层次是内在行为层，这一层次会在员工的行为举止中体现出来，如果企业文化被塑造得很好，那么无须加以引导，它也会从员工的行为中自然而然地体现出来。

#### （3）潜在意识层：相信相信的力量

第三层次是潜在意识层，即相信相信的力量。虽然比较难实现，但这一层次的企业文化是大家都在追求的。有些人是因为相信而看见，但通常情况下人们都是因为看见而相信，所以潜在意识层就是通过企业文化的疏导，让整个团队能够拥有相信的力量，共同相信企业会向一个更好的方向发展。

### 5. 名企分享

举个例子，微软经历过三个时代，比尔·盖茨的时代、史蒂夫·鲍尔默的时代

和萨提亚的时代，这三个不同时代的微软都有不同的使命。

比尔·盖茨时代的使命：让每个家庭的每张桌面上都有一台电脑。

史蒂夫·鲍尔默时代的使命：让全世界的人和企业充分认识到自己的潜力。

萨提亚时代的使命：予力全球每一人、每一组织，成就不凡。

为什么微软在这三个不同时代中的使命都不一样呢？

就像我前面说到的，企业文化伴随着企业的发展而阶段性发展，微软经历了几十年的成长，最初的使命早就已经实现了，所以后续一定会有所调整。虽然使命在改变，但这三个时代的企业文化关联性依然很强。

比尔·盖茨时代，微软的企业估值是持续上涨的，到了鲍尔默时代估值却在往下滑，为什么会往下滑？很关键的一点在于鲍尔默是Windows销售出身，他凭借销售端优秀的业绩接任了CEO，而作为微软最早的员工之一，他的价值观和使命里实际上有很多盖茨的影子。他没有重视对企业文化的重新梳理与更新，只是沿着老路走，虽然改变了使命，但这个使命并没有很好地被执行，因此整个企业的市值都在往下滑。

市值下滑到了一定程度后，接任第三任CEO的是印度人萨提亚，在萨提亚的带领下微软的估值已经翻了近10倍。

萨提亚上任后做的最核心的一件事就是给组织松土。刚上任有将近半年的时间他几乎都在满世界拜访他的客户、供应商和团队，重点沟通需求和问题，比如我们企业能够为你们带来什么？你们对我们的需求和期待是什么？萨提亚花了半年的时间聊完这些最根本的问题，回来就干了一件很重要的事——他把整个企业组织的文化重新梳理了一遍，这些文化经过几年沉淀后被写进了《刷新》这本书里。

书里他提到"对我来说文化就是一切"。微软再生之后，它的企业文化已经不一样了，企业策略也相应地有了一些变化，以前微软可能会把IBM、谷歌这些公司列为竞争对手，现在微软则会更加注重融合，并且后续还和这些企业有了合作。所以当企业文化改变时，整个企业的经营方向也会发生变化。

这里面有一件有意思的事情，萨提亚在他上任后的第一次全体高管会议中放弃了会议桌，而选择了一个比较偏的办公室，让大家往沙发上一躺，然后开始开会。那次会议在开场时他们没有讲什么PPT，也没有讲什么企业的规划，唯一做的就是让大家冥想，所有的高管坐在一起，大家听一些舒缓的音乐，然后静坐、放空、冥想10分钟。

这样做是为了让大家回归初心，会议中探讨的第一个话题不是我们企业该如何健康发展，而是去探讨家庭、讨论大家有多长时间没有好好陪家人，以及对家人想说什么，去探讨这些最根源性的问题。经过那次会议，整个高管团队变得更加接地气了，后续微软的改造也都是从高管开始的。这样的会议他们每周会进行一次。

我再分享一下谷歌的十条核心价值观。

（1）以客户为中心，其他一切水到渠成；

（2）心无旁骛，精益求精；

（3）快比慢好；

（4）网络的民主作风；

（5）获取信息的方式多种多样，不必非要坐在台式机前；

（6）不做坏事也能赚钱；

（7）信息永无止境；

（8）信息需求，没有国界；

（9）没有西装革履也可以很正经；

（10）没有最好，只有更好。

第一条大家应该都很熟，国内很多企业也是这样做的，以客户为中心，其他一切水到渠成。里面有几点我觉得比较有趣，比如说"没有西装革履也可以很正经"也能被写到核心价值观里，这和中国的理念有所不同，我们的价值观往往是诚信、勤奋、感恩这些很正经的词，我觉得谷歌的这些会更接地气一点。

还有这条，"不做坏事也能赚钱"，在我们的文化中，好像做生意一定会干点坏事，不干坏事就不能赚钱。其实因为这条价值观，谷歌损失了很多，也得到了很多。比如谷歌跟百度对比，它的广告要少很多。广告的确能带来大量收入，但是谷歌不想过多干扰用户，而是想让用户能够借助谷歌更快地搜索到想要的信息。

《基业长青》这本书的作者吉姆·柯林斯说过："大部分中国企业没有意识到企业文化的重要作用，教派般的文化指的是伟大公司必须要有很强的共同价值观，这是中国企业成为伟大公司最大的挑战。"

这一点中国企业已经在慢慢调整，最大的挑战，在我看来已经不像原先那么困难了，并且要完成这些挑战也不用太久，我相信很快就能看到。

### 6. 企业不同阶段的发展特点

关于企业文化，以及组织架构的特点、组织建设的重点、人才梯队的建设和组织特性，我们要分不同阶段进行分析。

企业的发展分为初创期、发展期、成熟期三个阶段，其中成熟期又分为四个不同的时期：稳定期、变革期、多元化和衰退期。

▼ 企业不同阶段的发展特点

| 阶段 | 初创期 | 发展期 | 成熟期 | | | |
|---|---|---|---|---|---|---|
| | | | 稳定期 | 变革期 | 多元化 | 衰退期 |
| 组织架构特点 | 粗犷无边界 | 职责明确、学习型组织 | 体系化 | 变革化 | 生态化 | 僵化 |
| 需要文化类型 | 生存文化 | 发展文化 | 传承文化 | 变革文化 | 多元文化 | 破局文化 |
| 组织建设重点 | 组织基础保障、快速搭建团队、快速筛选淘汰 | 构建组织体系、快速扩充团队、引入关键人才、增加人才板凳深度 | 组织体系成熟、管理理念成熟、高效协同机制、提升人均效能 | 组织体系变革、流程架构再造、创新机制构建、创新业务单元独立 | 组织开放，打造海星型组织多元化人才管理助力多业态发展数据化智能组织 | 唤醒组织活力，重构创新型组织，专注聚焦核心业务，打出华山一条路 |
| 人才梯队建设 | 选拔比培养更重要，多专多能 | 培养体系，继任者计划 | 以内部选拔为主 | 变革需要组建新的人才梯队 | 多业态"外星人" | 换血瘦身，不换思想就换人 |
| 组织特性 | 生存，大浪淘沙、剩者为王 | 发展从无序到成体系 | 稳定体系成熟 | 变革体系升级 | 跨界无边界 | 僵化无活力 |

#### （1）初创期

初创期的组织架构大多都是粗犷而无边界的，这一阶段需要的企业文化类型是生存文化，重点就是活下来。但这并不代表它没有文化根基，这个文化根基其实存在于创始人的脑子里、在创始人的认知里，只是还没发芽、还没成型而已，但它肯定是存在的。

此时组织建设的重点在于一些基础的东西，比如完善组织基础保障、快速搭建团队和快速筛选淘汰等。关于人才梯队建设，在我看来，初创期时的人才选拔永远比培养更重要，而且筛选的人才一定要是多专多能的。

初创期的核心关键词就是生存。

#### （2）发展期

随着企业的慢慢发展，企业的组织架构会更加细致、清晰，企业要成长为学习型组织。此时企业的文化应该与时俱进，不能一条道走到黑，企业文化要不断地和所处的阶段相匹配，此时公司需要的企业文化类型是发展文化。

发展期组织建设的重点是构建组织体系、快速扩充团队、引入关键性人才、增加人才板凳的深度，此时人才梯队的建设应以培养为主，可以开始继任者计划。企业的发展一般都是从无序到成体系的，我们要慢慢建立适合自己的体系，有了体系之后才能更好地去做一些复制性的工作。

### （3）成熟期

这一阶段分为四个时期，其中的稳定期、变革期和衰退期我就不详细介绍了，主要讲一下多元化时期。此时企业所需要的企业文化类型是多元文化，组织建设的重点是组织开放化和人才管理多元化。

大家对多元化的理解都会有所不同，什么叫企业的多元化竞争？有些人可能觉得自己开了三家天猫店，再去开三家京东店就叫多元化；或者做了这个类目，再换另外一个类目就叫多元化。在我看来不能这样去定义多元化，多元化与业态的边界没有太大的关联。

至于为什么把多元化排在衰退期之前，其实多元化是一个平衡点，很多时候企业不太好掌控这个点，一旦没掌控好企业就会进入衰退期。这次年会我们分享的主题之所以叫"深耕细耘"，就是希望大家能在各自的行业里一直深耕，把握好平衡点。

所谓在行业里深耕，就是当我做家具时，我会逐步去拓展到不同的空间，从最开始的客厅，慢慢到卧室、餐厅、书房以及其他各个活动空间，甚至现在我们还增加了商用空间的配套家具。

但无论我怎么去拓展使用空间，这种都不能算作多元化，这只能算作增加产品类别，真正的多元化应该是跨界，去开拓原本属性关联不那么强的领域。在我看来，我们电商从业者如果在本行业没有深耕到比较高的水平，就尽量少去追求多元化。我们总是想去寻找蓝海，可真的有那么多的蓝海吗？当你深耕下去后，可能会发现原先你所在的领域本身就是蓝海，只是之前没有深耕到那个程度而已。

### 7. 企业文化建设的四个断层

聚草堂的核心圈子里经常会有人和我说："山哥，我们一直想搞企业文化，但是最近又增加了两个店，比较忙，没时间去搞。"

"我们想搞企业文化，但去招聘的时候HR做得又不够好，总是找不到合适的人。"

"我们做了企业文化，梳理好了自己的使命、愿景和价值观，各块都去做了，但是感觉效果不好，只有少数几个人能感知到共同价值观的作用，大部分人可能只是看一看，问他的时候甚至他都不一定清楚。"

其实这些问题可以对标到企业文化建设的四个断层，我想会对大家有所帮助。

**（1）没有设定生存法则**

在最开始，团队凭经验做事，没有明确的规则、无高压线与底线设定。

**（2）没有提炼总结**

有丰富的经验，但没有提炼、总结成文，企业文化像散落的珍珠。

**（3）没有落地执行，文化无法从墙上到心里**

企业文化流于形式，没有清晰地诠释、解读行为准则和制度保障。

企业文化总结出来后能否充分发挥其作用，最终还是要看如何解读。我会在新员工进来之后亲自去给他们介绍企业文化，告诉他们，我们的企业要做什么样的事，以及未来的规划。这个解读不是在会议桌上，而是在沙发上或者户外，一般会花两个小时左右，形式上更像是聊天，通过这种方式帮助他们深入解读企业文化是很重要的。

**（4）没有迭代发展**

当公司孵化新项目、组建新团队时，用户服务场景会发生巨大变化，如果我们无法复制以往的经验，那就说明我们建设的企业文化缺乏发展性，没能及时完成迭代。所以我们需要思考如何在保持文化一脉相承的基础上进行新的迭代。

## 8. 企业之"战斗力"

想要从文化到行动去驱动商业成功，文化是基础，行动则意味着战斗力。

用一句话来概括：想打是魂的事，能打是文化的事，打不打得赢是战斗力的事。前文介绍的内容其实都是在梳理打仗前的事，打仗最终看的还是战斗力。

企业有两个最重要的产品，一是有形的产品和无形的服务，二是组织。在不同的企业中，前者必然有所不同，而后者的区别实际上也会很大。组织能力指的不是个人能力，而是一个团队所发挥的整体战斗力。

这里出现了两个关键词，战斗力和组织能力。在我看来，一个团队的整体战斗力其实就是组织能力。战斗力分为两个方面：

一个是组织系统，组织力越强、人才越专业、职业化程度越高，那么这个组织系统就会越好。

另一个是爱与信仰，无论是为家人、为人民还是为祖国，我们都会怀揣一些爱与信仰。包括我们最开始创业，有人说是为了赚钱，那赚钱的目的是什么？是为了高品质的生活。和谁生活？和自己的家人。其实回归到原点还是为了爱，对自己家人的爱。

以上是战斗力的两方面，组织系统以及爱与信仰。

关明生曾说过："一个人干不过一个团队，一个团队干不过一个系统。"

我把企业打天下要做好的事分成了5个部分：统一思想、统一方向、统一目标、统一行动和统一结果。

统一思想是文化要解决的事；统一方向是战略要解决的事；统一目标是要做到"业务流＋架构＋目标拆解"的落地；统一行动是要解决人才盘点的问题；统一结果是复盘迭代。统一的过程还包括一些别的步骤，如人才的招聘和发展、绩效的管理、薪酬与股权等各方面的完善，在我看来，企业打天下最关键还是在于第一步，统一思想。

» **结语**

最后送大家一句话：共同看见，因为相信所以看见；团队合作，因为信任所以简单。

前段时间比较火的电影《长津湖》里面有一句话："面对有如此决心的敌人，我们永远无法战胜他。"在我看来，战斗力的最高境界其实是爱与信仰，先能凝聚人心，剩下的具体战术便是组织能力要解决的范畴了。这就回到了之前提到的战斗力的两个方面：组织系统以及爱与信仰。

本篇内容涉及了魂、文化和战斗力。之前跟东哥[1]开玩笑说，我对企业文化的阐述就像是菜市场里聊天的讲法，没有多深奥、多高大上。所谓大道不离家常，我们往往是从一些家长里短的小事中悟出处世立身的大道理，然后真善大爱天下。在这过程中我们真正要去做的一件核心的事情，其实就是激发自己的真和善。只有先激发了自己，再去激发团队，我们才将更加战无不胜、攻无不克。

---

1　东哥：聚草堂电商合伙人，负责聚草堂核心圈子的运营工作，有丰富的线下活动组织经验。

## 问 与 答

» **提问 1:**

山氏股份和家具行业的其他同行或合作伙伴，以什么样的关系相处？

» **海山解答:**

我觉得家具其实是一个体量非常大的市场，而且它属于非标类目，它的任何一个风格、系列都有自己的市场，没有绝对活不下去的企业，所以大家是共存的关系。

梳理企业文化可以帮助我们找到更多拥有共同价值观的客户，目前与我们合作的客户中相对体量较大的是做跨境及B端生意的。B端的话，国内电商Top5里有4家跟我们都是深度合作的关系，能跟他们进行深度合作的原因有产品力、有价格力。但最核心的一点是什么？是我们传导的企业价值观，跟他们的价值观达到了同频，这使得我们的沟通更顺畅、更深入。我觉得在合作中除了产品成本，还有交易成本，交易成本中最大的一部分是信任，当彼此的价值观同频了，他们对你们企业的认知和情感就会和其他企业不一样，信任度也会更高，这就减少了你的交易成本，再加上产品成本比较OK的话，合作起来就会特别顺畅。

我和我们的一些客户在一起时，讲得最多的其实不是具体的事务，反而是关于做事的一些意义，比如大家如何能把这个事做得更好、更利他，把这些想明白之后，合作起来会更长久，他们也会给你推更多好的B端类客户。

» **提问 2:**

海山，我这边有一个可能很多人想问但是不敢问的问题，都说企业文化好，但是可能很多人根本就没做成功过，你们的企业文化在我看来算是比较成功的，那你觉得企业文化究竟能够给企业带来哪些具体的改变呢？

» **海山解答:**

我倒不觉得企业文化真的能给你的企业带来质的改变，其实它一直是伴随着你的企业在走的，区别在于你有没有把它梳理出来，变成一个纲要或者一个指导性的东西。一旦它被梳理出来，就会像我们提炼的岗位职责一样，变成执行的标准。

企业文化提炼出来之后，你会发现大家的思想会因为都认同这几个词而变得更为同频了，当思想同频后做事的效率就提升了，自驱力也会更高，相对不会有太多的企业内耗，最大的好处就是目标、价值观得以统一，这可以让你的企业效率提升，甚至是翻倍的提升。这里的效率，并不仅仅是指业务上的效率，更多是指思想上的效率，思想效率提升最终会带来业务上的效率提升。

» **提问 3：**

为什么你反复强调企业文化是提炼出来的，而不是制定或者规划出来的呢？

» **海山解答：**

大多数人在一些培训结束之后，可能觉得某个公司的企业文化很好就想搬过来直接套用，但是很多时候我们照搬了却发现效果并不好。原因是什么？因为它没有根！所以我觉得一定要结合你企业本身的属性，先把自己企业的特色找出来，然后再结合学来的优秀企业文化，这就像嫁接的过程，最起码得保证根是你自己的，才能再嫁接别人的。

» **提问 4：**

你在强调企业文化的时候，一直在强调正向的爱与善，但是在我们很多商家的理解里面，商业就是想尽办法去获取利益，想办法让整个组织更具有狼性、侵略性，这就有点类似于商人只管逐利，那么在这样一个逐利的组织里面，为什么要强调爱与善的力量？

» **海山解答：**

大家刚刚一直在提狼性，大家一直看重的是狼性团队的凶狠的一面，但是狼难道不存在爱和关怀吗？在狼的团队里，它们的分工很明确，头狼该干嘛，母狼该干嘛，小狼该干嘛，都有明确的分工，我们只是从中把部分狼性提炼出来，比如说狼更有团队配合性，更有野性。

关于爱与信仰，生活有很多的苟且，当然也有诗和远方，你是什么样的人，就决定了你的眼光往哪看。并不是说在宣扬爱与信仰的时候，就忽略掉很多现实的问题，现实的问题依然存在，但我们的引导方向也很重要。就像我们的企业在发生问题时，如果创始人第一反应就是大发雷霆，团队能很好地解决问题吗？站在不同的角度，看问题的方向不一样，它所带来的结果也会不一样。那如何更好地解决问题，我觉得一定会有比发怒更好的方式。

一支从内散发出爱的、具有震撼力的团队，战斗力绝对比一支只讲究狼性文化的团队要强大且持久得多。

电影《长津湖》讲述的是，论装备和战斗力，我志愿军和美国军队比存在着一定差距，但是为什么美国会败？在那个时代，中国军队如果不是靠着爱与信仰，谁愿意冻死在那个地方？谁愿意去拼命？这其中当然有军法的威慑，但更多的一定是集体的爱与信仰，是这些激发着大家一起去做这件事！如果只靠逼压，你可以逼一两个人，但你能逼整支队伍吗？那是不可能的，所以我觉得企业文化建设中关注爱与信仰非常重要。

» **提问 5：**

海山，你说的企业文化是从创始人的个性或特点中提炼梳理出来的，但我觉得企业文化可能更多是服务于企业的使命、愿景、价值观，所以也可以从战略角度来梳理企业文化。如果从创始人或初创团队中提炼的企业文化与企业战略能够吻合，那么就非常perfect，但如果最终的企业发展战略跟企业文化不匹配时该怎么办？

» **海山解答：**

这个问题就像前面我讲的易经三种变化一样，里面最核心的点是最后那句"不变是初心"。因为最开始的时候，你代表你，就意味着你跟企业文化是很匹配的；但在发展的过程中，你可能会慢慢发现自己进入了第二个阶段，也就是创始人的状态不再与整个企业发展处在同频的状态，这个时候你是要变化的，所以大部分企业其实都处于第二阶段。

很多时候创始人自己都很难认清楚自己，甚至到晚上都很难入睡，因为你想不明白自己到底属于a还是b，或者有时是a有时是b，又或者有的时候觉得自己既是a又是b，所以这个问题其实很纠结。在我看来，要因时而变，在发展期，如果创始人的状态跟企业发展不在一个频段，这个时候，作为创始人你就得反思自己，因为企业是在往前跑的，而企业文化是服务于整个企业的，那么创始人绝不能落后。所以，初创期的根源是来自创始人的根性，但是到了发展期就需要创始人因时而变了，大家可以自行去作取舍。到成熟期，不变就是初心，你会发现最后还是会返璞归真，但变化的过程需要你自己去经历。

### 》 **提问 6：**

我觉得一个人没有经历一些磨练所讲出来的东西是轻飘飘的，你能这么深度地思考这个东西，我想肯定是在这方面有吃过亏，或者有过很大的收获，才让你如此大彻大悟，那有没有能分享的很大的亏，比如让你半夜睡不着觉那种？

### 》 **海山解答：**

分两个阶段，第一个阶段是公司最开始的时候，那会儿公司是初创期，还不算完全成型，亲人的离世让我觉得一定要让剩余的亲人过更好的日子，所以起初去打拼的时候我一直带着这样一份初心，再苦的事都会去做。这个阶段最亲的亲人的离开一直推着我往前走。

第二个阶段是我住院，医生告诉我可能我情况不太好的时候。那会儿在医院待了一个多月，这一个多月我的感触很深，当时团队给我送来了毛笔、字帖，让我练字，但其实在那个环境里你根本就练不了字，连睡都睡不好。我一直在思考，接下去如果真的能够康复出院，我回去都要做些什么，那次的住院经历对我来说，是一个多月的心灵洗礼。

这两个不同的阶段，给我带来了关于如何做生意或如何生活的一些重要感悟。

以前其实我是一个脾气特别暴躁、特别容易发飙的人，但从那之后我觉得很多事情我们可以换一种角度思考，一切皆是缘分，我会去思考如何将团队聚集在一起，怎样才能把事情做得更好。现在我认为没必要非此即彼，没必要那么激烈地去做一些事。所以这两个阶段对我来说很重要，也算一段比较难忘的心路历程。

（不过后来发现是误诊，发现只是一个慢性病的过程。）

» **提问 7：**

我们也在做企业文化，但我有上游的供应商、下游的经销商和代理代购，那么当自己的企业文化与供应链的文化有很大分歧，但又离不开供应链的时候，该如何去协调？

遇到这种情况，如果说我去教育他，那是不可能的；那如果我去改变他，那是一家公司，我也改变不了。我有一家供应商节奏慢得让人受不了，但他东西又特别好，好到离不开，但是反复沟通都无果，这个时候该怎么去沟通、怎么去相互融洽地改变？

» **海山解答：**

其实我不认为你说的这个是企业文化的问题，这应该是处理事情的方式不同，每个公司都会有不同的处理事情的状态。

就像我们做跨境生意一样，比如说我们遇到的俄罗斯人是最拖拉的，你一个合同发过去，他可能两个月才给你回传，但两个月你的原材料报价涨幅都已经特别大了，确实很头疼，但我觉得这个不是企业文化的问题，这更多的是事情处理方式的问题。

我们之前也遇到过这样的问题，我们公司讲究高效、快速，但供应商就是拖拉，初创的时候，我会亲自到供应商公司待两三天，然后啥事不干，也不催他发货，因为催发货也没有意义。到了时候就跟他在一起，陪他钓鱼、打球、一起聊天，更多地从细节上去给他灌输一些东西，甚至都不能用"灌输"这个词，我可能会在特别小的方面点一点他。

这几天我不会跟他去处理具体的事，而是更多地和他聊天，聊了之后，让他知道你这个人或者你们企业是怎么样的，让两个人有那种情感的共鸣，而不单单是做事方式的探讨。如果仅仅是做事方式的探讨的话，你有你的风格，我有我的利益，这样大家很难去达成同频，但是如果有情感的交集，我觉得有些事就会好办了。当然现在我肯定也不会亲自去了，我就是初创的时候亲自去，可以给你参考下。

» **提问 8:**

老师，我刚才听到您说外在感知层和潜意识层，讲到有一些文化需要顺从人性、释放人性，但是还有一些文化需要用规矩来压抑人性，那么在这两方面我们应该如何平衡？

» **海山解答:**

其实刚才有讲到这一点。企业要设置好高压线，对于各类事要设置好边界，在边界范围内我们去搭建企业文化，如果超出这个边界，就不能够用企业文化来框定它。

举个例子，比如我的企业文化中包含"一切可赚钱的事我都要干"，但这里面有个边界是不犯法，对吧？如果犯法，那么你这个情况就不成立。企业文化需要有边界和高压线，只有先搭建好边界，再去作疏导，这样才会更好。

» **提问 9:**

我们聊点开心点的，在建设企业文化的过程中，你的组织跟你的业务有什么变化，是让你非常开心、非常兴奋的？

» **海山解答:**

这的确是一个很让人开心的问题。

我们每次去佛山参加展会，团队都没有选择坐飞机，而是选择开商务车去，虽然两者花的时间是一样的。有天我问了一下他们为什么这么选，他们说第一是省了一夜房费，我们企业文化中有一条"要节约"，这是成本控制；第二是这一晚大家可以一起在车里聊天，可以聊未来、聊各种事，这是很开心的一件事。

那次经历让我感触蛮深的，因为他们让我感受到整个团队都在朝着同一个方向发力。他们做这个选择并不仅仅是为了帮企业减少成本，更重要的是在他们的想法里，是很乐意在这种环境中增加对彼此的了解的。到了那边，在布展的时候也有一件让我感触很深的事情，团队坚持唯一不能被挡住的是企业的宣传口号，他们觉得那句话是我们企业的核心，无论如何大家都要护着那句话。

那次出差的模式一直延续了下来，现在我们每次去佛山或广州参展都是开商务车。什么叫团队凝聚力，最核心的是团队愿意一起吃苦！哪怕没有吃苦的条件，也可以创造出来。

还有一件关于企业文化的小事。我跟团队偶尔会对赌，比如完成业绩会怎么样，完不成会怎么样。有一次对赌，他们完不成业绩的惩罚是我走马拉松，他们不用走；结果后来真的没完成，于是我没告诉他们，只有我和我的夫人早早去了安吉的龙王山，全程是40多千米，走到差不多1/3的时候我发了条微信朋友圈提了一下在走马拉松，过了二十几分钟，发现几个核心的高管都来山上了，他们都自动参与了进来。

并且不止于此，后续我还发现我们事业部的每个人在我走完的后面几天，都在接力做这个事，这个行为甚至蔓延到了整个团队。在座的有我们企业的富哥，他也在马拉松队列，那时他自己也胖、膝盖还不好，但他依然坚持着。后来有个女孩走不了了，他还背着那个女孩走了十几二十千米，那个女孩在他背上哭，这段视频我每次看都很感动。我觉得一个团队有这么多同甘共苦的经历，那么这个团队就很难被打散。